企业人力资源管理与
法律顾问实务指引**丛书**

人力资源
数据分析师

HR量化管理与
数据分析业务实操必备手册

王佩军 ◎著

中国法制出版社
CHINA LEGAL PUBLISHING HOUSE

PREFACE 序

2015年中旬，我接到了某市轨道交通公司的一个数据可视化分析的培训需求，该需求是由该公司的财务部门提出的，这家公司的财务部门发现：他们的财务分析报告都是围绕财务数据展开的，没有结合目标任务给出建议，希望我可以做出专业的财务报表，并且可以对财务的数据进行更加深入的数据分析。

当时我一直在做数据可视化和数据分析的课程，就对财务部门的培训需求进行了深入调研，并根据他们的需求设计了相关的数据分析课程。

课程结束后我就想：在财务行业有财务的三张报表，在零售行业有每个月的销售报表，那人力资源行业有没有数据分析报表呢？我们如何在人力资源行业进行数据分析，去支持企业的业务和战略发展呢？

基于这一思考，我开始进行人力资源数据分析课程的设计，结合自己本身的人力资源工作经验和数据分析技能，开发了"人力资源数据分析"的课程，通过线上和线下相结合的模式，助推人力资源从业者的数据化转型。这几年整个人力资源行业都在讲大数据、数据化转型，从业者也在人力资源的各个模块实践着数据化。有很多HR问，企业到底如何进行数据化转型？作为HR我们应该如何助推企业进行数据化转型？我觉得从企业的维度做数据化转型要从以下几个方面进行，如图1所示。

图1 企业如何做人力资源的数据化转型

一、数据标准化

数据的标准化是指在公司内部要有一套标准化的数据记录模板，包含数据录入的路径、数据的字段格式、数据的板式。要做到数据的标准化最优的方式就是依靠系统去实现，所以很多公司开始外购各种ERP（企业资源计划）系统，用来二次开发生产自己的人力资源系统。现在，企业广泛使用的有ERP系统、OA（办公自动化）系统、微软的BI（商业智能）系统，如图2所示。通过IT（互联网技术）部门的二次开发，把公司人力资源、业务、供应链、客户的所有数据全部集成到ERP系统中，打通各个部门的所有数据，做到数据的交互联通，建立BI的数据模型，用数据为公司的人力资源、业务、公司的战略决策提供支持，如图3所示。

图2 人力资源数据化转型：标准化示例（1）

图3 人力资源数据化转型：标准化示例（2）

二、数据可视化

数据分析是在数据可视化的基础上实现的。数据的可视化形式包含各类数据图表和各种数据模型。相对于密密麻麻的数字，数据可视化的数据图表可以更加直观地对数据进行呈现，如图4所示。我们通过数据图表可以发现各类数据的差异点，从而去分析问题、解决问题。

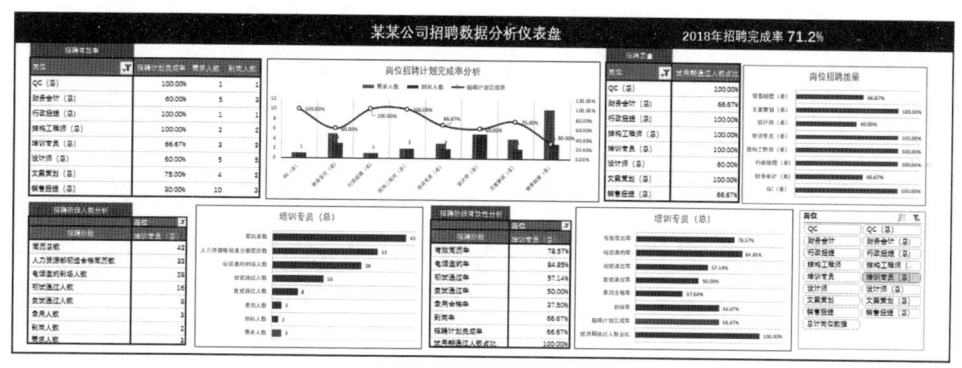

图4　人力资源数据化转型：可视化示例

三、数据业务化

在人力资源数据分析中，最关键的并不是系统、流程、表格，而是人力资源从业者数据分析的思维和技能。在数据分析思维中最重要的是人力资源从业者的业务思维，人力资源工作的最终目的是支持业务、确定业务、提升业务的岗位绩效，所以我们在做人力资源数据分析时一定要从业务的角度出发，使人力资源结合业务来进行数据分析，如图5所示。

所以人力资源从业者必须具备HRBP（人力资源业务合作伙伴）的技能，了解公司的战略、运营模式、公司的产品、供应链等，业务和人力资源融会贯通，才可以真正地做到人力资源数据分析的转型。

我将人力资源数据分析的学习分成了两个阶段，人力资源数据分析是第一阶段，本书是人力资源数据分析的工具指南书，主要讲授人力资源数据分析的流程、工具、方法，又是一本可操作性很强的人力资源数据分析学习书籍。这本书对人力资源数据分析的8个步骤进行了详细的描述和实操演练，帮助读者掌握数据分析的流程。

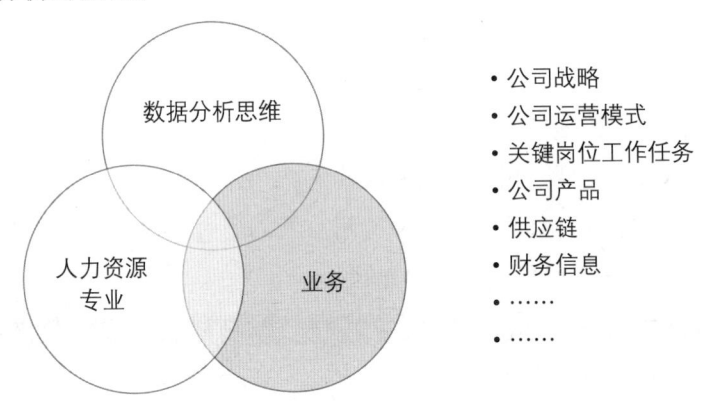

- 公司战略
- 公司运营模式
- 关键岗位工作任务
- 公司产品
- 供应链
- 财务信息
- ……
- ……

图5　人力资源数据化转型：数据分析业务化

　　第二阶段是在第一阶段的基础上，结合人力资源各个模块（薪酬、招聘、绩效、人才发展、胜任力等）进行数据分析的讲解，从人力资源的角度，通过大量的真实案例帮助读者深入地了解并掌握人力资源各个模块的数据分析技能，成为人力资源数据分析专家。

　　最终通过两个阶段的学习，养成人力资源数据分析思维，在公司和业务部门对接的过程中用数据说话，提升业务的绩效，体现人力资源的价值。

CONTENTS 目录

第一章 人力资源数据分析概述

第一节　人力资源数据分析的误区// 001

第二节　WHY：人力资源数据分析的价值// 005

第三节　HOW：人力资源数据分析指南// 009

第四节　WHAT：人力资源数据分析输出// 011

第五节　章节复盘// 014

第二章 数据分析前的准备

第一节　数据分析的主流软件工具// 016

第二节　Excel——人力资源从业者数据分析利器// 018

第三节　选择你的Excel软件// 020

第四节　Excel数据分析前的设置// 021

第五节　章节复盘// 023

第三章 人力资源数据分析流程：明确数据分析需求

第一节　关键指标数据// 024

第二节　绩效数据指标// 025

第三节　实操演练：人员结构数据分析// 034

第四节　章节复盘// 036

第四章 选择关键数据指标

第一节　关键数据指标的选择// 037

第二节　关键数据指标的理解// 039

　　　　第三节　实操演练：人员组织结构的关键指标// 040

　　　　第四节　章节复盘// 041

第五章　数据的收集录入与数据处理

　　　　第一节　后台数据表和前台数据表// 047

　　　　第二节　后台数据表的设计// 048

　　　　第三节　Excel数据有效性// 049

　　　　第四节　表格数据的处理// 052

　　　　第五节　数据处理中必备的Excel函数// 057

　　　　第六节　实操演练：人员组织结构数据录入表// 062

　　　　第七节　章节复盘// 063

第六章　数据分析逻辑

　　　　第一节　人力资源数据分析维度// 064

　　　　第二节　数据对比// 067

　　　　第三节　实操演练：数据分析维度// 071

　　　　第四节　章节复盘// 071

第七章　人力资源数据分析建模：数据图表设计原则

　　　　第一节　什么是数据建模// 073

　　　　第二节　数据图表设计原则：理解数据表格的成分关系// 076

　　　　第三节　数据图表的标准设计// 085

　　　　第四节　数据基本图表的设计// 089

　　　　第五节　实操演练：人力资源图表设计// 094

　　　　第六节　数据图表模板应用：十秒钟做出数据图表// 134

　　　　第七节　章节复盘// 137

第八章　人力资源数据分析建模：数据仪表盘设计

　　　　第一节　数据透视表// 138

　　　　第二节　数据透视图// 150

　　　　第三节　数据切片器// 154

　　　　第四节　数据仪表盘设计原则// 156

第五节　仪表盘的元素布局// 158

　　第六节　章节复盘// 159

第九章　人力资源数据分析建模：动态图表模型设计

　　第一节　Excel开发工具// 160

　　第二节　表单控件：窗体控件// 161

　　第三节　章节复盘// 174

第十章　人力资源数据分析方法

　　第一节　数据对比// 175

　　第二节　频率分析// 176

　　第三节　数据聚焦：漏斗分析法// 179

　　第四节　算数平均值// 182

　　第五节　加权平均值// 183

　　第六节　分位值算法// 191

　　第七节　相关数据分析// 193

　　第八节　数据标准差分析// 200

　　第九节　回归数据分析// 209

　　第十节　章节复盘// 212

第十一章　数据分析报告设计

　　第一节　数据分析报告的形式// 213

　　第二节　数据分析报告：PPT// 215

　　第三节　数据分析报告：Excel// 229

　　第四节　数据分析报告：Word// 230

　　第五节　章节复盘// 231

第十二章　人力资源数据分析报告思维

　　第一节　数据分析报告的描述—诊断—解决方案// 232

　　第二节　实操演练：人才发展数据分析报告// 234

　　第三节　实操演练：在线学习数据分析报告// 244

　　第四节　实操演练：人员结构数据分析报告// 253

第五节　章节复盘// 259

第十三章　人力资源各模块数据分析报告参考

第一节　年度薪酬分析报告// 260

第二节　季度培训数据分析报告// 261

第三节　人力成本与人效数据分析报告// 263

第四节　招聘数据分析月度报表// 265

第五节　人员流动数据分析// 267

后记// 270

第一章
人力资源数据分析概述

第一节 人力资源数据分析的误区

随着这几年大数据应用的兴起,很多企业开始意识到了数据分析对于行业和企业的重要性,零售、电商、制造业等行业大规模地进行大数据的转型和分析。零售行业通过分析用户的购买数据,进行精准的产品推送和产品结构的调整,做到销售的精准化。制造业提出了工业4.0的概念,通过对整体制造过程的数据采集、呈现、分析,以仪表盘数据的形式来监控整体的制造的进行,从而可以更加高效地进行产品的生产。

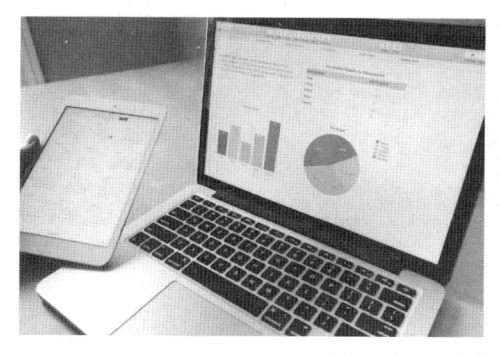

图1-1 各个行业的数据化转型

在这样一个大数据时代,人力资源从业者已经意识到了数据分析应用在人力资源行业的重要性,并且已经有很多的HR开始在实际的工作中应用数据分析和业务部门进行沟通交流,用数据分析带动业务的发展。

但是HR在进行人力资源数据分析的学习过程中,对人力资源的数据分析的认知还是有一定的偏差,很多HR对于数据分析还存在误解:

- 数据分析很复杂，我学不会

  HR 认为数据分析是一个专业的岗位，需要用到很专业的数据分析的工具，如 BI、python、编程等。

- 数据分析就是 Excel

  很多 HR 认为数据分析就是学 Excel，学各种 Excel 的函数，学各种 Excel 的数据图表、表格处理，只要学好了 Excel 就学会了数据分析。

- 数据分析就是做数据分析报告

  很多 HR 也会认为数据分析就是做一个数据分析报告，里面有各种图表和文字描述，以 PPT 的形式汇报给老板，这个就是数据分析。

我相信以上 3 点是很多 HR 在接触人力资源数据分析或者在学习人力资源分析时都会产生的误区，那真正的人力资源数据分析是什么样的呢？我们通过一个案例来做阐述。

2020 年上半年由于受疫情的影响，很多公司的线下培训都停止了，我们的学习形式由传统的线下培训变成了在线学习。很多公司都引入了在线学习系统，鼓励员工在线学习相关的课程。作为在线学习培训的运营人员，我们希望可以提升员工的线上活跃度，让更多的员工上线进行学习，所以我们把每个时间段的员工登录人数和员工学习人数的数据报表进行提取，然后分析数据，希望从这些数据里寻找规律，并制订相应的学习解决方案，如图 1-2 所示。

图 1-2　数据报表提取

我们对提取的这两组数据按照时间的维度做了两个柱状图，其中一个是登录时间，另一个是学习时间，通过每个时间段人员的数量，发现在早上的 7~8 点登录和学习的人数最多，在下午的 4~5 点登录人数最多，但是在晚上的 7~8 点学习的人数却是最多的。所以我们根据做好的数据图表，结合员工的实际学习情况再进行深入分析。

通过对于员工的访谈我们发现为什么早上 7~8 点学习的人数最多，是因为员工早上在上班的途中，会用手机连接车载蓝牙，然后在路上听音频版的课程。然后我们发现登录时间和学习时间最高数量不是同一个时间段，通过分析发现由于公司的培训时间都是在下午 4~5 点，而且公司的培训都是需要员工打开 App 登录，进行二维码的扫描，所以这就导致了在下午 4~5 点的时候登录人数最多，但是登录人数最多并不意味着学习的人员最多，在图 1-3 中我们发现其实员工学习人数最多的时间段是在早上 7~8 点。

通过以上的数据，我们分析了原因，接下来就需要给出解决方案。我们可以通过什么样的方法来提升员工的线上活跃度和学习人数、学习时间呢？我们结合分析的时间数据，更改了课程的推送时间，把每天新课的推送时间由原来的 9:00 改成了 7:00 和 19:00，这样不仅可以推广岗位的线上课程，也可以在第一时间让更多的员工看到新上线的课程，从而提升线上的学习指标。

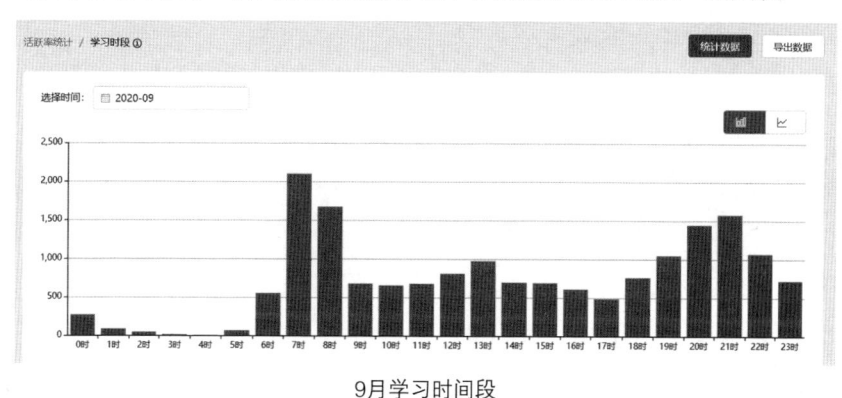

9月学习时间段

9月登录时间段

图 1-3　学习人数与登录人数柱状图

这就是一个简单的数据分析案例，没有用复杂的模型，也没有对复杂的数据继续进行分析，但是我们最终对数据做了分析，并给出了解决方案，解决了线上学习的问题，提升了相关的数据指标，用最简单的方法、模型来解决复杂的业务问题。

所以对人力资源数据分析正确的定义是：

数据分析的目的是把一堆无序的数据信息集中、萃取和提炼出来，以找出所研究对象的内在规律。数据分析可以对数据进行可视化的呈现，发现问题、解决问题并最终预测数据，预防问题。

作为人力资源行业从业者，我们应该如何进行人力资源的数据化转型，用数据支持人力资源决策、用数据说话、用数据驱动公司业务和战略呢？

首先，我们需要明确人力资源数据分析在人力资源行业里的价值，为什么要做人力资源的数据分析？人力资源从业者需要具备数据分析的能力，数据分析能力如何体现 HR 的价值？

其次，需要了解的是如果你想成为一个专业的人力资源数据分析专家，你需要如何进行系统化的数据分析学习？你的学习路径与学习方法是什么样的？

最后，数据分析在人力资源行业是以什么样的形式呈现的，我们看到的数据分析报告、数据图表、数据分析的思路和流程是如何结合业务进行分析的？

我们通过 WHY、HOW、WHAT 来和大家阐述一下人力资源数据化的转型：

- WHY：人力资源数据分析的价值；
- HOW：人力资源数据分析指南；
- WHAT：人力资源数据分析输出。

- 如何量化评估各岗位的人员胜任力
- 明年需要和哪些招聘机构合作，需要投入多少成本
- 明年人力成本预算是涨还是缩
- 明年人员编制如何制定
- 如何降低离职率
- 如何提升招聘的有效率
- 培训的效果评估如何量化
- 公司的岗位薪酬是否有竞争力

图 1-4　人力资源的数据分析决策

第二节　WHY：人力资源数据分析的价值

人力资源数据分析的应用不仅仅局限在人力资源部门内部，更应该结合公司的业务数据进行数据建模，最终驱动业务的绩效增长，支持公司的战略发展。数据分析对于人力资源从业者的价值，我觉得可以从以下4个层面进行概述：

- 人力资源操作层面；
- 人力资源管理数据；
- 企业业务发展战略；
- 数据预测。

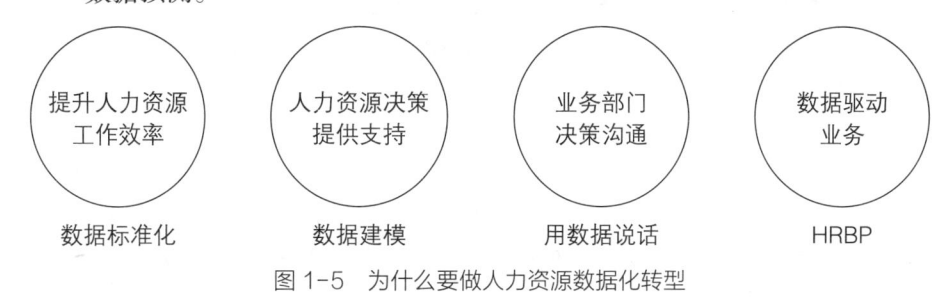

提升人力资源工作效率	人力资源决策提供支持	业务部门决策沟通	数据驱动业务
数据标准化	数据建模	用数据说话	HRBP

图 1-5　为什么要做人力资源数据化转型

一、提升人力资源工作的效率

我曾为一家大的集团公司做相关咨询，这家公司下面有16个子公司，在全国大概有20万的员工，是一家服装代工企业，主要的客户都是国外的主流服装品牌，每到年底国外客户需要来这家工厂进行验厂。国外客户验厂的标准很高，这家工厂的HR每年需要准备一份很详细的公司人力成本的数据分析报告。集团的人力资源部就需要下面的分公司HR先汇总分公司的数据，然后再上报汇总给集团总部，集团总部再汇总各个分公司的数据，最后出一份集团的人力资源数据分析报告。

但是在落实这件事情的时候，他们遇到了很多困难：各个分公司的数据统计口径不一致，数据分析报表的格式不一致，甚至在数据计算的公式上也有偏差，所以对于每年验厂需要的人力资源数据分析报告要花上一个月的时间去进行数据的确认和分析报告的制作。

最后我们给他们做了一套标准的各个模块的数据统计报表和分析模板，下面各个分公司都按照这套模板进行数据的录入，总公司再对所有的数据进行分析，最后给出一个集团的人力资源分析报告。在这个基础上，我们又协助他们上线了 EHR（人力资源管理系统），可以自动化生成 BI 报表。年底做一个集团的人力资源数据分析报告，只需要到后台的 BI 系统导出数据报表即可，从以前的一个月的时间缩短到了几个小时的时间。

这种标准化、流程化、体系化的人力资源数据分析可以快速地提升人力资源的工作效率，如图 1-6 所示。

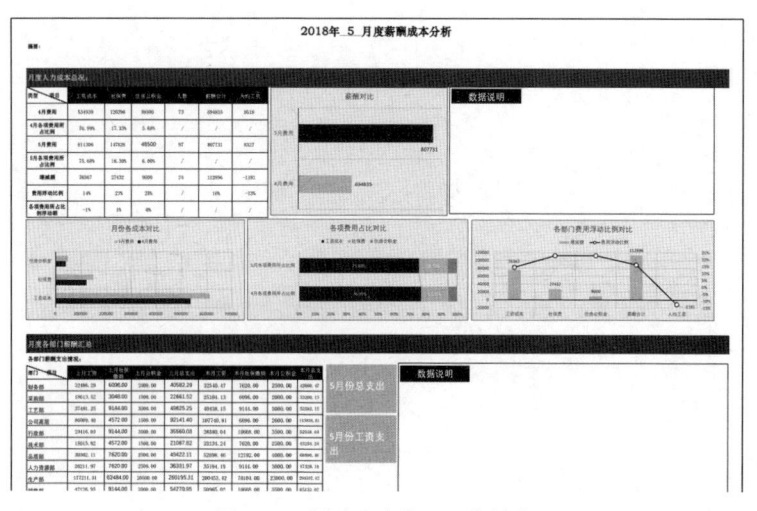

图 1-6　提升人力资源工作效率

二、为人力资源决策做支持

HR 每天都在不断地做人力资源工作决策，但是很多 HR 在做人力资源决策的时候都是依靠自己的经验或者是直觉。我们会听到很多"这个事情，我觉得……"这种缺乏决策后的数据的支持。

作为招聘专员，HR 在每年年底的时候都需要考虑明年要和哪些招聘渠道合作？今年合作的渠道还要不要？明年哪个渠道是我要重点投入的？要投入多少钱？我和老板申请渠道招聘费用的时候，该如何去说服老板？我要给老板看哪些招聘的数据？

这个时候我们就要对今年的招聘渠道数据进行分析，从渠道分析的维度来讲，我们需要知道每个渠道一年招到了多少个岗位？分别是哪些岗位？这些岗位的人均费用是多少？

从岗位维度来说，每个岗位投放了哪些渠道？哪些渠道帮我招到了人？渠道的招聘效率是多少？最后的人均招聘费用是多少？

最后结合这些数据，我们就可以得出哪些是性价比最优的渠道。这样的人力资源决策就有了后面数据的支持，使我们的决策更加的科学，并且在和业务部门及领导沟通的时候，提升了 HR 的专业度。

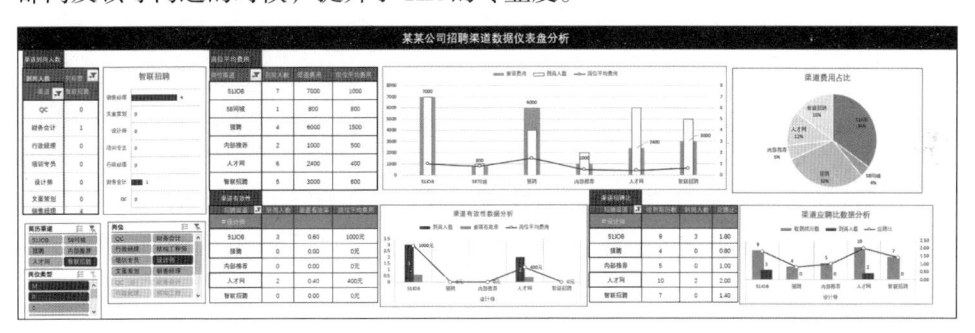

图 1-7　人力资源为决策提供支持

三、人力资源数据分析驱动业务发展

人力资源最终的价值体现在对业务发展的驱动和公司战略的支持上，人力资源的数据分析不能只是在人力资源部门内部进行分析，更应该结合公司的业务和战略进行数据分析。

作为培训模块的 HR，在这个模块最头痛的是如何对培训的结果进行量化评估，我们希望通过培训来对员工的行为进行改变，最终产生绩效，驱动业务的发展。在柯式四级的评估体系中，我们通过对行为的评估跟踪，去改变行为，提升绩效。但是对于行为和结果的评估需要有量化的指标和数据来对标，这个时候我们就可以通过对培训结果评估的量化分析和数据建模分析来最终达到绩效的产出。

培训评估体系

■ 1. 反应评估
参与者对培训的满意程度

■ 2. 学习评估
知识掌握，技能提高态度改变程度

■ 3. 行为评估
工作中行为的改变程度

■ 4. 结果评估
工作业务结果的变化

图 1-8　培训评估体系

四、优化人力成本，提升人力成本效能

如果想找一个最能体现人力资源价值的指标，我觉得应该是人力成本效能（以下简称人效）这个指标。因为人效是反映公司人效的指标，并且人效数据和公司的财务指标相关联，也是老板最关注的一个指标，对于人力资源从业者来说，人效指标数据的提升是最能体现 HR 价值的。

HR 每年年底都要做公司第二年的人力成本的预算，这个时候我们就需要对公司的人力成本和人效数据进行分析，通过这些数据的趋势来预测分析：明年的人力成本到底是增加还是压缩？如果人力成本上涨，需要上涨的幅度是多少？所有的这些我们都通过数据建模进行分析，得出结论。

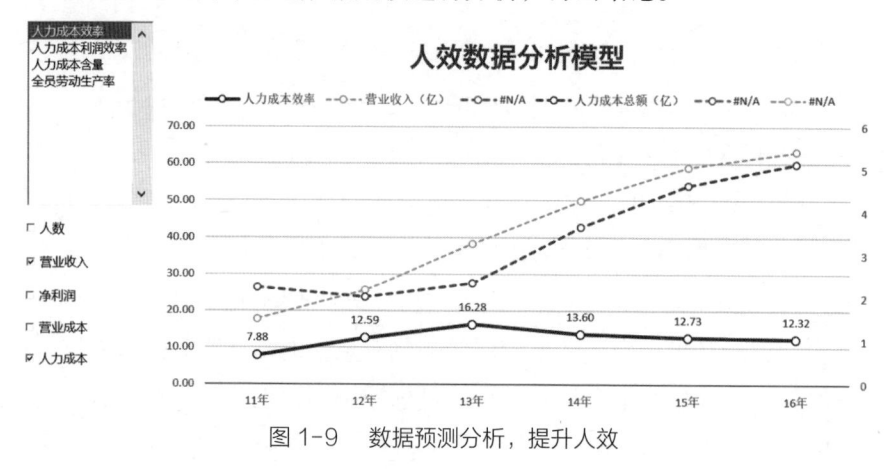

图 1-9　数据预测分析，提升人效

所以对于人力资源从业者来说，学习数据分析并且将之运用到自己的工作中可以提升你的工作效率。最关键的是，在和业务部门、管理层对话的时候，

你可以用科学的数据分析得出的结论来阐述你的观点，支持你的人力资源决策，提升你的人力资源专业度，最终体现你的人力资源价值。

第三节　HOW：人力资源数据分析指南

一、人力资源数据分析知识技能

我们知道了人力资源数据分析很重要，那如何来学习人力资源数据分析？整个人力资源数据分析的流程又是什么样的呢？

数据分析是一个标准化、流程化的过程，我们把整个数据分析的过程分为 8 个步骤，在每个分析的步骤里，你除了要了解每个步骤的流程和方法，还需要掌握每个部分的技能知识点。

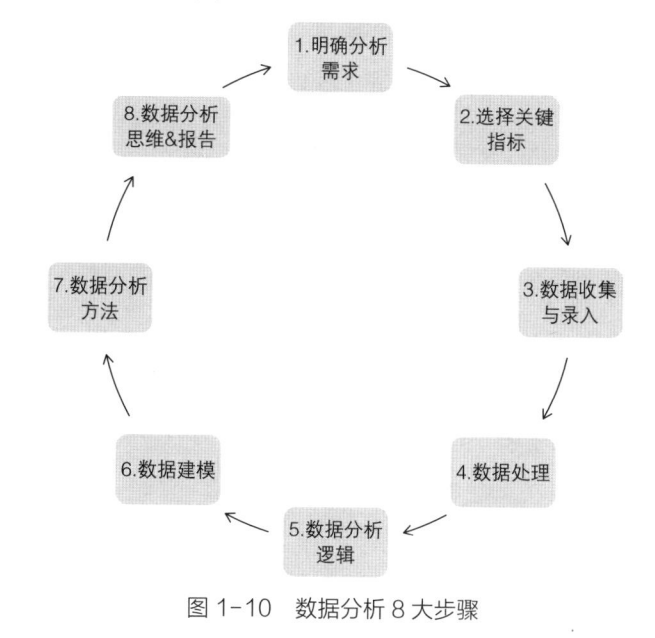

图 1-10　数据分析 8 大步骤

我们把数据分析的知识技能分为 3 个大类：
（1）Excel 操作软性技能
• Excel 基础函数：IF、VLOOKUP、INDEX、MATCH 等；
• 数据透视表；

- 数据图表设计与演示；
- 动态图表设计；
- 数据仪表盘。

（2）人力资源专业知识
- 人力资源各模块专业知识。

（3）数据分析流程和方法
- 数据建模；
- 数据统计基础；
- PPT分析报告设计与演示；
- 数据分析方法应用。

二、人力资源数据分析学习路径

人力资源数据分析的学习是一个系统化的循序渐进的过程，所以在学习的过程中，我们需要根据学习路径来进行学习。根据人力资源数据分析学习的特点，我为大家设计了一个学习路径图，帮助大家更加系统化地学习人力资源数据分析技能。

图1-11 人力资源数据分析与学习路径

L1：人力资源数据分析基础。

该系列主要是帮助初级学员掌握数据分析的基础，包含Excel的基础函数技能、各类数据图表的设计原则、数据仪表盘等，是作为数据分析的基础。

在这个模块的学习过程中，我们更加关注实操，通过图表案例的实际操作，让学员更加快捷地掌握整个数据分析的基础。在这个模块学习的学员可以通过完成作业、讲师辅导、自学来完成在线课程，掌握技能。

L2：人力资源数据建模与数据流程。

该系列主要是对数据分析思维和流程方法的学习，对于人力资源数据分析来说，数据思维的学习是最难的，对于技能的学习我们可以通过案例实操，只要长时间地学习就可以掌握一些软性的技能，但是思维的改变不是一朝一夕的。需要你通过学习优秀案例，掌握数据分析的方法、流程和数据建模的整个过程，再结合你自己在工作中的实际应用，最后融会贯通成为经验，这才是整个人力资源数据分析中最重要也是最难的。

L3：人力资源数据分析应用。

在掌握了数据分析的基础和数据分析的思维及流程后，我们就需要将这些技能应用到人力资源的各个模块中去，包括人员结构、人员流动和离职、人员招聘、人才发展、人员绩效盘点、薪酬分析、人力成本和人效。在每个模块中我们都需要根据 L2 学习的数据分析流程来对模块做分析。

在这个模块中我们除了要应用 L1、L2 的学习内容，还应该变身人力资源的数据分析专家。要想成为某个行业的数据分析专家，必须了解这个行业，是这个行业的资深从业者，不结合行业的数据分析只能停留在表面，没有实际意义。

对于人力资源行业也是一样，你必须很了解人力资源行业或者某个模块，才可以结合数据、结合人力资源的专业知识进行数据分析。

第四节　WHAT：人力资源数据分析输出

一、人力资源各模块关键数据指标

在做人力资源数据分析的时候，对于每个模块都有相应的指标来表示这一模块的健康程度，就好像我们要判断一个城市的经济情况好不好，第一个会想到的就是 GDP 指标，GDP 是现在反映一个城市经济发展的关键指标。人力资源的数据分析也是一样，每个模块也有对应的指标，如要分析人员流动的数据，这个时候我们选择的指标就是人员离职率、人员流动率、人员新进率等，在人力资源数据分析的流程中，我们需要提前选择关键指标。

二、数据仪表盘

数据仪表盘是人力资源数据分析数据可视化的形式之一，数据仪表盘是通过数据透视表和数据切片器建立一个可以进行数据交互的数据分析模型。

在数据仪表盘中，我们对人力资源模块的关键数据指标进行数据透视，以生成数据透视图的形式，用切片器对数据透视图进行关联。同时用不同的数据维度来进行数据的交互和数据的交叉分析。

在人力资源数据仪表盘中，我们可以应用不同的交互维度，来呈现各个关键指标的不用维度的可视化信息图，并且这些图表可以进行数据关联，你可以获取你想要的任何维度、任何关键指标的数据分析图表，最终生成数据分析报表，如图 1-12 所示。

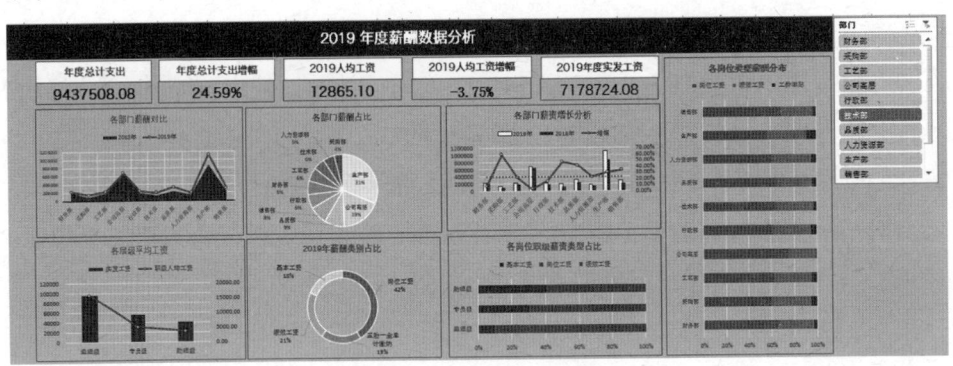

图 1-12　数据仪表盘示例

三、数据动态图表

动态图表是用 Excel 窗体控件结合查询函数，对人力资源关键指标的数据进行多维度的数据交互。动态图表的模型有更多交互和筛选的维度，可以更加全面地分析、呈现人力资源数据分析模块的图表，如图 1-13 所示。

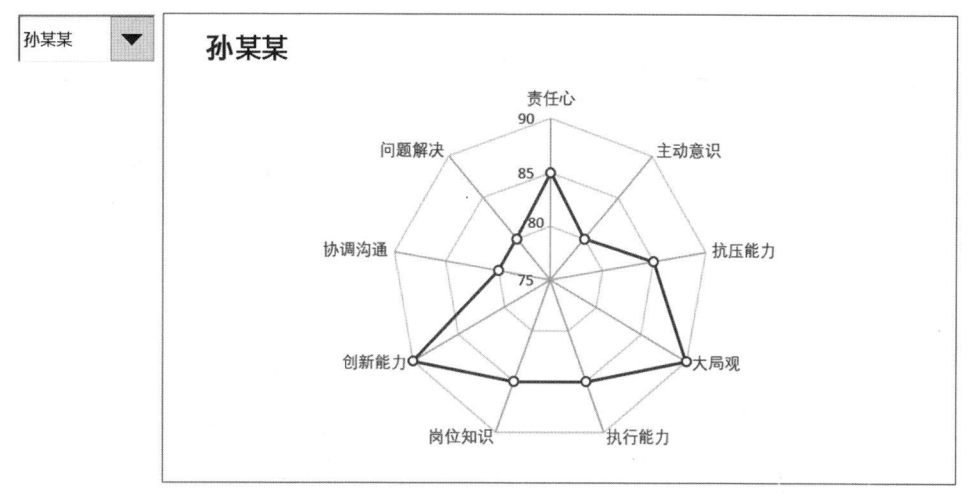

图 1-13　数据动态图表示例（1）

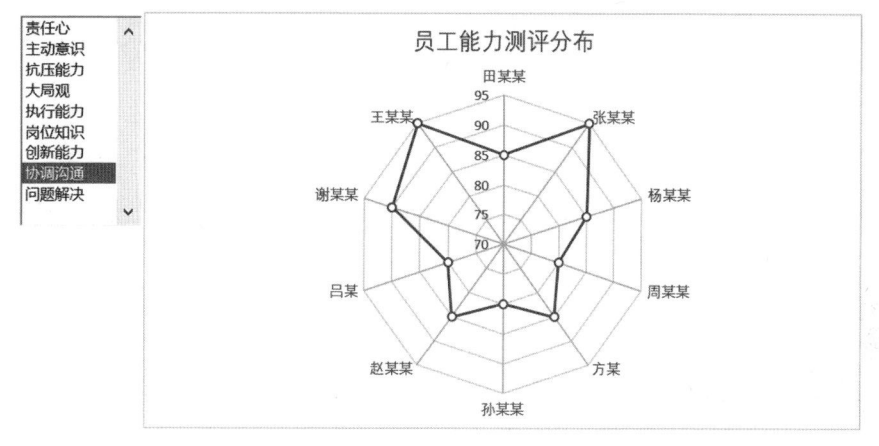

图 1-14　数据动态图表示例（2）

四、数据分析报告 PPT（幻灯片演示文稿软件）

　　人力资源数据分析最终的输出形式都是以 PPT 报告进行输出的，不管是在台上做年终的总结，还是给管理层看数据分析报告，都会以 PPT 的形式呈现，所有对于人力资源从业者来说，PPT 的制作设计也是职场的一项硬技能。

　　在人力资源数据分析 PPT 报告中，我们要呈现的不单单是精美的数据图表、数据描述，更需要对数据进行诊断，要告诉其他部门，你通过数据分析得出的结论是什么，在异常数据背后的原因是什么，你的解决方案是什么，你的解决方案是否有效果，你的对标数据是什么。

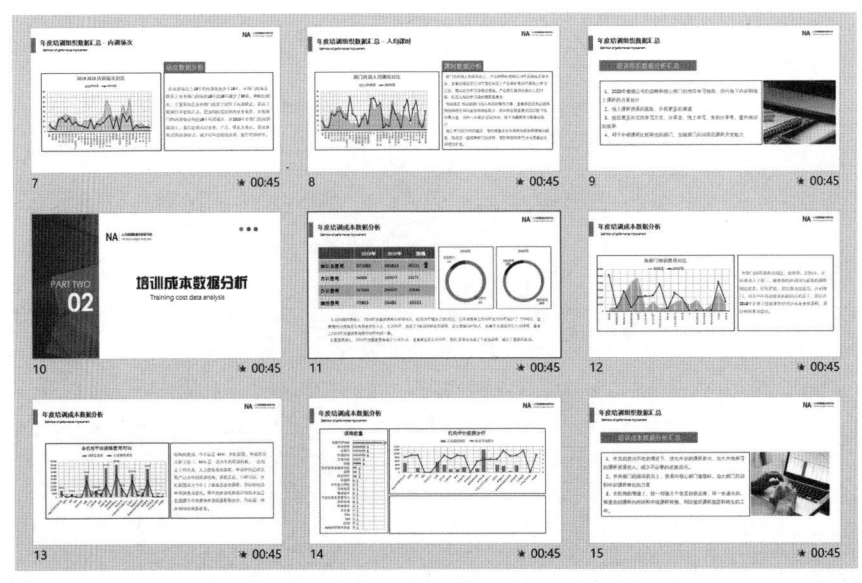

图 1-15　人力资源数据分析报告 PPT 制作示例

所以数据分析的输出呈现是你所有数据分析最后的一个结果，在进行数据呈现的时候，我们会通过数据描述—数据诊断—解决方案，层层递进，来展示你的数据分析的结论。

第五节　章节复盘

- 人力资源数据分析不局限在人力资源本身，更多地要和业务相结合，人力资源数据分析的最终目的是驱动业务，支撑公司的战略和未来的运营模式。
- 人力资源数据分析并不仅仅是学习 Excel 和数据分析的工具方法，数据分析的思维才是数据分析的学习重点。
- 除了学习人力资源数据分析的技能，你还应该是一个 HRBP 的角色定位者，需要了解公司的产品、运营模式、供应链等，这样你才可以真正地结合业务来做人力资源的数据分析。
- 要熟记数据分析流程的 8 个步骤，这个流程方法不单单适用于人力资源模块，也适用于任何一个数据分析模块。你要掌握Excel的数据分析技能，你是一个人力资源模块的专家，你也是一个HRBP，只有结合了这3个维度的技能，你才是一个真正的人力资源数据分析专家。
- 在人力资源数据分析输出模型中，数据仪表盘是最有效的数据分析工具，所以我们只有学好基础的数据透视表技能，才能设计数据仪表盘。

第二章

数据分析前的准备

第一节　数据分析的主流软件工具

很多同学在参加数据分析的线上课程时都会问：

人力资源的数据分析一般都用什么工具？

我们那些数据仪表盘和动态是用什么工具做出来的？

随着数据分析在各行各业的广泛应用，各种数据分析的工具软件也层出不穷，现在行业里主流的有 python、微软的 BI 软件、Tableau（数据可视化分析工具）、Excel 等。

我们在选择数据分析软件的时候，要结合行业和数据的特点来进行选择，我觉得人力资源行业的数据分析和零售、电商的数据分析还是不太一样，有其独特性。

一、数据量

和电商、零售的数据相比，人力资源的数据在整个数据的容量上没有可比性。在人力资源的各个模块中相对数据比较多的是人员结构、人员流动和薪酬类数据，在数据的形式上都是数字的格式比较多。我们以 3000 人的制造业企业为例，以 3 年的数据量为周期，现在一般的企业还没有建立完善的信息化人力资源数据体系，所以 3 年的人力资源各个模块的数据存储量不会超过几个吉字节。所以和动不动几十、几百个吉字节的零售电商行业比起来，人力资源的数据量是非常有限的。

二、数据分析关键指标

零售行业的数据分析关键指标，除了要分析终端零售店的销售数据，还要分析顾客的购买数据、各个供应链的数据、"人货场"的相关数据，所以是一整条的产业链的数据分析，通过这些数据为其产品的研发、市场策略的调整等做决策的依据。

相对于零售行业整体的数据分析，人力资源的数据是根据人力资源的各个模块来进行分析，每个模块的关键指标也没有像零售行业这么复杂，在分析的维度上也是从公司、部门、职级、层级等这几个维度做分析，所以在复杂程度上相对于其他行业的难度偏低。

三、数据分析从业者

在数据分析的从业者身上，基于其他行业数据分析的复杂性和专业性，对于从业者的要求比较高，都是需要有专业的数据分析和统计学的背景，能运用专业的数据分析软件来进行行业的数据分析，并给予数据分析报告。

同时在数据分析这个岗位的发展上，互联网、电商、零售行业在 10 年前就已经有了这个岗位，并且随着行业的发展，这个岗位的专业性也越来越高，已经形成了专业的数据分析岗位。

对于人力资源数据分析这个岗位，国内也是近几年才在一些 500 强企业和互联网企业开始独立出来，在人力资源部专门设立这个岗位，结合公司的人力资源数据和公司的业务数据进行分析，从人力资源的角度来提升人效，达到人力成本效率的最大化。

但是大部分的企业人力资源数据分析还是由人力资源各个模块的一些专员兼职在做，这些兼职做数据分析的人力资源从业者数据分析的技能和一些软件应用能力都是很薄弱的。他们也没有太多的时间去学习专业的人力资源数据分析的软件。

综上所述，我们觉得在现阶段，Excel 是最适合人力资源从业者做数据分析的工具，无论是从使用者对软件的熟悉度，还是从数据分析的复杂度而言，

Excel 是现阶段对人力资源从业者做数据分析最好的选择。

当然对于一些基础比较好的同学,希望能往专业的数据分析方向发展,我们的建议是可以去学习专业的数据分析工具。

第二节　Excel——人力资源从业者数据分析利器

在人力资源的数据分析方面,Excel 和其他几个软件对比,有其独有的优势。

一、交互的数据分析仪表盘

人力资源的数据分析在后期都是通过数据交互来进行的,而数据交互大部分都是通过数据仪表盘来进行的,我们可以通过 Excel 里面的数据透视表,数据切片器做出专业的数据仪表盘,和其他一些专业的图表设计软件比起来,Excel 的数据仪表盘设计不需要写代码,只需要动动你的鼠标即可。

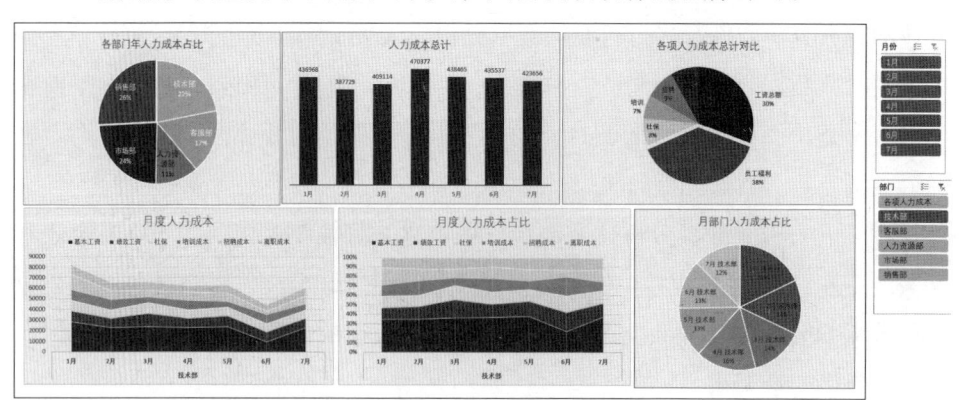

图 2-1　Excel 数据仪表盘示例

二、动态图表插件

另一个交互的图表就是动态图表,在动态图表中,我们只需要用 Excel 里的表单控件,再结合简单的 Excel 函数,就可以设计出多维度交互的动态图表。

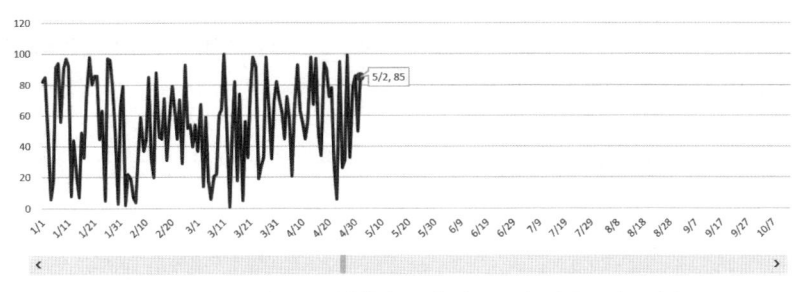

图 2-2　某零售店日销售额趋势（万元）动态图表示例

三、数据分析的插件

Excel 里内置了多种统计学的数据分析插件，如我们在分析绩效相关性的时候，就有相关的分析插件，我们在分析薪酬回归的时候，就有薪酬回归的分析插件，只需要我们加载插件，选择数据就可以做到相关统计学的分析。

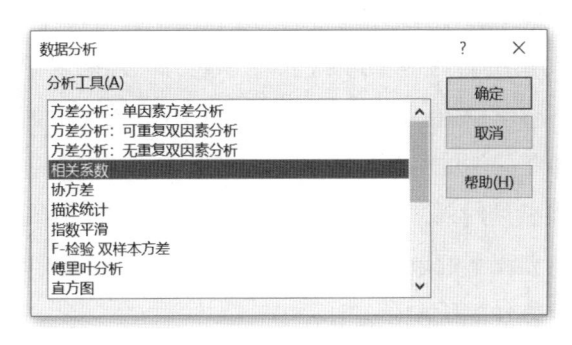

图 2-3　Excel 数据分析插件示例

四、模板化的数据图表

2016 版的 Excel 已经内置了很多精美的数据图表，如树状图、旭日图、瀑布图、直方图、雷达图等都可以一键生成，并且在 Excel 的数据图表模块中设置了数据模板，可以自己生成和导入各类数据图表的模块，这种模式对于一些基础薄弱的人力资源从业者来说十分便捷，可以一键生成专业的数据分析图。

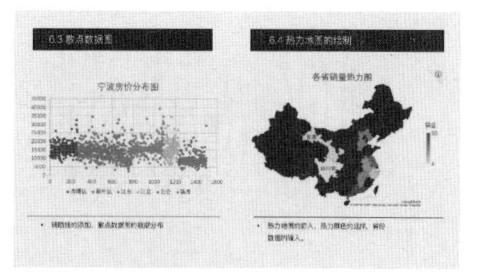

图 2-4　Excel 模板化数据图表示例

第三节　选择你的 Excel 软件

1. WPS 软件

现在微软 Office 的版本已经升级到了最新的 2019 版，但是我们看到很多 HR 用的还是 2010 版的软件或者是 WPS 的办公软件，对于 Excel 软件版本的选择会影响到我们在做数据分析时的一些应用。

现在很多 HR 用的都是 WPS 的软件，WPS 的 Excel 和微软的 Excel 几乎 90% 的功能都一样，只是在某些按钮的路径上不一样，所以如果你使用的是 WPS 的 Excel，需要关注的是某些和微软 Office 不一样的按钮路径，如在数据透视表中切片器设置的时候，WPS 不能直接复制切片器，而是需要进行切片器的转移。本书里的课程案例是基于微软 Excel 软件来实现的。

2. 微软 Excel 软件的版本

根据发布的时间，微软的 Excel 软件也是有很多版本的，现在市面上使用比较多的就是 2010 版和 2013 版，如果你用的是 2013 版的 Excel，基本上问题不大，在图表的类型和设计以及各类插件上基本上都是可以实现操作的。但是如果你用的是 2010 版的 Excel，那在数据图表的类型上就会和 2013 版、2016 版有很大的差别，在 2010 版 Excel 的图表类型中没有树状图、直方图、瀑布图、旭日图等这些图表，所以如果你的版本还是 2010 版，请尽量升级到 2013 版以上。

如果你购买的是 Office 365 的软件，Office 365 是一种订阅式的跨平台办公软件，基于云平台提供多种服务，通过将 Word、PowerPoint、Excel 和 Outlook、OneNote 等应用与 OneDrive 和 Microsoft Teams 等强大的云服务相结合，让任何人使用任何设备都可以随时随地创建和共享内容。Office 365 会根据系统的推送，定期更新你的 Office 软件，所以在数据分析的功能上基本和 2016 版或者 2019 版一样，不需要担心兼容的问题。

第四节　Excel 数据分析前的设置

在开始做人力资源的数据分析之前，你的 Excel 需要做一些基础的设置，这个设置的目的是提升你后面做数据分析的效率。主要包含以下几个方面的设置。

一、自动保存的设置

设置文件的自动保存时间，在该时间内，文件进行自动的保存，避免因为一些意外原因导致文件损失。

自动保存设置路径：文件—选项—保存—保存自动恢复信息时间间隔。

图 2-5　文件自动保存设置示例

二、字体类型和大小设置

在 Excel 的初始设置中，对字体的大小和文字类型做了一个默认设置。我们在进行数据输入或者分析的时候，对默认的字体等设置有一定的要求，如果每次都去改你录入的文字和数字的字体类型，就会降低工作效率，所以在进行 Excel 的数据分析之前，我们可以根据自己的需求来定义文字的类型和大小。

文字类型和大小设置路径：文件—常规—新建工作簿时。

图 2-6　字体类型和大小设置示例

对于字体的设置还有一个路径，即在页面布局—字体—选择字体里也可以设置 Excel 文字字体的类型。

图 2-7　字体设置路径示例

三、数据图表颜色的选择设置

数据图表的统一除了图表布局、字体，最重要的就是颜色的统一，很多 HR 在数据图表的颜色搭配上往往比较头痛，缺乏对颜色的敏感度，不知道图表的颜色如何搭配才能显示数据图表的专业性，所以在你进行数据图表的设计前，需要提前选择好你的数据图表主题色。

在 Excel 里自带了多种颜色的图表主题色，你可以根据公司的 LOGO（标识）

颜色和行业的主题颜色进行图表或者数据报表主题色的设定。

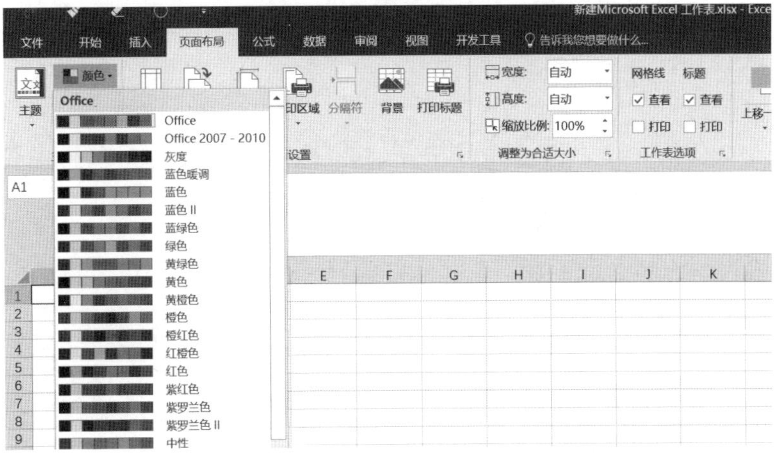

图 2-8 数据表颜色设置示例

第五节　章节复盘

- 在人力资源数据分析中，Excel 是最简便的数据分析工具，Excel 基本可以胜任人力资源数据分析的需求。
- 在人力资源的数据分析中，我们运用的数据建模的方法有：数据仪表盘、数据动态图表、数据分析插件、数据图表模板。
- 在 Excel 进行数据分析之前，要进行保存、字体、颜色等设置，这样可以更快地提升你的工作效率。

第三章

人力资源数据分析流程：明确数据分析需求

"不要为了分析而分析。"

在做人力资源数据分析的过程中，我们需要先明确为什么要做这个模块的数据分析，数据分析的目的是什么？我们做数据分析不是追求精美的数据图表和报告，数据分析最终的目的是通过数据建模，发现数据之间的规律和问题，最终解决问题并给予解决方案，所以数据分析的需求就好像是数据分析整个流程的方向，如果方向错了，后面的数据建模、数据图表做得再好也没有用。

那数据分析的需求又是从哪里来的呢？我觉得可以从模块关键指标和绩效指标数据两个维度来提取需求。

第一节 关键指标数据

关键指标数据是最能直观、量化地看出数据分析需求的，人力资源每个模块都有相应的关键数据指标，我们可以通过内部和外部市场数据的对标，发现这些指标是健康。图3-1是各个模块的关键指标，有些指标是静态的数据，如人员结构的数据，我们可以直接从原始数据进行提取。有些数据是动态数据，我们需要进行计算，算出相应的数据指标，然后再和历史数据进行同比或者环比来判断这个数据是否正常。

还有一类数据需要和外部的数据进行对标，如人效和薪酬，通过和外部市场同行业的数据的对标，来判断这个数据是否健康，如果通过对标，发现这个数据是异常的，这个时候我们就需要对这个指标进行数据分析。此时，通过对标找出的这个关键数据指标就是数据分析的方向，我们后续的解决方案都是围绕这个方向进行的。

比如，在进行人员流动数据分析的时候，人员流动率是一个关键的数据指标。我们可以看各个部门的人员流动率，然后和同期数据进行对比，就可以知道现在的这个人员流动率的数据是否正常，如果现在的人员流动率的数据明显地大于同期的数据，我们就需要分析部门的人员流动率的相关数据并进行原因分析和干预以降低人员流动率。这就是通过数据的关键指标发现数据分析需求。

人员结构	流动数据分析	招聘渠道分析	招聘数据分析	培训数据分析	薪酬数据分析	人力资源成本分析	HR财务数据指标
部门人数	离职率	渠道费用人数比	招聘效率	培训完成率	薪酬总量计算	人力成本总额	营业收入
人员岗位分布	入职率	人均渠道费用	招聘质量	人均成绩	薪酬占比计算	人均人力成本	营业成本
人员工龄分布	人员流动率	部门岗位渠道占比	各个阶段招聘转换率	培训成本	薪酬结构分析	人均工资	营业利润
人员学历分布	人员增长率	各渠道招聘人数统计	招聘成本系数	人均培训成本	分位薪酬计算	人力成本含量	营业净利润
人员户籍	净增人数	招聘渠道有效率	招聘应聘比	培训满意度		人力成本结构	净利润率
部门岗位人员分布		简历有效率	招聘成本	培训费用占比		人力成本率	主营业务利润率
性别分布			招聘收益	培训收益		人力成本利润效率	
						人力成本效率	
						全员劳动生产率	

图3-1 人力资源各模块的关键指标选择

第二节 绩效数据指标

除了常规的人力资源各个模块的关键数据分析指标以外，我们通过每月的绩效数据也可以提取数据分析的需求，一般企业的绩效考核由3个模块构成。

一、量化的绩效指标

这类的绩效指标在销售类岗位比较多，对一定周期的销售数据进行量化的考核则可以通过绝对值数据、差值数据、对比数据来进行。当然这些部门也会有行为类的指标，但是在整个绩效的权重中占比不大，如表3-1所示。

表 3-1 岗位 KPI 绩效考核

考核人：_____ 考核周期：_____ 部门：_____ 岗位：_____ 直接主管：_____

岗位职责	岗位内容和标准	是否KPA关键领域	KPI关键指标（多、快、好、省、满意）	指标描述	指标权重	指标权重分解	KPI达标绩效数据	KPI挑战绩效数据	绩效评分规则 A、A-B、(A-B)/A	实际KPI绩效分值	KPI绩效得分	数据来源
	每日的简历下载	是	简历下载量	每日的简历下载数量	20%	10%	50 份简历	65 份简历	X>=65；10分 65>X>=50；8分 50>X>=40；6分 X<40；3分 （平均简历数）			渠道简历下载数据
简历处理	每日的有效简历筛选通过率	是	有效简历率	参加面试的人数/下载的简历		10%	40%	50%	X>=50%；10分 50%>X>=40%；8分 40%>X>=30%；5分 X<20%；0分			招聘记录表
	对岗位的简历分析，判断简历是否为有效简历，是否需要邀约											上级面谈和岗位JD表

续表

岗位职责	岗位内容和标准	是否KPA关键领域	KPI关键指标（多，快，好，省，满意）	指标描述	指标权重	指标权重分解	KPI达标绩效数据	KPI挑战绩效数据	绩效评分规则 A、A-B、(A-B)/A	实际KPI绩效分值	KPI绩效得分	数据来源
招聘面试	对候选人进行电话邀约	是	电话邀约人数	每日电话邀约的人数	50%	10%	10个	15个	X>=15；10分 15>X>=10；8分 10>X>=6；6分 X<6；3分 （平均邀约数）			招聘日报表
	候选人的面试接待											
	候选人的初试											
	候选人的复试											
	候选人的OFFIER到岗	是	招聘计划完成率	实际招聘到人数/计划人数		30%	50%	60%	X>=60%；10分 60%>X>=50%；8分 30%>X>=50%；5分 X<30%；0分			招聘日报表

续表

岗位职责	岗位内容和标准	是否KPA关键领域	KPI关键指标（多，快，好，省，满意）	指标描述	指标权重	指标权重分解	KPI达标绩效数据	KPI挑战绩效数据	绩效评分规则 A、A–B、(A–B)/A	实际KPI绩效分值	KPI绩效得分	数据来源
	用人部门的反馈	是	用人部门满意度	用人部门的满意度调研分数		10%	90分	95分	X>=95%：5分；95>X>=90：3分；80>X>=90：1分			业务部门满意度调研
	面试技能											
	岗位信息的编辑	是	信息出错次数	岗位信息编辑的出错次数来进行评估分数		5%	/	/	无出错5分；出错1–2次3分；出错3次1分			
岗位发布	岗位渠道的选择和信息的发布	是	信息发布及时率	人力资源的招聘配置规划/计划，以及各部门审批后的招聘信息在第二份工作日发布到相关的渠道	15%	5%	95%	100%	X>=95%：5分；95>X>=90：3分；80>X>=90：1分			

续表

岗位职责	岗位内容和标准	是否KPA关键领域	KPI关键指标（多、快、好、省、满意）	指标描述	指标权重	指标权重分解	KPI达标绩效数据	KPI挑战绩效数据	绩效评分规则 A、A-B、(A-B)/A	实际KPI绩效分值	KPI绩效得分	数据来源
数据维护	人力资源数据维护	是	信息出错次数	人力资源数据日报表数据录入人的出错		5%	/	/	无出错；5分 出错1-2次；3分 出错3次；1分			
	工作敬业、执行力		每份月的迟到次数			5%	/	/	1. 每份月无迟到；5分 2. 每份月迟到0-3次；3分 3. 每份月迟到3次以上；0分			
综合能力	招聘专员对简历的分析判断能力，对分析能力进行评估	关键任务	分析能力	对简历的分析能力	15%	5%	/	/	1. 表取简历可见信息并且与岗位做匹配；1分 2. 可以通过简历推断出候选人的性格、思维、逻辑等隐形信息；3分 3. 可以通过简历分析，			

续表

岗位职责	岗位内容和标准	是否KPA关键领域	KPI关键指标（多，快，好，省，满意）	指标描述	指标权重	指标权重分解	KPI达标绩效数据	KPI挑战绩效数据	绩效评分规则 A、A–B、(A–B)/A	实际KPI绩效分值	KPI绩效得分	数据来源
	与用人部门进行JD的沟通，了解岗位需求，完善岗位JD表	关键任务	沟通能力	和业务部门的沟通能力		5%	/	/	可以判断候选人与业务的匹配程度，并形成面试的逻辑思路；5分 1. 能和业务部门沟通，初步了解了岗位的背景和知识技能。–1分 2. 能多次和业务部门进行深入沟通，深入了解岗位的业务流程，技能–3分 3. 能根据岗位的职能描述，对候选人进行判断是否符合岗位要求，能回答主管提的关于业务的大部分问题–5分			

续表

岗位职责	岗位内容和标准	是否KPA关键领域	KPI关键指标（多，快，好，省，满意）	指标描述	指标权重	指标权重分解	KPI达标绩效数据	KPI挑战绩效数据	绩效评分规则 A、A-B、(A-B)/A	实际KPI绩效分值	KPI绩效得分	数据来源
KPI 绩效总分												

绩效考核说明

| 被考评人签字 | | 被考评意见 | |
| 考评人签字 | | 考评人意见 | |

二、行为化的数据量化指标

行为化的指标一般存在于综合支持类的部门，如行政、人力资源、财务等部门，这些部门的工作职责和任务以行为类的居多，行为类的绩效指标难以进行直接的数据化的量化，所以一般通过案例描述和行为层级的划分，再对每个层级给予一定的分值，最终实现对行为化绩效考核的量化分析。

把行为量化用数据来评估这个主题就是讲行为数据量化，以表3-2为例。

表3-2 招聘专员KPI绩效考核表

综合能力	工作敬业、执行力	每个月的迟到次数		5	/	/	1. 每个月无迟到；5分 2. 每个月迟到0~3次；3分 3. 每个月迟到3次以上；0分
	招聘专员对简历的分析判断能力，对分析能力进行评估	分析能力	对简历的分析能力	15	/	/	1. 获取简历可见信息并且与岗位做匹配；1分 2. 可以通过简历推断出候选人的性格、思维、逻辑等隐形信息；3分 3. 可以通过简历分析，判断候选人与业务的匹配程度，并形成面试的逻辑思路；5分
	与用人部门进行JD的沟通，了解岗位需求，完善岗位JD表	沟通能力	和业务部门的沟通能力	5	/	/	1. 能和业务部门沟通，初步了解岗位的背景和知识技能；6分 2. 能多次地和业务部门进行深入沟通，深入了解岗位的业务流程、技能；8分 3. 能根据岗位JD表，通过岗位的职能描述，对候选人进行判断是否符合岗位要求，能回答主管提的关于业务的大部分问题；10分

除了职能类的部门会有行为化的指标数据以外，在一些操作类、技能类的行为上也会通过对行为拆解、量化，来做行为的绩效考核。

比如客户经理岗位，其中一个岗位职责就是"客户拜访"，我们如何来量化评估"客户拜访"这个行为？我们可以对客户拜访的行为进行拆解，然后再对每个拆解的行为是否做到的程度给予一定的分值量化，这样就可以通过这类行为评估考核表，对员工的行为做一个量化的考核。

表3-3 客户经理拜访演练检查

拜访场景：			
客户类型：			
序号	行为拆解	是	否
1	是否有向客户打招呼？		
2	是否有向客户介绍自己？		
3	是否有递名片？		
4	是否有递DM单页并介绍里面的内容？		
5	是否有向客户介绍公司的业务？		
6	是否有确认店面信息并修改？		

三、价值观的绩效考核指标

价值观的考核是在企业价值观的理念下，对价值观进行行为化的量化分解，再通过案例行为的描述来进行员工和主管的互评打分，最终来对员工的价值观进行量化考核。

表3-4 价值观的绩效考核指标

考核内容	评价标准	案例说明	自评得分	经理评分
目标一致（珍惜机会，同心同德）	（1分）认同公司的发展战略，珍惜互联网时代和公司优势带来的机会，不做对公司不利的事，不说对组织不利的话。 （2分）接受公司理念及价值观，能正事正办、正向思维，不搞是非，不犯基本面的错误。 （3分）认同公司文化和核心团队，富有公司自豪感。能言传身教，成为正能量的意见人群。 （4分）理解并领会公司文化，与公司休戚与共，欣赏性看待同事及行为，不作指责性批评。组织荣誉感强，积极为公司争取荣誉。 （5分）强烈的归宿感和使命感，能宣导企业价值观与企业文化。能通过积极沟通、支持性态度以及勤奋负责的工作风格，建设性地创造积极、健康、向上的公司氛围	为了加强公司员工的企业文化价值观和熟悉价值观的考核，部门组织公司中层的价值观培训，作为培训组织者，认真学习并理解公司企业文化和价值观，并与公司同事交流，分享企业价值观。积极传导价值观	3	

续表

考核内容	评价标准	案例说明	自评得分	经理评分
团队合作 （共享共担，平凡人做非凡事）	（1分）积极融入团队，多为别人、为团队考虑，乐于接受同事的帮助，配合团队完成工作。 （2分）决策时畅所欲言，积极发表建设性意见，充分参与团队讨论；执行时，上下级有序，一般问题可向上提一次，重大问题可提两次；无论个人是否有异议，必须从言行上完全予以支持。 （3分）积极主动分享业务知识和经验；主动给予同事必要的帮助；善于利用团队的力量解决问题和困难。 （4分）善于和不同类型的同事合作，不将个人喜好带入工作中，带着方案去提问题，当面沟通，当场解决，培养接受批评的情商，充分体现"对事不对人"的原则。 （5分）有主人翁意识，积极正面地影响团队，改善团队士气和氛围	随着各个区域新员工入职人数的增加，招聘组的通知需要优化招聘流程，积极主动地参加招聘组同事的流程优化会议，积极讨论，并且给予合理建议，帮助优化流程	3.5	

相对于行为类的指标，我们更加关注直接可以量化类的绩效指标，因为数据分析的需求本身就是数据对比，通过各个维度的对比来分析现在的数据是否正常。比如，在招聘的绩效考核中，有一个关键的考核指标，就是在一定周期内的招聘完成率，这是一个直接量化的数据，也是招聘的关键绩效考核指标。我们可以通过跟踪监测这个数据，来看是否需要对这个模块进行深入的数据分析。

第三节　实操演练：人员结构数据分析

为了能让大家更好地理解数据分析的流程，我们选取了"人员结构数据分析"，作为案例，使大家能运用数据分析的方法养成数据分析思维。

人力资源数据分析的第一个环节是要明确分析的需求，为什么做这个模块的数据分析，所以我们要问问自己，为什么做人员结构的数据分析，目的是什么？想要的效果是什么？

对于人员结构数据分析的目的，我觉得可以从以下两个方面进行切入。

1. 对现在公司的人员组织结构进行优化

这个维度是从现阶段公司的战略和业务模式的需求出发，来对公司人员组织结构的数据进行优化。我们通过人员结构数据模型的建立，对关键的数据指标与外部市场的数据进行对标，找出人员结构关键数据指标的差异点，然后通过数据诊断、数据的解决方案，来对这些指标进行优化，从而使现有的人员结构数据指标能支撑当前公司的战略和发展。

图 3-2 某公司人员组织结构示例

2. 从公司战略未来转型对人员结构需求的优化

除了要着眼现阶段公司人员结构的数据，我们也要关注未来公司的一个战略发展以及业务模式，因为随着公司业务的转型，企业对人员的结构的要求和标准也会发生改变，作为 HR 的我们要未雨绸缪，提前预知未来公司对人员结构的要求。

我曾接触过一家外贸公司，现阶段这家公司的战略是做平台型公司，在内部平台孵化各种产品，所以在现在的这个阶段，公司对产品部、研发部的人员要求比较高，并且这些部门的人员年龄相对比较大，学历也比较高，所以招聘专员在招人的时候会根据公司现阶段的需求招聘相应的人员，并且人员结构的要求需要符合平台发展的战略。

但是到了 2020 年，公司的业务模式发生了改变，由原来的平台的模式转变成了服务型公司的模式。公司的服务部门给第三方公司输出各类服务，如产品宣传片拍摄、信息化平台搭建等，所以公司的战略发生了改变，相应地公司的人员结构也要做调整，公司需要年轻人，平均年龄由 30 岁降低到 26 岁，对学历的要求也没有那么高，重点关注设计和信息科技部，并且管理层的人数和配比也大幅增加。

作为一个 HR，你要通过和管理层的沟通，提前了解公司未来的业务发展模式，这样你才可以在公司业务模式转变开始的时候，帮助公司进行人员的优化，这才是人力资源从业者价值的所在。

- 通过前期人员结构数据发现人员结构不合理性。
- 通过人员结构分析来做人员的结构调整，预测相应的人员变化。
- 根据公司未来的发展和行业变化匹配更优的人力资源配置。

图 3-3　人员结构优化的目的

第四节　章节复盘

- 千万不要为了分析而分析，也不要过于追求数据图表的高大上，做数据分析的目的是发现问题、解决问题、最终预防问题。数据分析的需求和目的是数据分析的方向，决定了数据分析的有效性。
- 数据分析的需求来源于关键指标的数据和绩效指标的数据，通过量化数据来判断是否需要对这个模块做数据分析。
- 根据绩效的数据来获取数据分析的需求，对于绩效数据，我们可以从量化的绩效指标、行为化的数据量化指标、价值观的绩效考核指标 3 个维度来切入。

第四章
选择关键数据指标

第一节 关键数据指标的选择

明确数据分析的目的，选择需要分析的数据模块后，接下来我们就要思考哪些指标能真正体现这个数据模块健康度的数据关键指标。就好比我们要判断一个城市的经济情况好不好，就会看 GDP 这个关键指标；我们看一个人健不健康，就会去看他体检的各项关键指标。人力资源的数据分析也一样，人力资源的各个模块下面也有可以体现这些模块的关键指标。

如何选择这些关键指标？这些指标选择的标准是什么？接下来，我们从两个维度来做阐述。

一、能体现或者影响目标的指标

这类关键指标和数据分析模块的关系属于结构化的关系，也就是分析的模块包含哪些关键指标，多分析模块做结构化的拆解。比如，我们要分析公司的人员流动情况，就要对人员流动这个分析模块做拆解。我们发现人员流动包括以下三个关键指标：人员离职率、人员流动率、人员新进率。通过这 3 个关键指标的分析就可以反映人员流动的情况。

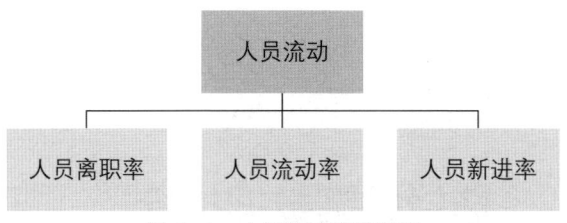

图 4-1　人员流动关键指标

二、线性化的价值链指标

线性价值链就是把影响各模块结果的关键指标以线性的方式进行连接，所谓的线性方式是指各个指标以相乘或者相加的方式进行连接，在线性化的价值链的形式下，我们只需要提升某个关键数据，就可以直接影响到分析模块的指标数据。

比如，HR 在做招聘数据分析的时候，关键数据指标是招聘完成率，但是招聘完成率这个指标的达成是由一系列线性的价值链指标构成的。招聘的整个过程由简历的筛选、电话的邀约、初试、复试、到岗等几个阶段构成，在这几个阶段分别有相应的数据转换率，这几个转换率之间就是线性影响的关系，所以如果想提升招聘的完成率，HR 就需要取得各个阶段的数据转化率，找出最低的那个转化率，从而提升整体的招聘数据完成率。

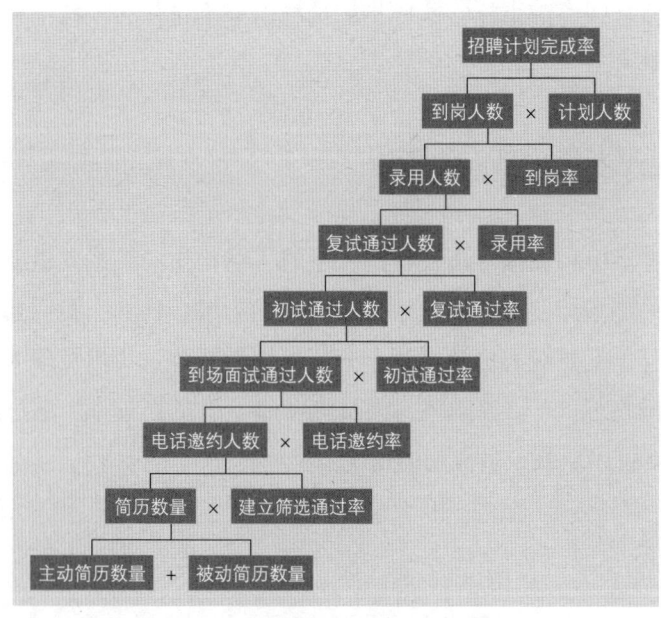

图 4-2　招聘环节关键指标价值链

第二节 关键数据指标的理解

选择好关键的数据指标后，我们就需要理解这些指标。你需要理解人力资源各个模块的关键指标计算公式，特别是在人员流动、薪酬、成本、人效等这些指标里，会有大量的指标需要计算，如人员流动的人员离职率、人员流动率、人员新进率；在人效模块，我们需要计算人力成本效率、人力成本利润率、人力成本占比等这些指标。

各类关键指标的对比主要是从内部和外部的市场数据进行对比，如果是内部的对比，我们需要保证的是内部的各个分公司、事业部、部门都有统计的各个关键指标的计算口径。在和外部做对比的时候需要保证我们的计算公式和外部市场的计算公式是统一的计算方式。

人员结构	流动数据分析	招聘渠道分析	招聘数据分析	培训数据分析	薪酬数据分析	人力资源成本分析	HR财务数据指标
部门人数	离职率	渠道费用人数比	招聘效率	培训完成率	薪酬总量计算	人力成本总额	营业收入
人员岗位分布	入职率	人均渠道费用	招聘质量	人均成绩	薪酬占比计算	人均人力成本	营业成本
人员工龄分布	人员流动率	部门岗位渠道占比	各个阶段招聘转换率	培训成本	薪酬结构分析	人均工资	营业利润
人员学历分布	人员增长率	各渠道招聘人数统计	招聘成本系数	人均培训成本	分位薪酬计算	人力成本含量	营业净利润
人员户籍	净增人数	招聘渠道有效率	招聘应聘比	培训满意度		人力成本结构	净利润率
部门岗位人员分布		简历有效率	招聘成本	培训费用占比		人力成本率	主营业务利润率
性别分布			招聘收益	培训收益		人力成本利润效率	
						人力成本效率	
						全员劳动生产率	

图 4-3　各个模块指标的计算和数据化管理

在了解了各指标的计算方式后，我们还需要知道在这些计算公式里有哪些字段，如月度的人员离职率的计算公式是：

月度人员离职率 = 月度离职人数 /（月初人数 + 入职人数）

HR 需要知道这个指标需要哪些数据字段，这些数据字段就是在做数据录入表格时需要输入和导入的数据字段。

在这个公式里包含了月初人数、入职人数、离职人数、月末人数等这些字段，所以在数据录入表时，HR 需要以这些字段为首行进行表格的设计。

部门	月份	月初人数	入职	离职	月末总计	新进率	离职率	增长率	人员流动率	员工留存率	净增人数	离职人数
综合部	1月	8	1		9	11.11%	0.00%	12.50%	11.11%	112.50%	1	
商品部	1月	5	1	-2	4	16.67%	33.33%	-20.00%	50.00%	80.00%	-1	2
市场部	1月	4	2		6	33.33%	0.00%	50.00%	33.33%	150.00%	2	
业务支持部	1月	4	1		5	20.00%	0.00%	25.00%	20.00%	125.00%	1	
运营部	1月	10	2		12	16.67%	0.00%	20.00%	16.67%	120.00%	2	
HR	1月	4		-1	3	0.00%	25.00%	-25.00%	25.00%	75.00%	-1	1
客服部	1月	2	3		5	60.00%	0.00%	150.00%	60.00%	250.00%	3	
财务部	1月	6		-1	5	0.00%	16.67%	-16.67%	16.67%	83.33%	-1	1
汇总	1月	43	10	-4	49	18.87%	7.55%	13.95%	26.42%	113.95%	6	4
综合部	2月	9		-1	8	0.00%	11.11%	-11.11%	11.11%	88.89%	-1	1
商品部	2月	4	1	-1	4	20.00%	20.00%	0.00%	40.00%	100.00%	0	1
市场部	2月	6	3		9	33.33%	0.00%	33.33%	33.33%	150.00%	3	
业务支持部	2月	5	2		7	28.57%	0.00%	40.00%	28.57%	140.00%	2	
运营部	2月	12	2	-2	10	16.67%	16.67%	-16.67%	16.67%	83.33%	-2	2
HR	2月	3	2		5	40.00%	0.00%	66.67%	40.00%	166.67%	2	
客服部	2月	5		-1	4	0.00%	20.00%	-20.00%	20.00%	80.00%	-1	1
财务部	2月	5		-1	4	0.00%	20.00%	-20.00%	20.00%	80.00%	-1	1
汇总	2月	49	8	-6	51	14.04%	10.53%	4.08%	24.56%	104.08%	2	6

图 4-4　月度离职率信息录入

第三节　实操演练：人员组织结构的关键指标

人员组织结构的关键指标，在指标类型里属于结构型的指标，也就是说，这些关键指标是一个并列组合的关系，每个公司所处的行业不同，在人员结构的关键指标上的侧重点也会不一样。比如，某些企业会比较关注员工的各类职称的数量；服装行业会比较关注员工的男女性别比；制造业会关注员工的户籍人数的占比数量，所以在选择人员结构的关键指标时要根据行业的特点进行指标的选取。

下面我给大家列举一些通用的人员结构的关键指标。

1.公司各部门、职级人数对比

观察不同类别人员的变化以及同类职群不同级别人员的变化，可以得到组织人才结构性的变化。通过对各个职级人数的分析统计，可以得出每个部门的管理配比是否合适。

2.人员工龄分布

工龄指标为员工在某公司工作工龄，截止日期为报告期期末，工龄超过半年按一年计算，半年以下按半年计算。

通常工龄越长代表员工忠诚度越高、经验越也多。一般工龄区间划分为5年以下、5~10年、10~15年、15~20年，20年以上5个区间。

3.人员年龄分布

对年龄分布进行分析，可以判断组织人员是否年轻化、组织人员的稳定性和创造性，同时需要对标行业的平均年龄的数据来判断公司的人员年龄结构是否合理。

4. 学历人数分布

通过对学历和年龄的筛选，分析公司员工学历在各个年龄层中的数量占比，从而对公司整体员工的素质有更加精准的了解。

1.公司人数/各部门人数 • 是指报告期企业实有人数，属时间指标。如月、季、年初人数。	4.人员年龄分布 • 年龄区间划分为25岁以下、26~35岁、36~45岁、45岁以上4个区间。
2.人员岗位分布 • 是指按照特定的岗位划分，（部门）各岗位上实有人员的数量。	5.人员工龄分布 • 工龄指标为员工在某公司工作工龄，工龄超过半年按一年计算，半年以下按半年计算。
3.人员学历分布 • 是指按照学历划分，企业（部门）所有在岗员工的最高学历情况统计。包括各学历层次相应的人数以及相应的比重。	6.人员户籍 • 人员户籍指标为员工的实际户籍地址。

图 4-5　人员组织结构数据指标

第四节　章节复盘

- 对人力资源模块健康程度的判断是通过关键指标的数据对标来完成的，在对指标的选取上一定要注意是"关键"指标，如表 4-1 所示。
- 选取了关键指标后，你要理解关键指标的意义，还要了解关键指标的计算方式，因为我们在指标的对标上是要统一计算口径的。
- 你要了解关键指标包含的数据字段，在数据录入表的设计中要包含这些字段。
- 关键指标的选择分为两种类型：结构化的数据指标、线性化的价值链的数据指标。

表 4-1　人力资源各模块指标参考

模块	关键指标	指标意义	计算方式	数据来源
人员结构	公司各部门人数	在年度的数据分析里，通过了解各个部门月度的不同人数，来了解各个部门的人员编制情况	/	人员信息表
	公司各岗位人数	主要了解关键岗位的人员数量，同时浏览各个岗位的人数，来判断岗位人数是否合理，是否可以裁减人员	/	
	公司各学历占比	通过数据的占比，来分析公司现在人员学历的组成情况，根据数据对人员招聘的学历要求做调整，同时根据部门的学习信息，在沟通相关事宜时可以适当地进行策略调整	/	
	公司各年龄段人数	通过该数据可以了解现在公司主要的人员年龄的构成，通过年龄的分析来进行相关的一些岗位的调整和公司企业文化的建立	根据公司实际情况，进行年龄的分段（5年）	
	公司各工龄段人数	根据各工龄的人员数据的占比，来分析公司各个层级的人员，形成各个层级的梯队，从而对梯队进行人员优化	根据公司实际情况，进行工龄的分段（5年）	
	公司男女性别比例	对于一些公司的岗位，对年龄的占比有一定的要求，所以我们需要了解公司现在的性别占比，进行相应的调整	/	
	公司地域人数占比	通过数据分析，我们可以得出公司哪个区域的人数占公司员工的比例最大，特别是制造业，在招聘一线员工的时候，就会往这个区域倾斜	地图大数据显示	

续表

模块	关键指标	指标意义	计算方式	数据来源
	月度部门离职率	部门的入职、离职率，分析各个部门的人员稳定情况，特别是部门的离职率，如果是离职率高的部门，我们需要分析原因，从而控制部门的离职人数，同时通过对部门月度入职、离职率的分析，我们可以对来年的数据进行预测，提早做好人员离职和入职的相关准备工作	月度离职人数/（月初人数+入职人数）	
	月度部门入职率		月度入职人数/（月初人数+入职人数）	
	月度人员流动率	人员流动率是分析部门人员稳定的一个指标	（月度入职人数+月度离职）/（月初人数+入职人数）	
离职分析	离职原因分析	通过这些指标的分析，我们来对部门离职人员做个画像，为什么离职、什么样的人可能会离职，帮助我们控制预防离职人数，同时改进相应的措施，来提升员工的留存率	/	人员离职数据分析表
	关键岗位离职人数		/	
	离职人员年龄分布		/	
	各职级的离职人数		/	
	离职人员工龄分布		/	
招聘数据分析	招聘完成率	这个是招聘模块最关键的指标，通过这个指标，我们来判断一个招聘人员的招聘完成情况，同时需要注意的是，这个招聘完成率是在一定的招聘周期内完成的，并不是说一个月或两个月就能完成	岗位入职人数/岗位计划招聘人数（招聘周期内）	招聘人员数据记录表
	招聘质量	招聘质量是入职人数通过试用期的一个数据分析，通过这个数据分析，我们可以判断出哪些部门的招聘质量比较低，然后分析为什么低，原因是什么？我们是否可以给出解决方案，提升招聘质量	试用期通过人数/录用人数	

续表

模块	关键指标	指标意义	计算方式	数据来源
	招聘各阶段转换率	招聘转换率是招聘数据分析中重要的指标分析,通过这些指标可以判断出岗位在招聘完成率的过程中,哪个环节出现了问题,层层筛选发现问题,解决问题	应聘比、电话邀约率、初试通过率、复试通过率、到岗率	
	各渠道费用招聘人数比	通过这个数据分析,来选择合适的渠道,进行岗位的投放	/	
	招聘周期	招聘周期是指一个岗位从岗位创建到入职通知的时间,这个招聘周期可以反映岗位的招聘难度,以及在计算招聘完成率的时候进行时间的范围控制	入职通知时间－创建岗位时间	
培训数据分析	年度人均培训课时(内训)	人均课时是反映一个部门培训组织效率的关键指标,通过这个指标可以反映出该部门或者公司的培训组织的效率	年度培训总课时/公司人数	培训数据记录表
	培训成本结构	培训成本包含培训费用类型结构和部门培训成本的结构,通过该数据的分析,可以分析部门的培训成本占比和培训各类费用的占比	/	
	课程/讲师/培训机构满意度	结合这几个数据的分析,来分析判断培训机构的培训满意度,为来年外训选择培训机构做参考	/	
	部门培训费用分析	通过对各部门培训费用的结构分析,从部门的角度来进行培训成本的数据占比分析,来判断哪些数据占比高,优化成本	/	
	课程平均成绩分析	这个数据是对培训后期评估考核的一个数据指标,不过只局限在课堂的笔试环节	/	

续表

模块	关键指标	指标意义	计算方式	数据来源
薪酬数据分析	工资、奖金，福利各类别占比	分析年度次薪酬中各个类别的薪酬占比，从而对各个类别的占比数据有个合理的判断	/	薪酬福利表
	部门薪酬占比	各个部门年度的薪酬占比，分析判断哪些部门薪酬占比数据异常	/	
	职级薪酬占比	各个职级的薪酬占比，通过这组数据来分析各职级人员薪酬占比的合理性	/	
	月度薪酬总数数据环比	在月度的薪酬数据分析中，这些指标的环比主要是和上个月的数据进行对比，通过这些数据的对比，来判断这个月的数据是否出现异常，对于异常的数据我们来进行分析，找出原因。对于年度的数据对比，我们更多的是对一年12个月的数据和历年的数据进行对比，找出数据的规律，为来年的次薪酬预算做参考依据	/	
	月度部门薪酬数据环比		/	
	月度工资、社保数据环比		/	
	月度各岗位薪酬环比		/	
	人均工资	部门的人均工资对比，年度的人均工资对比	年度总工资/公司年度平均人数	
人力成本数据分析	人力成本总额/同比	对比历年的人力成本，结合公司的历年成本、营业额等财务数据来对成本做一个分析判断	/	年度人力成本报表
	人力成本结构	人力成本结构包含工资、福利、培训成本、招聘成本等，通过这些数据的对比，我们来分析判断总体的成品占比情况，最终优化成本	/	
	人力成本占比	在公司整个成本里人力成本占据了多少的比例，与往年的数据进行对比，从而对来年的数据进行预测	人力成本/公司总成本	

续表

模块	关键指标	指标意义	计算方式	数据来源
	人力成本效率	人力成本效率、人力成本利润是指单个人力成本所产生的公司营业额和利润，这个数据可以在同行业进行数据的对比，突出了公司人力资源成本的价值	公司总的营业额/人力成本	
	人力成本利润率		公司利润额/人力成本	
	全员劳动生产率	人工成本效率是考核企业经济活动的重要指标，是企业生产技术水平、经营管理水平、员工技术熟练程度和劳动积极性的综合表现，全员劳动生产率的纵向和横向比较反映了人力资源使用的优劣程度	公司总的营业额/公司年度人数	

第五章

数据的收集录入与数据处理

确定了关键指标后,HR 需要根据关键指标的数据计算公式和指标自身的数据,来进行后台数据表格的字段设计。我们把原始的数据表格分为后台数据表和前台数据表。

第一节 后台数据表和前台数据表

后台数据表是可以计算的一个数据表,这个表的格式是基于数据的计算统计而生,后台数据表的使用对象是数据处理和分析人员。

前台数据表是经过汇总美化后的表格,可以有合并单元格,也可以加各种颜色、网格线等,使用对象是表格的观看者。

所以根据表格的使用对象不同,HR 要区分你的表格是后台的表格还是前台的表格,在人力资源的数据分析中,我们最开始都会设计制作后台的数据表格,因为数据分析都是基于这类表格。

部门	月份	月初人数	入职	离职	月末总计	新进率	离职率	增长率	人员流动率
制造一部	1月	3745	21	334	3432	0.56%	8.87%	-9.12%	9.43%
制造二部	1月	3249	8	240	3017	0.25%	7.37%	-7.69%	7.61%
制造三部	1月	1926	2	140	1788	0.10%	7.26%	-7.72%	7.37%
制造四部	1月	3397	9	294	3112	0.26%	8.63%	-9.16%	8.90%
制造五部	1月	2291	3	107	2187	0.13%	4.66%	-4.76%	4.80%
制造六部	1月	2983	16	109	2890	0.53%	3.63%	-3.22%	4.17%
制造七部	1月	1908	6	99	1815	0.31%	5.17%	-5.12%	5.49%
制造办	1月	644	2	6	640	0.31%	0.93%	-0.63%	1.24%
染整部	1月	5549	27	327	5249	0.48%	5.86%	-5.72%	6.35%
织造部	1月	2079	11	87	2003	0.53%	4.16%	-3.79%	4.69%
印花部	1月	2182	9	116	2075	0.41%	5.29%	-5.16%	5.71%
绣花部	1月	323	0	17	306	0.00%	5.26%	-5.56%	5.26%
拓普	1月	1832	8	116	1724	0.43%	6.30%	-6.26%	6.74%
生产经营部	1月	2215	4	24	2195	0.18%	1.08%	-0.91%	1.26%
行政事业部	1月	767	0	5	762	0.65%	-0.66%	0.65%
温州工厂	1月	6294	53	132	6215	0.84%	2.08%	-1.27%	2.91%
温州全力	1月	2544	21	48	2517	0.82%	1.87%	-1.07%	2.69%
杭州工厂	1月	1984	40	64	1960	1.98%	3.16%	-1.22%	5.14%
集团合计	1月	45912	240	2265	43887	0.52%	4.91%	-4.61%	5.43%

图 5-1 后台数据表格示例

部门	七月 月底人数	七月 进	七月 出	七月 离职率	八月 月底人数	八月 进	八月 出	八月 离职率	九月 月底人数	九月 进	九月 出	九月 离职率	十月 月底人数	十月 进	十月 出	十月 离职率	十一月 月底人数	十一月 进	十一月 出	十一月 离职率
生成一部	4129	198	296		4041	164	252		3904	137	274		3788	115	231		3680	75	183	
生成二部	3578	222	217		3564	164	259		3521	152	215		3503	142	198		3479	152	140	
生成三部	2163	145	141		2097	86	152		2014	73	156		1977	72	109		1916	58	119	
生成四部	4036	202	278		3926	157	267		3778	150	298		3680	107	205		3581	63	162	
生成五部	2482	91	102		2450	76	108		2433	85	102		2373	69	129		2351	43	65	
生成六部	3261	23	193		3133	61	223		3069	64	154		3029	80	137		3024	92	106	
生成七部	2018	83	176		1909	28	151		1902	122	143		1876	68	118		1847	65	113	
生成	916	54	80		890	35	61		879	39	50		861	32	50		836	17	42	

图 5-2　前台数据表格示例

第二节　后台数据表的设计

那我们如何来确定后台数据表的数据字段？数据分析是一个体系化、流程化的过程，每个环节都是环环相扣的，所以表格的数据字段来源于数据关键指标的计算字段和本身字段。

1. 数据关键指标计算字段

这类字段都是基于计算公式的字段来进行表格的字段设计，如 HR 在做人员流动数据分析的时候，要计算人员流动率、人员离职率、人员新进率这些指标，根据这些指标的计算公式，在公式里包含了月初人数、新进人数、离职人数、月末人数，在 HR 进行表格设计的过程中，表格里就要包含这些字段，至于后面的各种比率，就可以基于这些字段的数值进行计算，如图 5-3 所示。

2. 关键指标本身字段

另一种字段就是关键指标本身的数据字段，这类指标一般不需要进行计算，但是在后台的表格里还是需要进行字段的录入，如人员结构的关键指标就属于这一类，学历占比、户籍人数、关键岗位人数等这类指标静态的数据，在人力资源各模块里相对比较少。

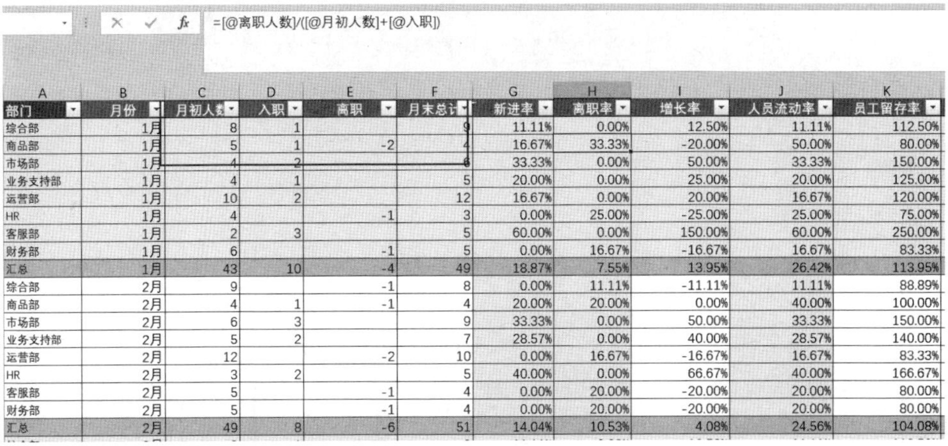

=[@离职人数]/([@月初人数]+[@入职])

部门	月份	月初人数	入职	离职	月末总计	新进率	离职率	增长率	人员流动率	员工留存率
综合部	1月	8	1		9	11.11%	0.00%	12.50%	11.11%	112.50%
商品部	1月	5	1	-2	4	16.67%	33.33%	-20.00%	50.00%	80.00%
市场部	1月	4	2		6	33.33%	0.00%	50.00%	33.33%	150.00%
业务支持部	1月	4	1		5	20.00%	0.00%	25.00%	20.00%	125.00%
运营部	1月	10	2		12	16.67%	0.00%	20.00%	16.67%	120.00%
HR	1月	4		-1	3	0.00%	25.00%	-25.00%	25.00%	75.00%
客服部	1月	2	3		5	60.00%	0.00%	150.00%	60.00%	250.00%
财务部	1月	6		-1	5	0.00%	16.67%	-16.67%	16.67%	83.33%
汇总	1月	43	10	-4	49	18.87%	7.55%	13.95%	26.42%	113.95%
综合部	2月	9		-1	8	0.00%	11.11%	-11.11%	11.11%	88.89%
商品部	2月	4	1	-1	4	20.00%	20.00%	0.00%	40.00%	100.00%
市场部	2月	6	3		9	33.33%	0.00%	50.00%	33.33%	150.00%
业务支持部	2月	5	2		7	28.57%	0.00%	40.00%	28.57%	140.00%
运营部	2月	12		-2	10	0.00%	16.67%	-16.67%	16.67%	83.33%
HR	2月	3	2		5	40.00%	0.00%	66.67%	40.00%	166.67%
客服部	2月	5		-1	4	0.00%	20.00%	-20.00%	20.00%	80.00%
财务部	2月	5		-1	4	0.00%	20.00%	-20.00%	20.00%	80.00%
汇总	2月	49	8	-6	51	14.04%	10.53%	4.08%	24.56%	104.08%

图 5-3　数据关键指标计算字段

第三节　Excel 数据有效性

数据有效性是 HR 在 Excel 里做数据标准化最多的一种方式，在数据录入的过程中，很多数据都是我们手动输入，这也是效率低并且出错率高的一种做法。如果你可以用 Excel 的一些函数或者数据有效性等方法就可以减少出错率、提升效率，这里我们讲解几个常用的技巧。

1. 数据有效性选择

数据有效性主要是可以帮助 HR 减少数据输入的错误，我们在做数据报表的时候，有时候需要各个分公司的 HR 进行一些数据输入，由于他们对于填入数据理解不一，很可能会以他们自己的想法来进行数据的填入，这个时候就会造成数据输入的错误。

这个时候我们就要对这些需要录入的数据进行有效性的设置，让他可以直接选择数据，而不是输入数据。如人员的离职类型，我们就可以设置有效性为主动离职还是被动离职两个选项，这样就不需要录入者进行手动输入了，具体操作如图 5-4、图 5-5、图 5-6 所示。

图 5-4　数据验证

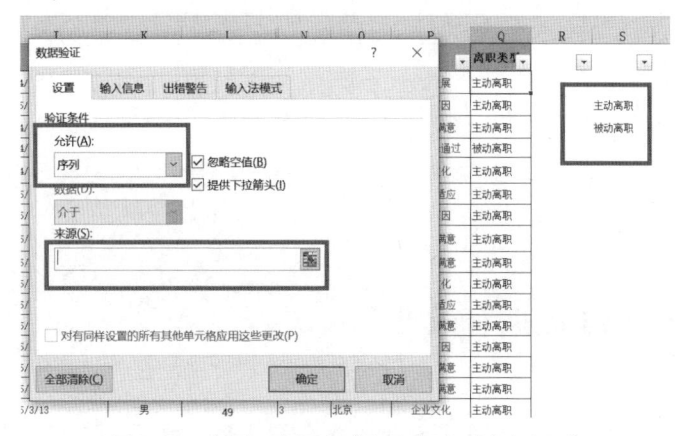

图 5-5　序列—来源—"主动离职，被动离职"

图 5-6　数据有效性录入

2. 数据时间有效性设置

在输入时间的时候，HR 需要对时间设定一个范围的限制，如在做人员流动的数据表格设计的时候，我们希望得到 11 月的人员流动数据，那在进行时间输入的时候，就需要对这个单元格的时间制定输入要求，如果你输成了 10 月的数据，系统就去提醒你，输入错误，这个就可以用到数据时间有效性来进行设置。

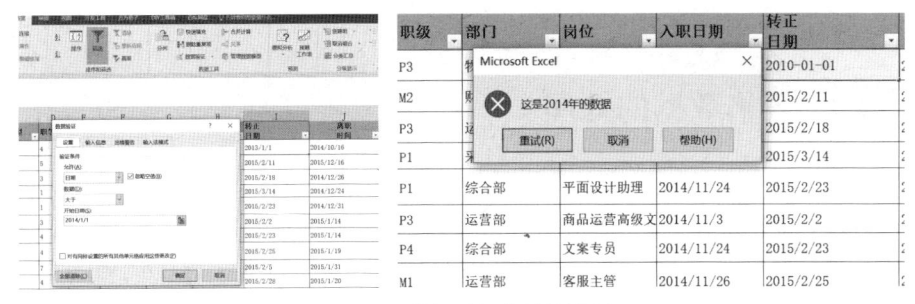

图 5-7　数据时间有效性设置

3. 文本长度有效性设置

文本的有效性是指控制文字或者数字输入的位数，这在人员结构的身份证输入时特别高效，HR 在输入身份证的时候经常会漏掉一些数字，此时 HR 就需要对身份证输入的这个单元格文本长度的有效性进行设置。

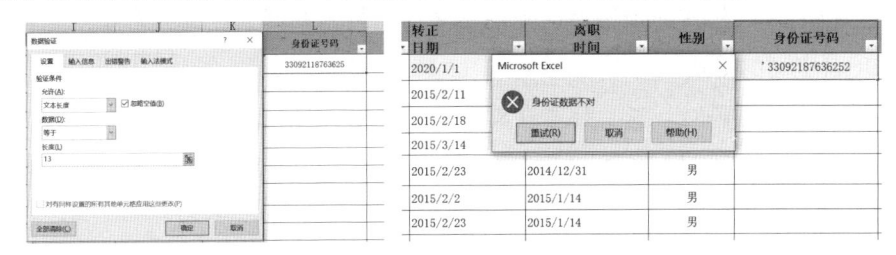

图 5-8　身份证号码文本长度有效性设置示例

4. 整数有效性设置

这个有效性是对单元格内整数的数据范围值的设定。通常，HR 在输入年龄、工龄的时候都是整数，这个时候就需要在单元格里做这样一个整数有效性设置。

图 5-9　整数有效性设置示例

第四节 表格数据的处理

人力资源的数据建模和分析大部分都是在数据透视表的基础上进行的，所以我们原始的数据记录表格必须是符合数据透视表的要求，HR 在数据录入的基础上需要对录入的数据和表格进行处理。

1. Excel 数据自定义

除了数据的有效性，我们也可以对数据进行自定义，通过数据自定义，HR 可以规范数据的输入方式，以提升数据录入的效率。如手机号码，我们希望手机号码的格式是 138-8888-8888，这个时候我们就可以在数据自定义里设置好手机号码的输入格式，当你在这一单元格输入号码的时候，单元格就自动地输出 HR 自定义的格式。

录入车牌号码时，通常都要在前面输入省份和城市的字母，这个时候如果 HR 做了一个自定义的设置，就可以直接输入车牌，而不需要输入省份和城市的字母。

图 5-10 数据自定义示例

2. 表格中不能出现合并单元格

数据记录表中，不管是表头还是表的主体都不能出现合并的单元格，一旦出现就不能进行数据透视表的创建。

部门	七月				八月				月底人数	进
	月底人数	进	出	离职率	月底人数	进	出	离职率		
生产一部	4129	198	296		4041	164	252		3904	137
生产二部	3578	222	217		3564	153	259		3521	152
生产三部	2163	145	141		2097	86	152		2014	73
生产四部	4036	202	278		3926	157	267		3778	150
生产五部	2482	91	102		2450	76	108		2433	85
生产六部	3261	23	193		3133	61	223		3069	64
生产七部	2018	83	176		1909	28	151		1902	122

图 5-11　出现合并单元格的错误示例

3. 数据汇总的单元格必须是数字格式而非文本格式

数据透视表中有很多数据计算要分析，所以在原始的数据记录表中，数据单元格里的数字就必须是数字字段。有时候我们在单元格里看到的虽然是数字，但是单元格的格式却是文字，这样在做数据透视计算的时候就会出现错误，所以在进行数据处理的时候，HR 要对数字的单元格字段进行转换，全部变成数字格式。

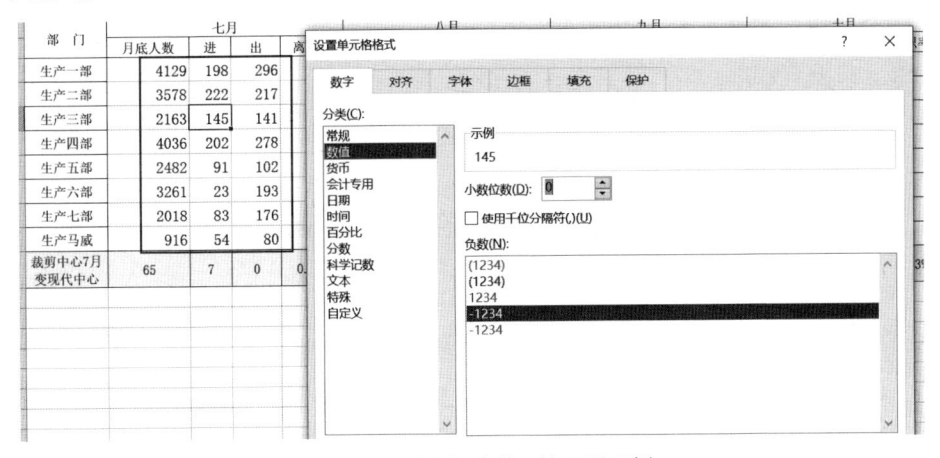

图 5-12　数字格式单元格设置示例

4. 表头字段只能是一行

数据透视的原理就是对数据记录表中的表头字段进行数据的筛选，通过数据的筛选对数据进行汇总分析，所以在原始的数据记录表中，表头的字段只能是一行，不能出现多行的数据表头。下图出现了合并和两个表头字段，这个表格就不能进行数据透视，需要重新进行修改。

部门	七月				八月			离职率
	月底人数	进	出	离职率	月底人数	进	出	
生产一部	4129	198	296		4041	164	252	
生产二部	3578	222	217		3564	153	259	
生产三部	2163	145	141		2097	86	152	
生产四部	4036	202	278		3926	157	267	
生产五部	2482	91	102		2450	76	108	
生产六部	3261	23	193		3133	61	223	
生产七部	2018	83	176		1909	28	151	

图 5-13　表头字段设置错误示例

5. 数据源中不能出现空格

在数据的主体表格中，有时候有些单元格是没有数据的，或者说数据值是 0，这个时候需要注意的是，当单元格总出现这样的数据时，你就要对这些空值是 0 的数据进行批量的填充。

空格和 0 虽然都是代表这个单元格没有数值，却是两个完全不一样的意义。"0"代表这个单元格有数据，这个数据是 0，在做数据的处理和图表设计的时候，会把这个数据表现出来。但是如果你空着这个单元格，不做输入，则意味着这个单元格没有数据。

如何批量地进行空单元格的填充呢？这个时候就要用到数据定位功能，具体操作如图 5-14、图 5-15、图 5-16、图 5-17 所示。

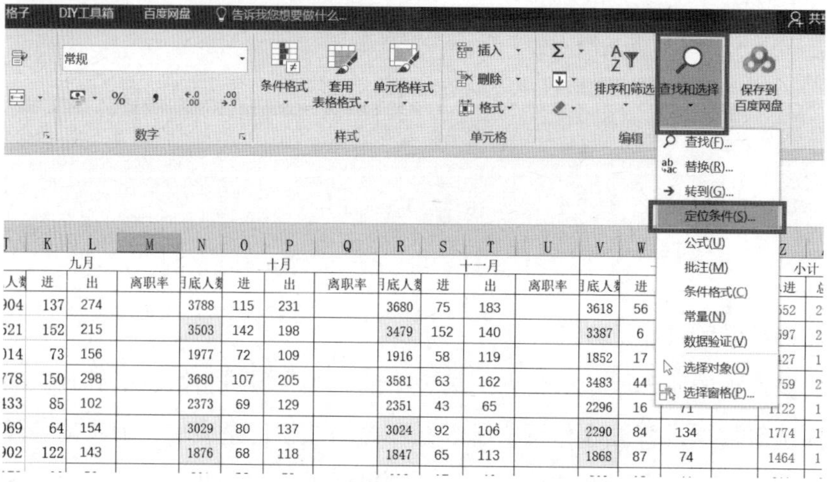

图 5-14　选择区域—查找选择—定位条件

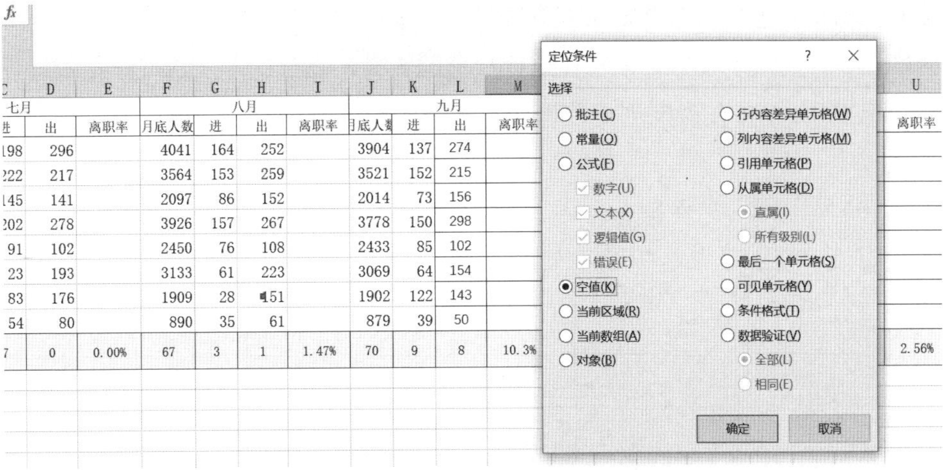

图 5-15 选择空格—区域的控制就会被全部选中

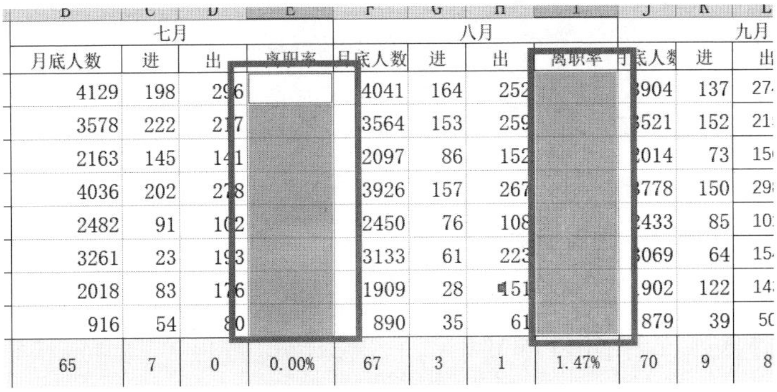

图 5-16 空值设置完毕

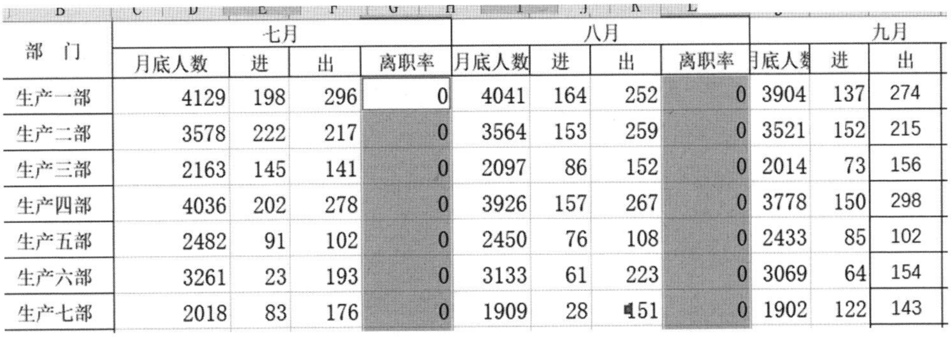

图 5-17 完成全部填充（单个单元格输入 0，按 Ctrl+Enter 键）

6. 数据源中的日期格式要规范

在做数据透视表和数据仪表盘的时候我们会有时间维度的筛选，所以在原始的数据录入表里 HR 要做到时间格式的规范和时间格式的统一，如规范的日期格式是“2020/01/01”，不管在进行数据的转换还是数据录入的时候要做到日期的标准化，HR 在后期进行数据切片器插入的时候，就可以选择用“插入日程表”。

日期格式　　数值格式　　文本格式　　百分比格式

部门	月份	月初人数	入职	离职	月末总计	入职率	上月新进率	离职率	上月离职率	流动率	上月流动率	人员增长率	上月增长率	净增人数
综合部	1月	8	1		9	11.11%	12.00%	0.00%	4.00%	11.11%	10	11.11%	10.00%	1
商品部	1月	5	1	2	4	16.67%	18.00%	33.33%	23.00%	50.00%	33	−25.00%	1.00%	−1
市场部	1月	4	2		6	33.33%	22.00%	0.00%	2.00%	33.33%	23	33.33%	23.00%	2
业务支持部	1月	4	1	2	3	20.00%	12.00%	40.00%	3.00%	60.00%	16	−33.33%	−24.00%	−1
运营部	1月	10	2		12	16.67%	20.00%	0.00%	5.00%	16.67%	8	16.67%	14.00%	2
HR	1月	4		1	3	0.00%	8.00%	25.00%	21.00%	25.00%	16	−33.33%	1.00%	−1
客服部	1月	2	3		5	60.00%	27.00%	0.00%	12.00%	60.00%	45	60.00%	23.00%	3
财务部	1月	6		1	5	0.00%	6.00%	16.67%	20.00%	16.67%	13	−20.00%	9.00%	−1

图 5-18　数据字段的统一

7. 快速的数据填充

HR 在表格的处理中，需要根据需求进行一些字段的填充，然后根据填充的数据进行数据透视表。在填充的设置中，有一种叫作快速填充。如在人员结构数据表格中，我们想通过身份证来提取员工的生日，一般的做法可能是通过数据分列或者 MID 函数来提取数据。但是也可以通过快速填充进行数据的提取。在出生日期那一列输入身份证上的出生日期，然后下拉，在自动填充选项里选择“快速填充”，表格就会自动提取每个身份证号码中的生日日期。

A	B	C	D	E	
姓名	身份证号码	出生日期	入职时间	工龄	
甲	330921198312093000	19831209	2006/09/04	14	1
乙	330921198411093000		2010/02/20	10	1
丙	330921198510083000		2007/03/24	13	1
丁	330921197809093000		2009/07/18	11	1
戊	330921197901113000		2012/06/11	8	1
己	330921199811193000		2011/03/10	9	1
庚	330921199311093000		2008/02/25	12	1
辛	330921199005093000		2006/11/21	14	1
壬	330921199210013000		2012/12/15	8	1
癸	330921198807293000		1983/12/9	37	1

图 5-19　数据填充单元格录入示例

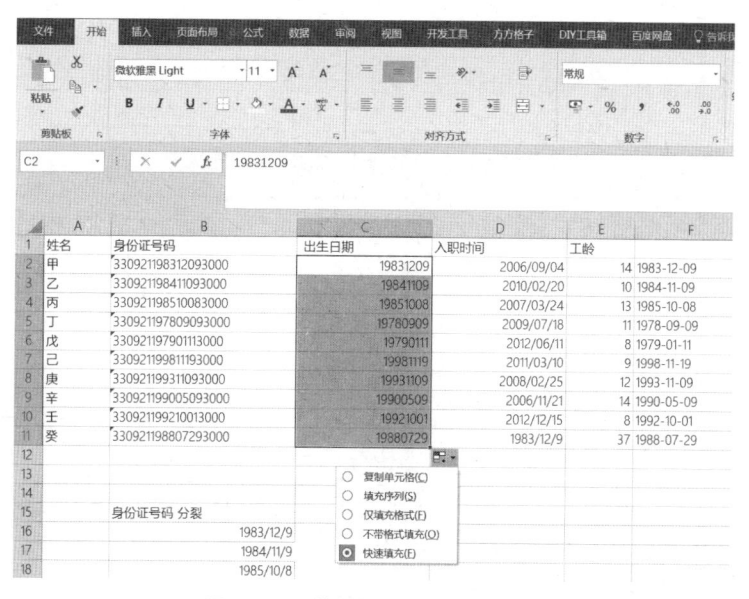

图 5-20　数据填充快速填充示例

第五节　数据处理中必备的 Excel 函数

在数据处理时涉及很多数据的清洗，如数据的重复值删除、数据定位、数据计算、查询等，所以就会运用到很多 Excel 的公式。在日常的数据处理中以下几个函数是我们必须学会的函数：

- VLOOKUP 函数（查询函数）；
- IF 函数（逻辑判断函数）；
- Index+match 函数（查询函数）；
- 日期函数；
- 文本函数；
- 计算函数。

一、VLOOKUP 函数案例

下面是员工的人员结构的数据录入表，我们需要一个人员查询系统，当 HR

选择员工姓名的时候就可以出现相应的人员信息，如果要实现这个功能，就要应用到数据验证和 VLOOKUP 函数。

表 5-1 人员结构数据录入表

姓名	部门	岗位	入职日期	年龄	工龄分组	学历	毕业院校	户籍地址	职级	岗位类型
田某	总裁办	总裁	2014/4/26	57	6	本科	浙江大学	香港	M8	M
张某	总裁办	副总裁	2014/4/26	55	6	研究生		浙江杭州	M7	M
杨某	总裁办	副总裁	2014/9/25	47	6	本科	重庆大学	浙江杭州	M7	M
周某	综合部	行政副总监	2014/6/16	51	6	本科	复旦大学	浙江杭州	M4	M
梅某	综合部	法务经理	2015/12/9	34	5	本科	浙江大学	浙江宁波	M3	M
舒某	综合部	行政经理	2016/3/7	30	4	大专	浙江万里学院	浙江宁波	M3	M
杨某	综合部	行政文秘	2015/11/23	29	5	本科	浙江科技学院	浙江宁波	P2	P
李某	综合部	外联	2017/2/6	29	3	本科	Sheffield hallam university	浙江宁波	P3	P
谢某	综合部	IT运维	2015/11/2	29	5	大专	中国计算机函授学院	浙江宁波	P2	P
李某	综合部	保洁	2015/6/21	36	5	初中	江西星火学校	江西	P2	P
许某	综合部	行政前台	2016/4/7	23	4	本科	宁波大学	浙江宁波	P2	P
周某	综合部	保洁	2015/7/15	46	5	初中	慈城中学	浙江宁波	P2	P
熊某	招商部	招商总监	2016/6/12	32	4	大专	苏州大学	江苏省	M4	M

首先，设计通过"姓名"查询需要呈现的数据信息，选择员工的姓名，在表 5-2 中我们可以看到该员工的姓名、部门、岗位、年龄、学历、户籍、职级。

表 5-2 "姓名"查询下的数据信息

姓名					
部门		年龄		户籍	
岗位		学历		职级	

其次，对"姓名"单元格做数据验证，关联人员结构数据表中的姓名。数据验证中"来源"的数据区域选择人员结构数据表中的人员姓名如图 5-21 所示。

图 5-21 数据验证

再次，用 VLOOKUP 函数来提取"部门"单元格的数据。
=VLOOKUP（A2，表 1[[姓名]：[部门]]，2，0）

- 选择人员查询表和人员结构表中的相同字段"姓名"A2；
- 在人员结构表中选择数据查询区域；
- 部门是在姓名的第二列，所以数据显示 2；
- VLOOKUP 函数的精确查找"0"。

图 5-22 提取"部门"单元格数据

最后，根据同样的方法用 VLOOKUP 函数来提取年龄、户籍、岗位等字段的信息，当我们用姓名数据查询的时候，就会出现这位员工的所有信息。对此我们就做了一个简单的人员查询系统。

阳某					
	商品部	年龄	38	户籍	上海市
	品管总监	学历	本科	职级	M3

图 5-23　提取其他人员信息

二、IF 函数案例

图 5-24 是在薪酬数据分析中，岗位年度薪酬中位值和市场各分位值数据对标的一个数据表格。

岗位年度薪酬中位值	年度薪酬P10	年度薪酬P25	年度薪酬P50	年度薪酬P75	年度薪酬P90	与市场P50水平差异	所处市场水平范围	所处市场水平范围2
122,610	72,535	97,402	122,480	160,426	187,165	0%	P50-P75	=O11
274,134	118,648	157,876	205,974	267,087	315,730	33%	P75-P90	p75-p90
187,732	84,063	103,886	133,022	163,576	196,941	41%	P75-P90	p75-p90
170,866	116,367	143,654	180,851	228,108	270,709	-6%	P25-P50	p25-p50
433,806	214,581	296,473	376,358	496,568	593,659	15%	P50-P75	p50-p75
381,647	216,953	296,468	431,888	572,265	696,568	-12%	P25-P50	p25-p50
97,332	81,315	106,659	143,362	185,779	230,291	-32%	P10-P25	p10-p25
267,492	73,521	100,421	124,964	159,259	183,583	114%	>P90	>p90
205,677	68,949	90,539	114,212	148,691	175,249	80%	>P90	>p90
225,102	72,463	100,109	137,048	174,495	216,723	64%	>P90	>p90
827,905	326,071	456,349	670,564	913,012	1,117,867	23%	P50-P75	p50-p75
373,507	216,953	296,468	431,888	572,265	696,568	-14%	P25-P50	p25-p50
506,823	198,727	288,636	409,621	541,936	662,909	24%	P50-P75	p50-p75
149,111	76,901	105,926	136,921	177,034	205,937	9%	P50-P75	p50-p75
184,266	121,150	156,191	206,346	270,822	305,654	-11%	P25-P50	p25-p50

图 5-24　岗位年度年薪中位值和市场名分位数据对标数据

我们需要完成岗位难度薪酬中位值和市场 50 分位的数据对标，计算出与 P50 的水平差异，计算公式如下：

市场 P50 水平差异 =（岗位年度薪酬中位值 – 年度薪酬 P50）/ 年度薪酬 P50

通过这个数据我们可以判断出年度的岗位薪酬中位值和市场的 P50 对比是正偏还是负偏，从而分析岗位的市场竞争力。

但是我们计算的数据只是一个百分比，最后想要的是每个岗位在市场的哪个薪酬区间之内，所以我们就需要对岗位年度薪酬中位值做一个 IF 函数，把这个数据和市场的各个分位值的数据进行对比，判断在哪个区间，然后作一个区间的描述。IF 函数描述如下：

IF（E2 ≥ J2，">P90"），如果岗位年度中位值大于等于 P90，单元格显

示 >P90

IF（E2 ≥ I2,"P75-P90"），如果岗位年度中位值大于等于 P75，单元格显示 P75-P90

IF（E2 ≥ H2,"P50-P75"），如果岗位年度中位值大于等于 P50，单元格显示 P50-P75

IF（E2 ≥ G2,"P25-P50"），如果岗位年度中位值大于等于 P25，单元格显示 P25-P50

IF（E2 ≥ F2,"P10-P25"），如果岗位年度中位值大于等于 P10，单元格显示 P10-P25

IF（E2<F2,"<P10"），如果岗位年度中位值小于 P10，单元格显示 <P10

通过这个 IF 函数我们就可以一键生成岗位年度薪酬的中位值区间分布数据，为我们做岗位的薪酬竞争力分析提供数据。

三、日期函数案例

下面是一个人员结构的数据记录表，在这个表里包含身份证字段、出生日期、入职时间，我们希望通过这些字段来自动生成年龄工龄和生日提醒，我们要运用到日期函数来实现这些功能。

表 5-3　人员结构数据记录表

身份证号（模拟数据）	出生日期	入职时间	年龄	工龄	生日提醒
330921198312093000	1983/12/9	2006/09/04	37 岁	14	-12
330921198411093000	1984/11/9	2010/02/20	36 岁	10	-42
330921198510083000	1985/10/8	2007/03/24	35 岁	13	-74
330921197809093000	1978/9/9	2009/07/18	42 岁	11	-103
330921197901113000	1979/1/11	2012/06/11	41 岁	8	-345
330921199811193000	1998/11/19	2011/03/10	22 岁	9	-32
330921199311093000	1993/11/9	2008/02/25	27 岁	12	-42
330921199005093000	1990/5/9	2006/11/21	30 岁	14	-226
330921199210013000	1992/10/1	2012/12/15	28 岁	8	-81
330921198807293000	1988/7/29	1983/12/9	32 岁	37	-145

- 通过函数生成年龄数据

年龄 = 今年年份 – 生日年份，所以我们用 YEAR 函数来提取今年和生日年份，做减法，就可以计算出年龄：

=YEAR［TODAY（）］–YEAR（C2）

工龄 = 今年的年份 – 入职那年的年份

- 通过函数生成工龄数据

=YEAR［TODAY（）］–YEAR（D2）

- 通过函数计算生日提醒

（今年的年份 + 出生日的月份 + 出生日期的日）– 今天的（年 + 月 + 日）

=DATE［YEAR（TODAY（）），MONTH（C2），DAY（C2）–TODAY（）

第六节 实操演练：人员组织结构数据录入表

根据人员组织结构的关键数据指标，我们在做数据录入表的时候，表格的字段来源于关键指标本身的数据字段，除通用的人员结构数据外，我们还添加了职级和岗位类型，因为在后期分析人员结构的时候，需要对管理层和普通的员工进行数据的分析。

根据员工的身份证数据和入职时间数据，我们设计函数来计算员工的工龄、年龄。在计算工龄时需要注意的是，你要根据公司的成立时间来判读是以"年"为单位来计算，还是以"月"为单位来计算。

对于初创型的公司，成立时间比较短，一般是以"月"为单位。

在数据的标准化上，入职时间是一个日期的字段，所以在输入的时候要按照标准的日期格式进行字段的输入。在年龄和工龄上，因为我们在后期要对这两组数据进行数据透视的分析和计算，所以数据格式必须是"数字"格式，并且不能出现空白单元格。

第七节　章节复盘

- 人力资源模块的数据录入表是数据分析的基础，后期的各种数据建模都是建立在自己做的数据表格中。
- 数据录入表中要做到数据的标准化，特别是"数字"字段的单元格，一定要做到数值数据。
- 在数据表格中可以通过各种数据函数做到数据的处理清洗，如 IF、VLOOKUP 各类查询函数、计算函数、日期函数都是我们必备的学习函数。
- 要做到数据格式的标准化，特别是要对数据做数据透视和数据仪表盘，对表格的格式要求要符合数据透视的规范。

第六章
数据分析逻辑

数据分析逻辑是整个人力资源数据分析过程中最核心的一个环节。在学习数据分析的过程中，对于一些软性的技能，我们可以通过线上学习或者跟随老师的操作，反复练习，直至掌握，如 Excel 的技能，这些都是数据技能类的知识。但是思维的养成和改变却是最难的，数据分析的思维需要你在真实的工作场景中，通过案例学习来积累数据分析的经验，养成数据分析的思维模式。所以数据分析的思维是不断学习积累的过程。

在做人力资源数据分析的建模和数据报告的时候，我们先要想好你的数据要从哪几个维度进行分析，用哪些数据分析方法，最后呈现的结果是什么，只有把这些想明白了，你才可以开始做数据的建模。

人力资源的数据分析的逻辑是一个数据聚焦的过程，是对从整体到局部的过程。我们以往在做数据分析的时候都是从公司层面对数据进行分析，然后找到数据分差异值，再给出解决方案去改进这个差异值。但是公司的这个维度实在太大，我们给出的解决方案其实没有太大的针对性。在现在追求数据细分、数据聚焦的时候，我们更应该聚焦在部门，聚焦在层级，聚焦在岗位，这样不管我们是在找数据差异化问题的原因，还是最后给出的解决方案都会更加的有针对性。

第一节 人力资源数据分析维度

一、公司层面的数据分析

在人力资源的数据分析的第一个层级我们要做公司整体的数据分析，此时要从宏观数据入手，如公司今年有多少人、和去年比的增幅怎么样、今年离职了多少人等，公司层面的数据呈现对象是公司的老板和管理层，他们关注的是宏观数据，所以我们在做这个层面的数据呈现的时候一般是公司关键的 KPI 数据。

2019 年度薪酬数据分析					
年度总计支出	年度总计支出增幅	2019年人均工资	2019年人均工资增幅	2019年度实发工资
9437508.08	24.59%	12865.10	-3.75%	7178724.08

图 6-1　公司层面年度薪酬分析示例

上图是公司薪酬的一个数据分析，这是薪酬数据仪表盘的一个截图，我们从公司层面分析，选取的就是一些宏观的数据，如年度总计支出、年度总计支出增幅、人均工资、人均工资增幅等。主要的目的是用这些 KPI 数据让公司层能一目了然地了解公司整体的薪酬情况。

二、部门层面数据分析

由于每个部门的职能不一样，所以各个部门人力资源各模块的关键数据指标的标准都不一样，我们拿最简单的人员结构来说，IT 部门和研发部在人员结构标准上肯定不一样，IT 部门的年龄占比相对来说 25~26 岁占比最多，但是研发部的工程师在年龄结构上 30 岁的人员占比应该会比较大，因为工程师需要有比较长的工作经验。如果我们从公司的层面来进行结构分析，就不能针对各个部门做结构的对标。所以我们还是需要做数据聚焦，从各个部门来分别看不同部门各模块的关键指标数据，然后和市场数据或者历史数据进行对标，再进行数据分析。

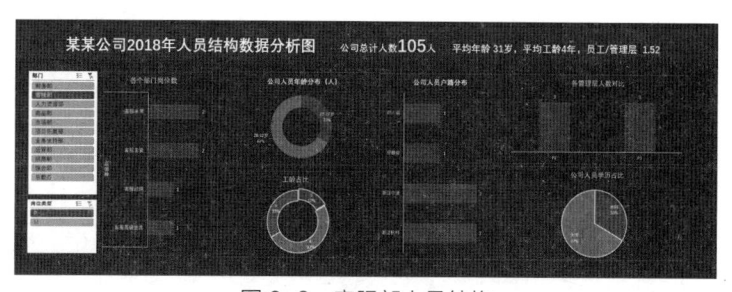

图 6-2　客服部人员结构

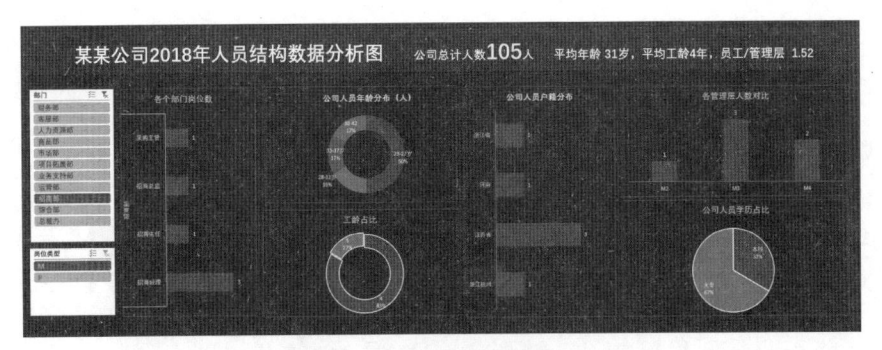

图 6-3　招商部人员结构

　　大家看到的上两图是客服部和招商部的人员结构数据仪表盘，我们可以看到不管是在工龄、年龄、学历占比上两个部门的数据指标都是不一样的，那我们就要根据部门的特点结合业务来对两个部门的人员结构做分析，对标行业的人员结构数据，对有差异的数据找出关键原因，并给予解决方案。所以以部门为维度进行数据分析就使我们的分析更加落地，给的方案也更加有效。

三、关键岗位聚焦分析

　　在对数据分析的维度进行聚焦的过程中，HR 还可以对关键岗位进行聚焦分析，特别是公司的核心岗位，不管是在人员结构、招聘还是人才发展等方面，我们都需要单独地把这些岗位列出来，分析这些岗位的人力资源各模块。

　　如产品经理是核心岗位，HR 要分析产品经理的人员结构、年龄、工龄、学历的数据都是什么样的，然后根据数据分析得出的结论来支持招聘、培训等模块。后续 HR 要了解产品经理这个岗位的人员结构画像是什么样的，产品经理最重要的能力是什么。这些都是通过岗位聚焦，并结合岗位人员组织的数据来做人力资源各模块的应用。

四、层级数据聚焦

　　在人力资源各模块的数据分析中，我们除了要关注部门、岗位，还要特别关注公司的管理层数据，管理层是公司的核心人员，我们需要在各个模块对各个层级的管理层进行数据分析，从而在人才发展、绩效、薪酬、组织等方面对管理层进行管理。所以在数据分析维度里，对管理层进行数据的聚焦非常重要。

比如，在人员结构的数据分析里，我们添加了 M/P 的筛选维度，M 是管理层的序列，通过数据的交互可以对管理层和普通员工进行数据的筛选。在数据仪表盘中，我们设计了各个层级的人员结构的数据表，通过切片器的交互，就可以知道公司各个层级的管理层有哪些人、管理层的人员结构是什么样的、管理层的人员结构指标是否和行业一致，如果数据有差异，差异的原因是什么，我们应该如何去做调整。

还有一个模块就是人员离职，人员离职成本是人力资源成本里最高的一个模块，所以我们希望对管理层的人员离职的结构和原因进行分析，保留核心管理层，并且可以预测离职人员，所以我们在做人员离职的数据分析的时候，就加入了管理层这个维度，如图 6-4：

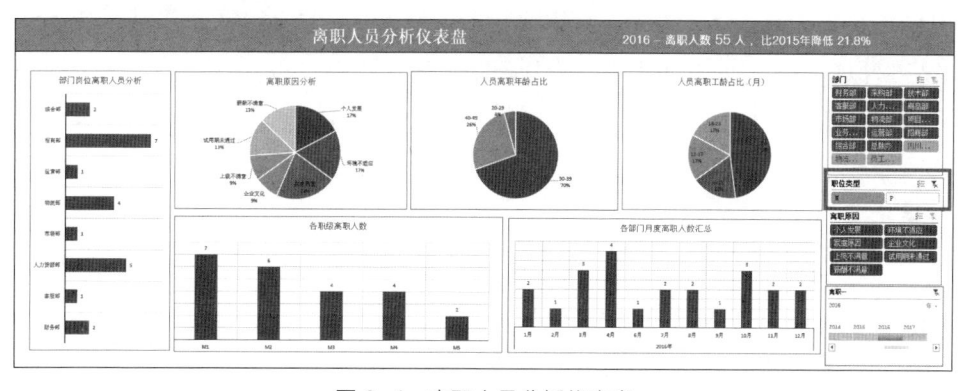

图 6-4 离职人员分析仪表盘

当我们在数据交互的维度里选择 M 的时候，这个仪表盘呈现的就是管理层人员离职的所有数据，HR 就可以通过这些关键指标的数据透视图分析出管理层离职的关键原因是什么，哪些部门的哪些岗位的管理层离职人数最多，离职的管理层的人员结构是什么样的，这样 HR 就可以根据数据来进行人员离职干预，保留核心管理层人才。

第二节　数据对比

"没有对比，就没有分析。"

数据分析就是不断地和各个维度的数据进行对比，通过数据对比找出有差异的数据，对差异化的数据进行原因分析，然后解决差异化的问题。人力资源的数据对比主要是从以下几个方面进行的。

一、时间对比

时间对比是一个横向的数据对比，可以是同比也可以是环比。如果是关键指标在一定周期内的数据对比，就是要去发现这个指标在周期内的数据趋势，然后根据趋势去判断这个指标在哪个时间点数据最高，在哪个时间点数据最低。

比如，我们在做人员离职率的数据分析的时候，可以去看历史每年的人员离职率趋势，然后来判断在哪个月人员离职最多，最后预测在下一年有可能该月的人员离职会最多，那 HR 就需要提前做好人员的储备和人员离职的交接工作。所以这类的时间对比主要是为数据预测做支持。

如下图，我们看到人员离职率在 3~4 月是最高的，所以下一年我们在 2 月的时候就要提前做好招聘和人员储备的工作。当然我们还可以进行数据的聚焦，需要了解哪些部门、哪些岗位的人员离职最多，那我们在做解决方案的时候就更有针对性。

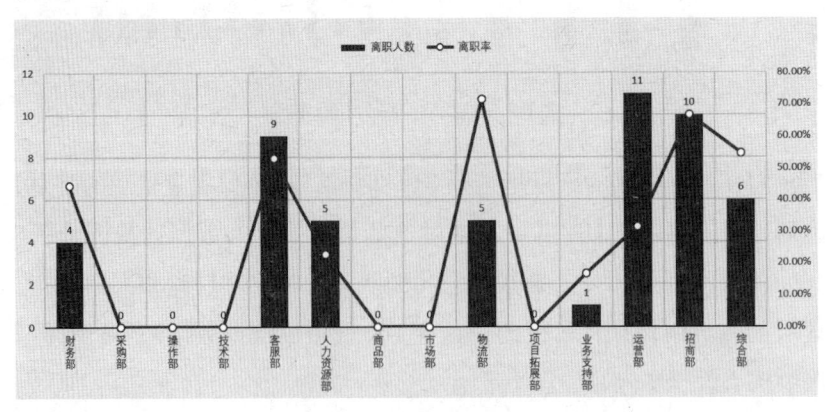

图 6-5　离职率数据分析

二、空间结构对比

空间结构的对比属于纵向对比，我们常用的对比的分公司、区域、岗位等都是数据空间结构的对比。空间结构的对比是一个纵向的、多层级的深入对比，我们可以进行区域的数据对比，还可以再深入地做这个区域的部分数据对比，然后再往下以及做岗位的数据对比，也就是我们上一个章节讲到的数据的聚焦。下图就是薪酬数据分析的结构对比，而部门、岗位、层级做数据的交互对比。

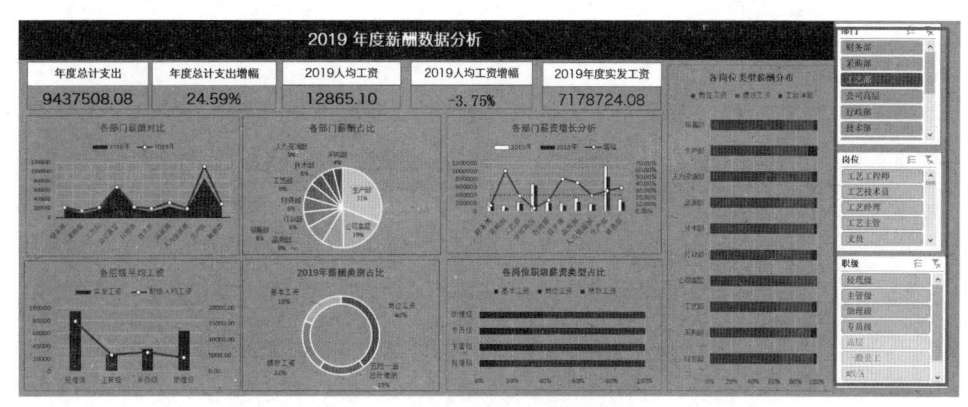

图 6-6　薪酬数据分析结构对比

在空间结构中分为广度和深度两个分析的维度，广度就是在公司内部的各个组织，如分公司、事业部、各个部门等；深度就是对各个组织进行数据的聚焦，在组织的基础上，再细分岗位、层级、序列等，这样我们结合深度和广度的分析维度就可以使数据分析更加的精准。对比分析，就是给孤立的数据一个合理的参考系，否则孤立的数据毫无意义。

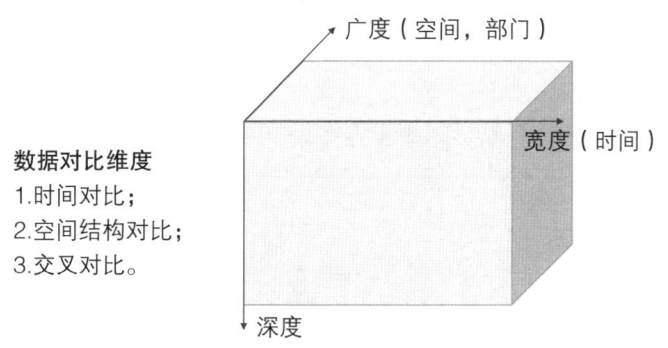

数据对比维度
1.时间对比；
2.空间结构对比；
3.交叉对比。

图 6-7　数据分析逻辑：对比分析

三、交叉对比

交叉对比是结构和时间的交叉对比，在数据分析的过程中，一般都是做大量的时间和结构的交叉对比来对关键指标做数据分析。

我们通过下面的案例来和大家分享什么是交叉对比，以及交叉对比的应用。

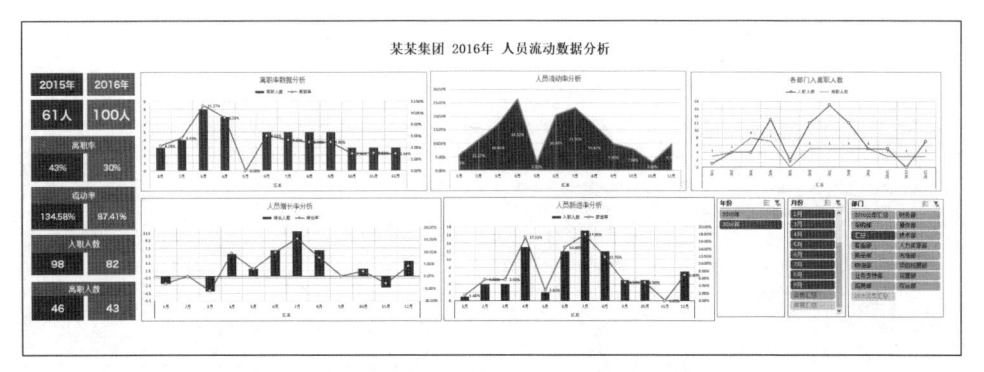

图 6-8　某某集团 2016 年人员流动数据分析

上图是一个人员流动的数据仪表盘，在这个数据仪表盘中有两个交互的维度，一个是时间的维度，包含了年份和月份，另一个是部门的维度，在仪表盘的主体中是人员流动的各个关键指标，我们选取人员离职率这个指标来做分析。

首先我们选择 2016 年 1~12 月的时间数据，再选择部门的汇总数据，这个时候在人员离职率的数据图表中，就会有一个人员离职率的数据曲线，通过对这个数据曲线的分析，我们发现在 3~4 月离职率是最高的，那我们就需要在 1~2 月进行招聘的规划和人员储备的工作。

虽然知道了 3~4 月是离职人数最多的月份，但是我们不知道在这两个月份里哪些部门离职人数最多、离职率最高，所以要对这两个维度进行交叉对比，我们选择了 4 月，选中所有的部门，这个时候在图表中呈现的就是 4 月各部门的离职率和离职人数的数据，如图 6-9 所示：

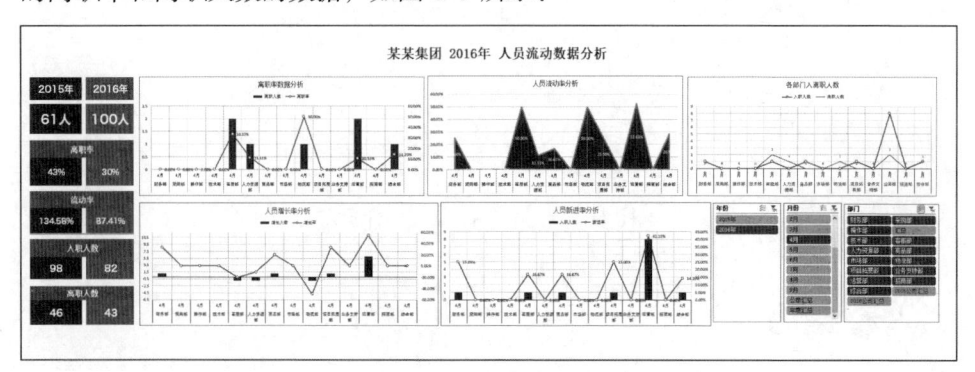

图 6-9　某某集团 4 月各部门离职率数据分析

我们通过数据的交叉对比，发现在 4 月离职人数最多的是客服部和运营部，而且客服部的离职率比运营部要高，所以我们可以判断出在明年的 4 月这个时间点，我们要关注客服部这个部门的人员离职，我们要提前在 1~2 月重点储备客服人员，在招聘上重点倾向于客服人员的招聘。

这就是通过结构和交叉对比使数据分析更加的聚焦和精准，以便在数据分析预测和解决方案的提供上更加的有针对性。

第三节　实操演练：数据分析维度

在人员结构的数据分析中我们从三个维度进行数据的分析，分别从公司、部门和人员层级进行分析，在人员结构里我们没有进行时间的对比，因为人员结构的数据不做内部的对比，在结构指标上内部不管是部门还是历史的人员结构数据对比都是没有意义的。人员结构一般和外部的市场数据进行对标，通过外部的市场数据来对内部的数据进行调整。

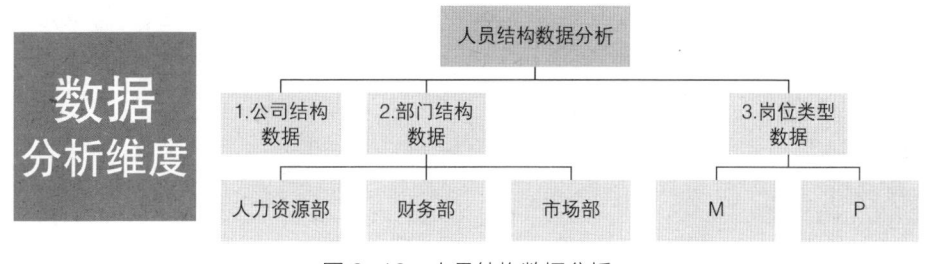

图 6-10　人员结构数据分析

第四节　章节复盘

- 在人力资源数据分析的过程中，最重要的是数据分析思维逻辑，数据分析思维逻辑的养成是需要你不断地进行真实案例的分析，学习成功的数据分析案例，累计数据分析的经验，让数据分析思维成为你的一种习惯。
- 人力资源的数据分析是一个数据聚焦的过程，通过不同维度的数据聚焦，使数据分析更加精准，在差异化数据的分析过程中，能更精确地找到数据背后的原因，并给予更加有效的、有针对性的解决方案。
- 人力资源数据分析 5 个维度

    公司维度、部门维度、岗位维度、层级维度、时间维度。
- 数据对比 3 个维度，三维模型（广度，宽度，深度）

    时间对比、空间结构对比、交叉对比。

第七章

人力资源数据分析建模：数据图表设计原则

第一节 什么是数据建模

数据建模的概念就是梳理每个表里的数值、字段，建立数据分析的关键指标，然后对关键指标和数据分析维度之间建立关系，并用可视化的仪表盘或者动态图表建模进行数据的呈现。

在整个数据建模的过程中包含了数据分析的逻辑和数据模型可视化呈现两个步骤，如我们要对人力成本效率进行数据建模，可以按照下面的步骤进行。

1. 人力成本效率数据的关键指标

在数据分析流程里，我们讲到过，在建模之前要确定分析模块的关键数据指标，人力成本效率的关键数据指标如下：

- 人力成本效率＝公司全年营收／全年人力成本；
- 人力成本利润率＝公司年净利润／全年人力成本；
- 人力成本含量＝全年人力成本／公司全年人力成本；
- 全员劳动生产率＝公司全年营收／公司人数。

在数据公式中需要注意的是公司人数的计算，公司人数不是（年初人数＋年终人数）/2，因为当你用这种平均值的计算方式时，数据的最大和最小值对平均值的影响很大，所以公司人数的计算方式是1~12月的月平均人数。

1. 人力成本投入产出	2. 人力成本结构指标
• 人力成本效率=年度营收/ 人力成本 • 人力成本利润效率=年度净利润/人力成本	人力成本含量=人力成本总额/公司成本总额
3. 人力成本人均效能	4. 财务数据
• 全员劳动生产率=营业收入/ 员工人数 • 人均利润率=营收净利润/ 人数	• 营业总收入 • 营业总成本 • 净利润

图 7-1　人力成本效能数据指标

2. 关键指标的关联字段

在得到数据的关键指标后，我们需要罗列出与这些关键指标计算相关联的字段，与人力成本效率相关联的字段有以下几个：

- 公司平均人数；
- 公司年度营收；
- 公司年度净利润；
- 公司人力成本。

在后期建模的过程中，HR 在对关键指标进行数据交互的时候，也需要通过这些字段进行数据的分析验证。

3. 数据模型的选择

不同数据模块的数据建模有不同的数据模型，在 Excel 数据分析模型里，用得比较多的有两种：

- 数据仪表盘；
- 数据动态图表。

数据仪表盘是在数据透视表和透视图的基础上，用切片器进行交互，对多个数据关键指标图表进行数据的建模。因为是在数据透视表的基础上做数据的建模，所以对表格的格式要求比较高，同时需要有较强的数据分析逻辑，因为涉及多个数据关键指标的交互。

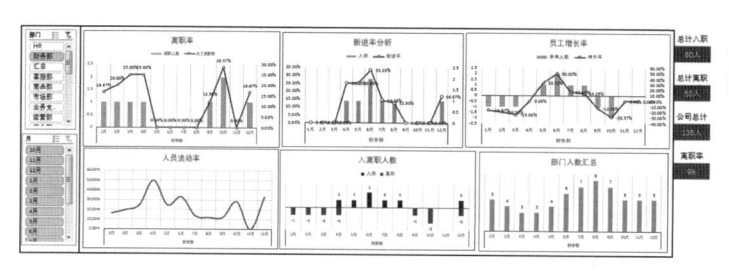

图 7-2　数据仪表盘示例

数据仪表盘
- 多个图表的组合
- 对原始表格要求高
- 操作简单，逻辑简单
- 交互切片器

数据动态图表是在表单控件的基础上，通过查询 Index 函数建立起动态的、多组合控件的动态图表，相对数据仪表盘，动态图表需要运用到 Excel 函数，所以在建立的时候比较复杂，需要掌握一定的 Excel 函数基础。但是它可以结合多种控件进行组合的交互，并且对表格的格式要求不是很高，建模相对灵活。

动态图表
- 单个图表
- 对原始格要求不高
- 多种控件的组合
- 公式复杂

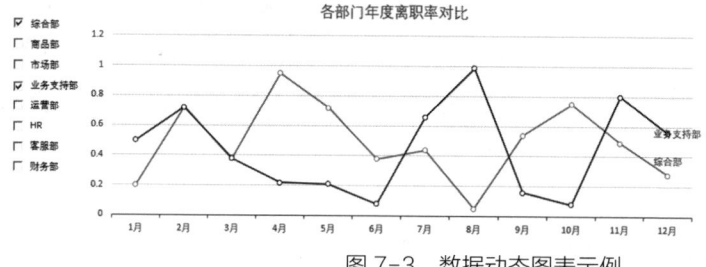

图 7-3　数据动态图表示例

在人力成本效率的数据建模形式上，我们选择数据动态图表，主要是人力成本数据建模不需要进行多个图表的交互，虽然有 4 个关键指标，但是我们在做效率分析的时候更多是指标和字段之间的交互，而不是各指标之间的交互，所以我们选择用动态图表并且结合多个表单控件的组合，来实现人力成本效率的建模。

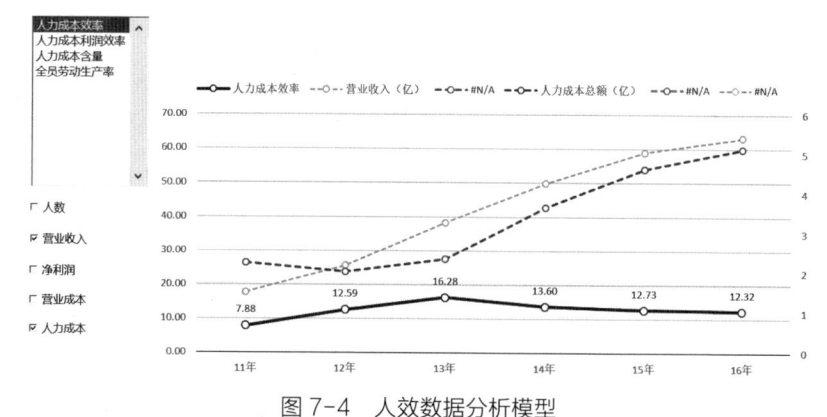

图 7-4　人效数据分析模型

上图就是人力成本效率的数据模型，我们用了列表框和组合框来进行数据的交互，然后对数据做折线图的趋势呈现，结合表单控件和数据图表完成了模型构建。在数据分析过程中我们可以选择人力成本效率的关键指标，同时选择这个指标关联的字段，通过3个数据的趋势折线图来进行人效的数据分析。

以上就是数据建模的概念和数据建模的流程。

第二节　数据图表设计原则：理解数据表格的成分关系

在数据建模的过程中，不管是数据仪表盘还是动态图表，都需要进行图表的设计，对数据进行可视化。后期的人力资源数据分析都是在数据图表的交互中进行的，所以这个章节我们来讲一讲各类数据图表设计的原则。

由于数据分析的目的不同，我们在进行数据图表的选择和设计上也会不同。所以在做数据图表的设计之前，首先要明白你通过数据图表想表达的意义是什么？你是要做数据的对比，还是想做数据成分关系的占比，抑或想做趋势的分析？我们通过下面这个例子来进行阐述。

表 7-1　某部门人员招聘数据

需求部门	2月					3月				
	需求人数	录用人数	入职人数	录用率	招聘达成率	需求人数	录用人数	入职人数	录用率	招聘达成率
人力行政中心	2	2	2	12.50%	100.0%	2	1	1	5.6%	50.0%
产品中心	3	3	3	25%	100.0%	0	0	0	0.0%	0.0%
研发中心	10	3	1	30%	10.00%	11	6	5	37.5%	45.5%
运营中心	4	6	4	100%	100.0%	2	2	2	50.0%	100.0%
客服中心	5	1	0	33%	0.00%	5	7	4	70.0%	80.0%
营销拓展部	10	23	9	49%	90.00%	10	10	5	52.6%	50.0%
营销中心	30	43	19	58%	63.33%	31	53	21	61.6%	67.7%

简单点来说，表 7-1 所示的是一个部门的人员招聘的数据，我们根据想要呈现的目的不同，可以有不同的数据图表。

1. 各部门 2 月的招聘达成率对比

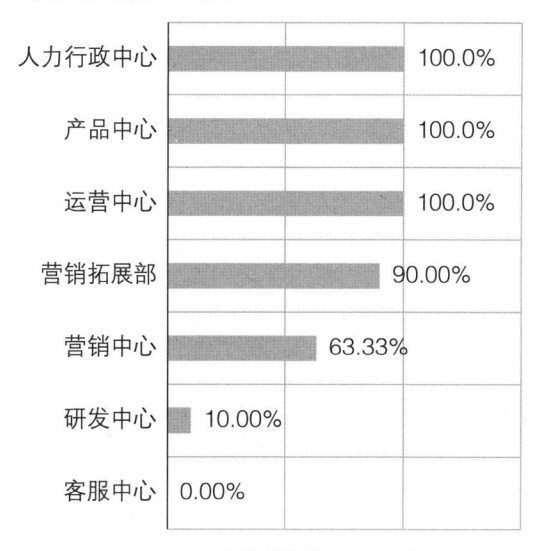

部门	达成率
人力行政中心	100.0%
产品中心	100.0%
运营中心	100.0%
营销拓展部	90.00%
营销中心	63.33%
研发中心	10.00%
客服中心	0.00%

图 7-5　各部门招聘达成率对比

2. 各个部门 2 月的招聘达成率占比

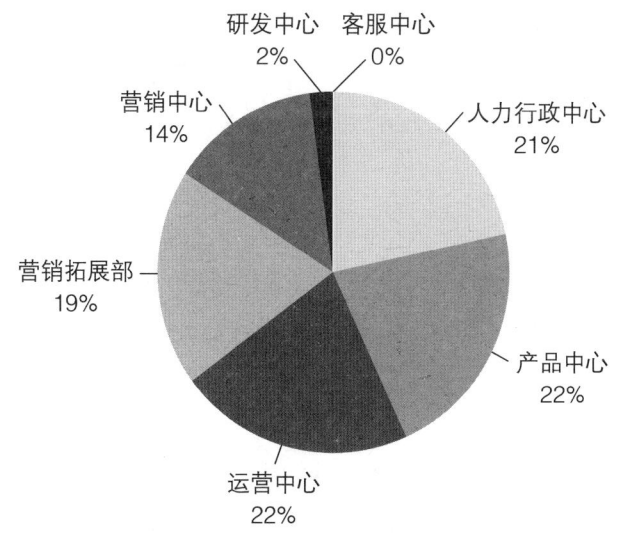

部门	占比
研发中心	2%
客服中心	0%
营销中心	14%
人力行政中心	21%
营销拓展部	19%
产品中心	22%
运营中心	22%

图 7-6　各部门招聘达成率占比

3. 各部门入职人数和招聘达成率的对比

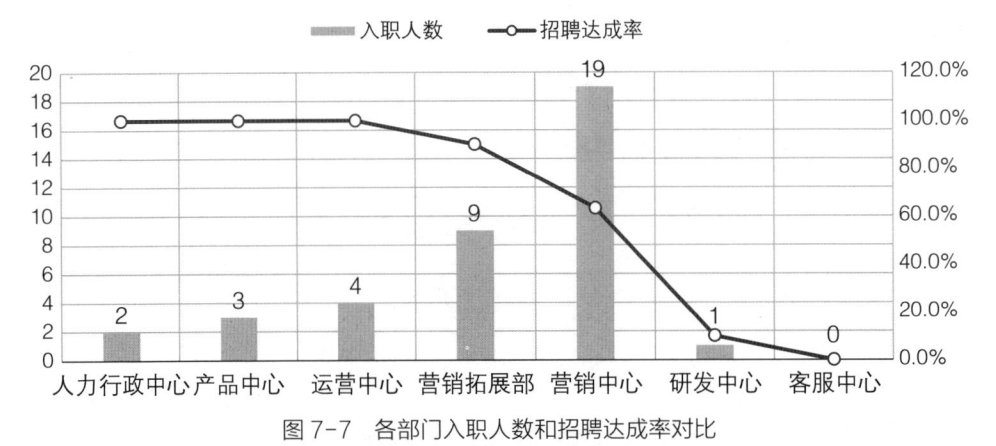

图 7-7　各部门入职人数和招聘达成率对比

3 个不同的需求用 3 种不同的图表来进行数据关系的呈现，所以在做数据图表之前，我们首先要考虑的是你要做的数据图表是什么关系，然后再根据关系进行数据图表的选择。

不管是何种类型的数据表格，数据的成分关系不会超过以下几种：

- 数据的时间关系；
- 数据的对比关系；
- 数据的占比关系；
- 数据的频率关系。

一、数据的时间关系

以时间为维度来进行数据的呈现，这类图表基本上 X 轴是时间的坐标，以日期为主线，来对比各个时间段的数值，或者通过时间的曲线来分析数据的趋势。代表时间关系的图表一般以以下几种类型居多。

1. 柱状图

很多学员对这个图的成分关系会提出疑问，为什么柱状图是代表时间关系的，而不是代表数量的对比关系，这个主要是和我们看时间的思维逻辑有关系，你可以思考下自己在看时间、看日历的时候是从左往右地横着看，还是从上往下地竖着看？我们的手机上的日历设置，基本上都是横着看时间，所以柱状图在大部分的情况下是代表时间的关系。

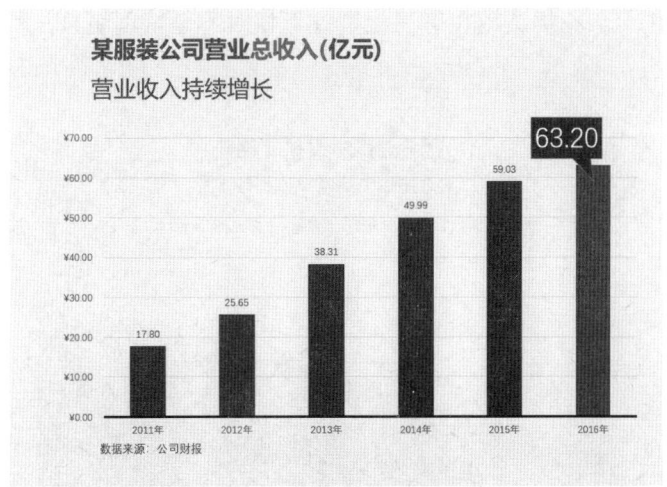

图 7-8　柱状图示例

2. 折线图

折线图和柱状图类似，都是横向看时间的图，但是和柱状图不同的是，折线图代表的是一种趋势，更多是通过大数据在折线图上的折线起伏来判断未来数据的趋势，所以折线图一般是在数据比较多的时候使用。但是柱状图更加关注数据的值，如 HR 想看某个月份的数据值是多少，这个时候就要用柱状图。

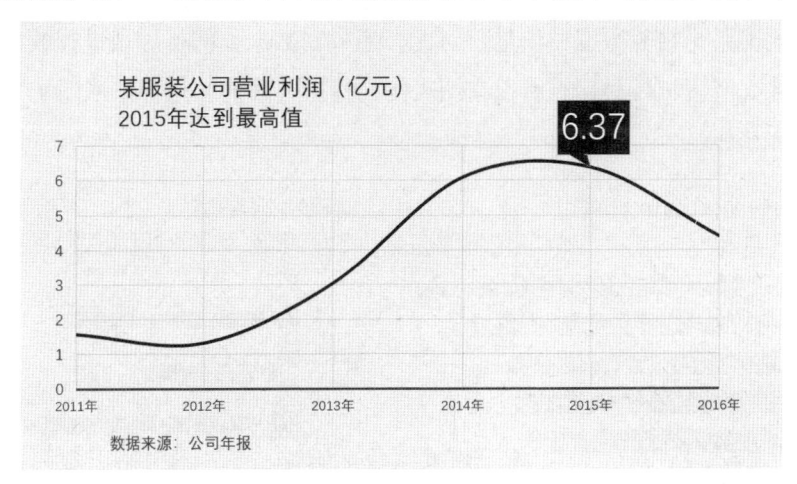

图 7-9　折线图示例

3. 面积图

面积图也是一种代表时间关系的图表，和折线图类似，但是在使用上可以根据场地的不同选择不同的时间成分的图表，面积图一般用在会场比较大的演示中，因为在大会场折线图在可视化呈现上相对不是特别明显，所以我们会选择面积图。

图 7-10　面积图示例

二、数据的对比关系

对比关系是指对数据的值进行对比，通过对数据值的排序来进行数据分析，我们一般是竖着进行对比，所以在图表的选择上，我们会选择条形图居多。

1. 条形图

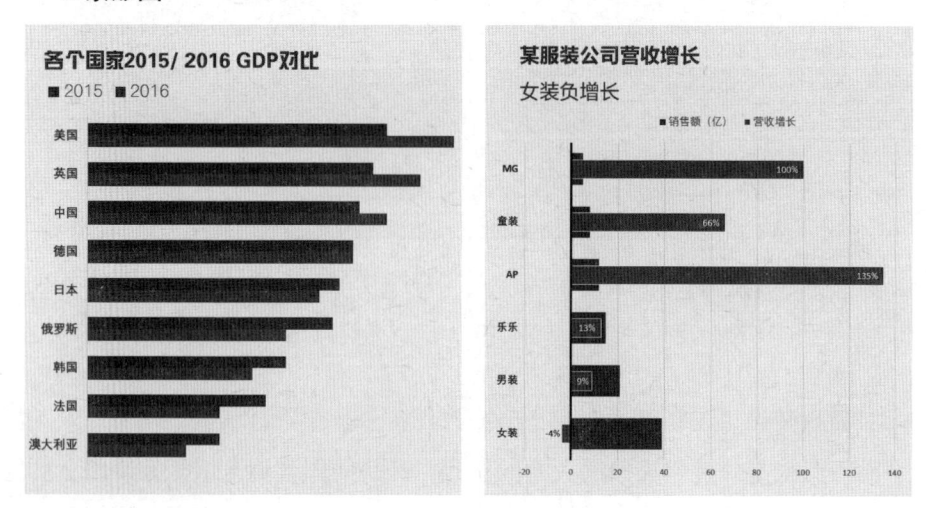

图 7-11　条形图示例

2. 雷达图

雷达图也是一种进行数据对比的图像，在人力资源模块，我们在能力测评还有胜任力模型里会经常看到由雷达图设计的测评模型。

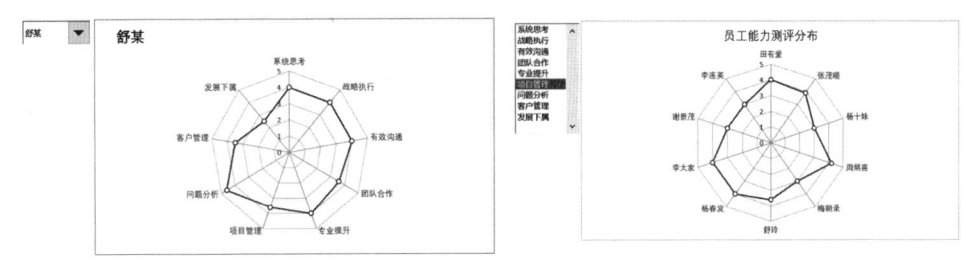

图 7-12 雷达图示例

三、数据的占比关系

占比关系是指数据在整体的数据里的成分占比，一般以百分比的形式呈现，占比关系在数据关系里是最常见的一种数据关系，数据图标的呈现形式一般有饼图、环形图、复合饼图等几种形式。

1. 饼图/环形图

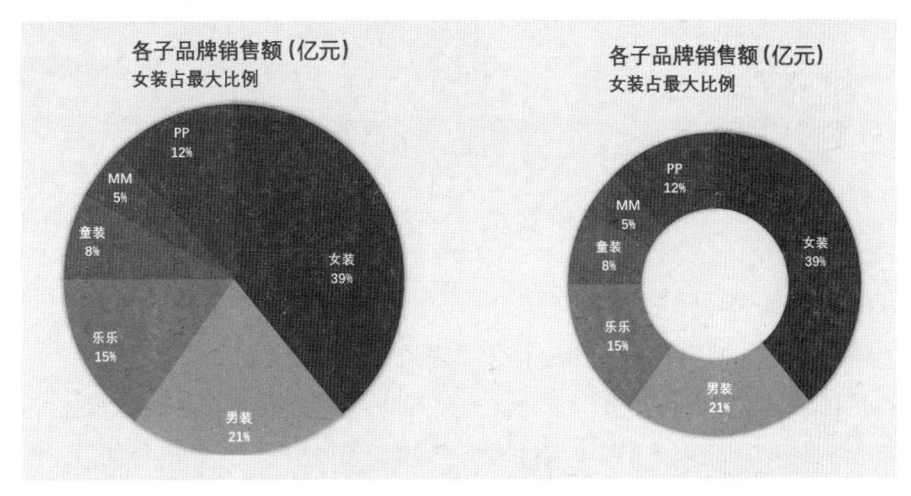

图 7-13 饼图/环形图示例

2. 复合饼图

相对其他的占比成分的图表，复合饼图出现的比较少，一般复合饼图出现在饼图中扇形区域比较多，并且数据之间有包含关系的就可以分离出一个区域做成复合饼图，如我们看到的图 7-14，在各个区域员工的数量分析中，江苏的各个城市都有人员的数据，所以我们就对江苏做一个复合饼图，分离出江苏的数据。

在做复合饼图的时候，在"系列分割依据"里有 4 种形式的设置，分别是位置、值、百分比值和自定义。

（1）位置是指数据在表格中在第几行，然后根据行数的位置来进行复合饼图的分割，如下面这个图，江苏是在第七的位置，所以在位置的设置中，我们选择"7"。

（2）值是指我们可以根据值的数据大小来进行复合饼图的分割，在值的设置里，它的分割原则是"值小于"，也就是说，值小于某一个值，然后以这个值为分割线进行分割。

（3）百分比的分割和值的分割类似，值是以数据的值来进行范围的界定，百分比就是以数据在整体数据中的百分比值来进行分割。

（4）自定义的设置就相对比较灵活，可以在图中移动绘图区的数据点进行扇形区的分割。

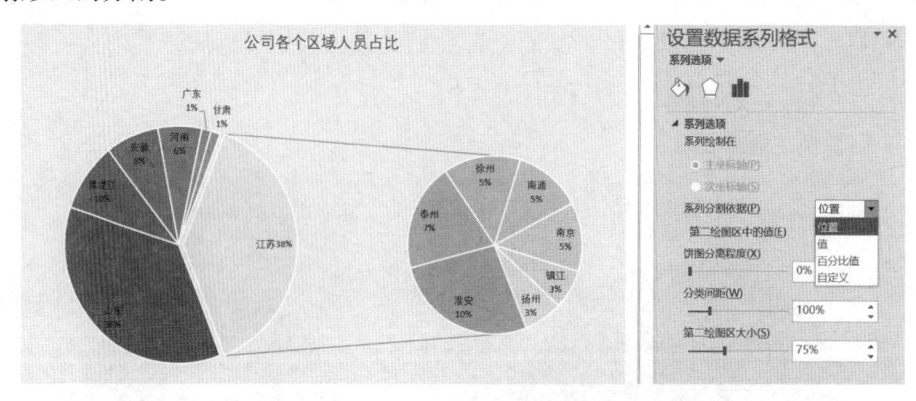

图 7-14　复合饼图示例

3.树状图

树状图是在 2013 版的 Office 中才出现的一个代表占比成分关系的图，它的特点是可以对较多的数据进行占比成分关系的可视化呈现，以前我们在做饼图的时候，如果扇形区域出现了超过 8 个数据值，饼图扇形区就会很拥挤，图表的图例数据就互相地重叠，影响图表数据的呈现。

从在 2013 版的 Office 开始，在插入—数据图表里比 2010 版的 Office 多了几个自带的新的数据图表模板，这些自带的新的模板可以更好地帮助我们对不同类型的数据进行更精准和更美观的数据可视化的呈现。

图 7-15 树状图示例

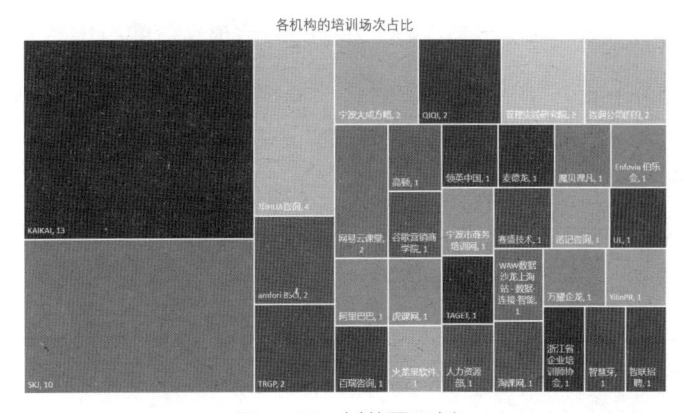

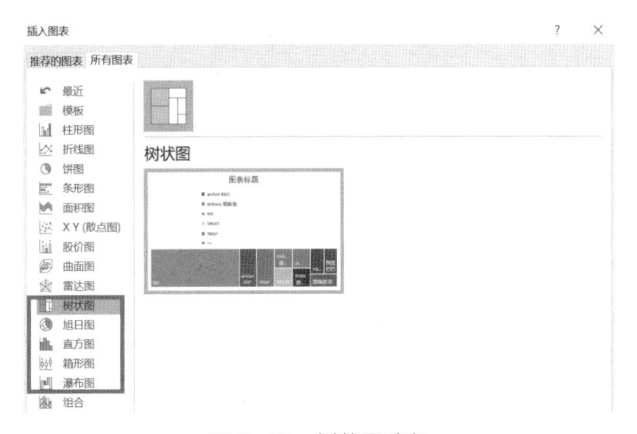

图 7-16 树状图路径

四、数据的频率关系

频率关系是指在一定的数据样本范围内，某个数值出现的次数或者出现的次数频率占比，如我们在做薪酬的数据分析时，想知道在一定范围内的薪酬人数是多少，这个时候我们就可以用频率的图表来做呈现。

1. 直方图

这种在一定范围内出现的频率次数的图表一般会选择用直方图来呈现，直方图也是在 2013 版 Office 以后才出现的一个自带的数据图标，看起来和柱状图有点像，当然我们可以对柱状图做一些设置，也可以变成类似直方图的图表。

图 7-17 代表年龄频率分布的直方图，X 轴代表的是年龄分组的范围，Y 轴代表的是各个分组范围内的年龄人数，在直方图的设置坐标格式里可以对 X 轴

的分组范围（箱宽度）进行自定义设定。图表会根据"箱宽度"的值自定义进行分组的调整。

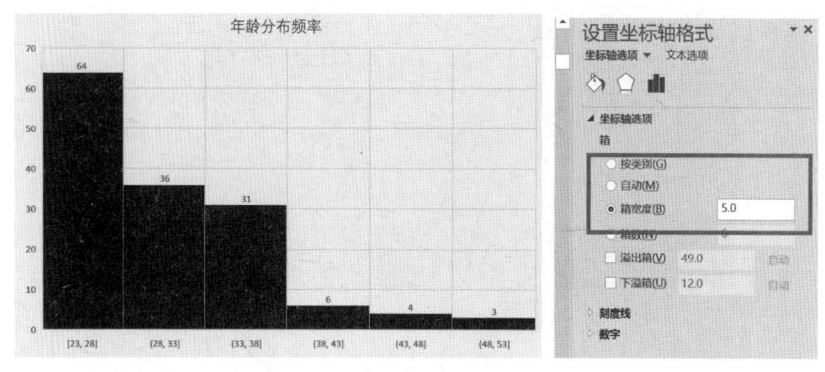

图 7-17　直方图示例

2. 散点图

频率关系除上述的直方图这种形式外，还有一种形式就是对于大量的数据，我们需要根据这些数据的几种程度来判断数据的趋势。这种频率关系的数据图表呈现形式一般以散点图居多。

散点图是代表频率关系的一种图表，主要是通过观察大量数据的集中区域，来分析判断数据的特征。散点图一般应用在对大量数据额的调研分析中。

比如，图 7-18 对某个城市的各个区的房价做了一个散点图的分析，我们可以根据各个区的散点密集度来判断每个区的房价的分布。在这个图上大概有 1000 多个小区的数据，所以在散点图上数据越多，相对而言分析得就越精准。

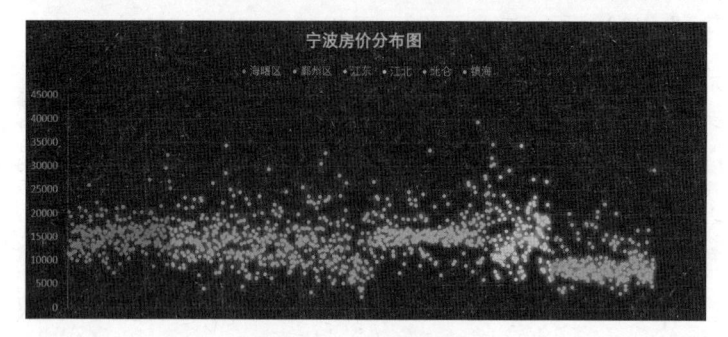

图 7-18　散点图示例

3. 气泡图

散点图还可以衍生出另一种代表频率趋势的图表，叫作气泡图，气泡图可以说是在 Excel 的数据图表里呈现的数据维度最多的一个图了，它有 4 个数据的维度可以设置，X轴、Y轴、气泡的颜色、气泡的大小，如在做人员离职数据分析的时候需要人员离职的预测模型，这个模型就要用气泡图来表达。

在图7-19人员离职的预测模型里，X轴代表的是员工的工资，Y轴代表的是员工的年龄，气泡的颜色代表的是各个职级的员工，气泡的大小代表的是员工的工龄，这样我们就可以通过气泡的密集趋势为离职者做一个画像，提前预测哪类的员工在哪个阶段容易离职，然后进行提前干预，最终保留核心人才。

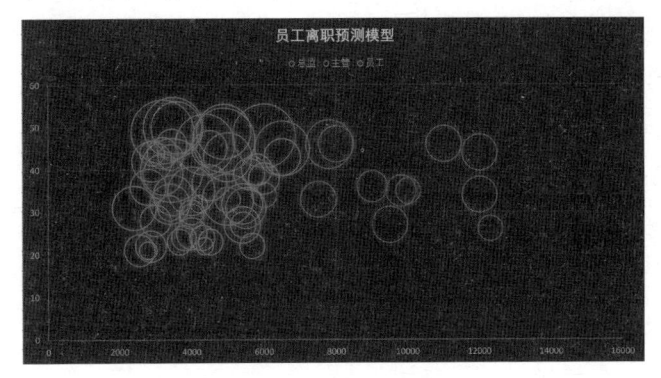

图 7-19　气泡图示例

第三节　数据图表的标准设计

在职场的数据图表设计中，我们追求图表的标准化，所谓的标准化是指图表设计颜色、板式、字体、布局等实现标准化的布局，并且可以根据公司的 VI 标识和主题色来设计适合公司主题的数据图表。专业化的可视化图需要满足以下4个要求。

- 统一配色
- 图表简洁
- 观点明确
- 细节完美

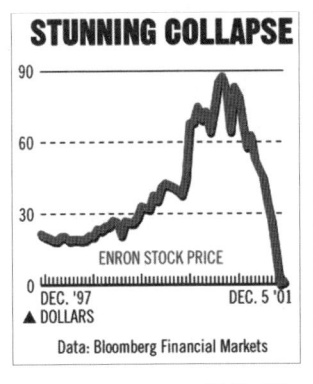

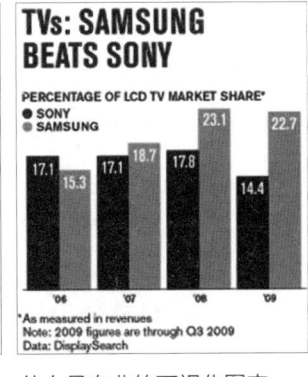

图 7-20　什么是专业的可视化图表

一、统一配色

我们在做数据报表的时候里面包含了各种不同的图表，不同的图表又由不同的颜色构成，判断数据报表是否专业的一个指标就是这个数据报表的整体配色是否统一。

图表的颜色分为主色和辅助色，我们在设计图表的时候先要选择的是图表的主色调。那如何来选择色调，到底哪个颜色是主色调呢？因为我们的数据报表都基于公司内部的报表，所以主色调基本都是以公司的 LOGO 颜色为主，辅助色也是以 LOGO 颜色为辅，这样我们做的数据报表就能显示出你的专业性。如一些公司，我们可以从他们的 LOGO 颜色来判断，如一家银行，它的主色是蓝色，辅助色是黄色和深蓝色，那我们在做数据图表的时候，整体的配色就按照这种配色来做。

还有一种配色的原则就是按照行业的颜色来进行配色，每个行业都有该行业的主题色，我们也可以参考行业的主题色来进行设计。

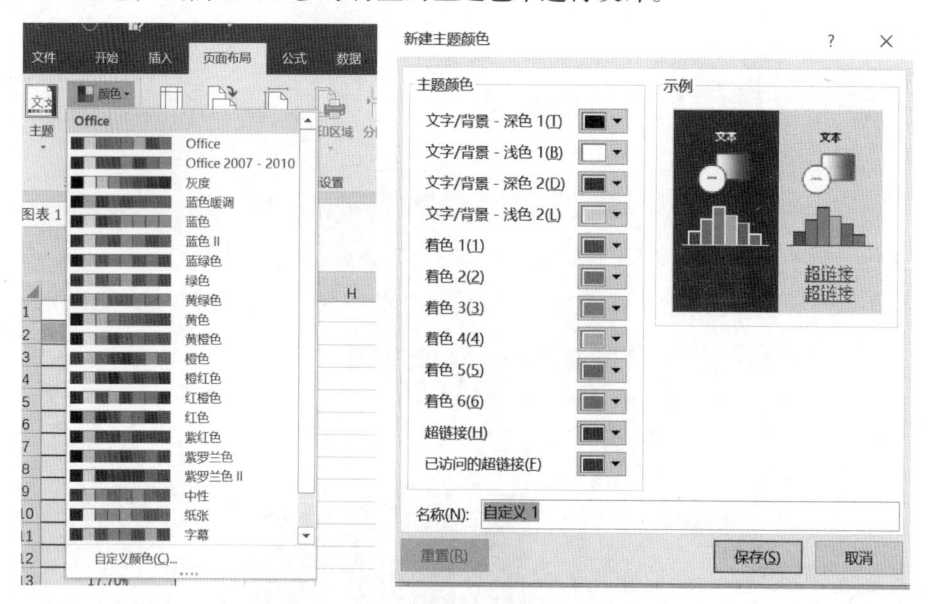

图 7-21　自定义主题颜色示例

- 科技行业——黑色；
- 互联网行业——蓝色；

- 党政类——红色，黄色；
- 医疗行业——绿色。

知道了配色的原则后，在数据图表里我们要如何进行图表的配色呢？以前很多学员提出自己的审美能力不是很强，不知道颜色要如何搭配，在 2016 版的 Excel 里其实已经帮大家内置了好几个配色的方案，大家可以根据自己公司的 LOGO 去选择相应的颜色主体，如果公司的 LOGO 颜色没有在主题里，你还可以自定义地创建主题颜色。

二、图表简洁

在做数据表的时候，我们的原则是用最简洁的图表来表达背后数据的含义，所以需要在数据图表中删除一切能干扰我们看图表的元素，做到图表的简洁，如下面这个案例：

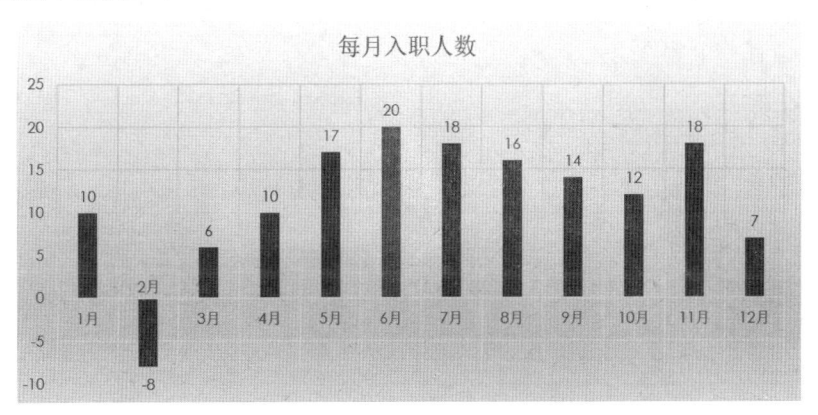

图 7-22　每月入职人数柱状图示例

- 图表的背景加了渐变色；
- 数据已经加了数据标签，Y 轴的数据就可以删除；
- 零刻度线没有突出，数据有负数，正负数据分隔不明显；
- X 轴的数据被柱状图挡住，看不清 X 轴的坐标。

所以图表整体看起来就不是很简洁，我们需要把上面的这张图表，变成一张简洁的柱状图。

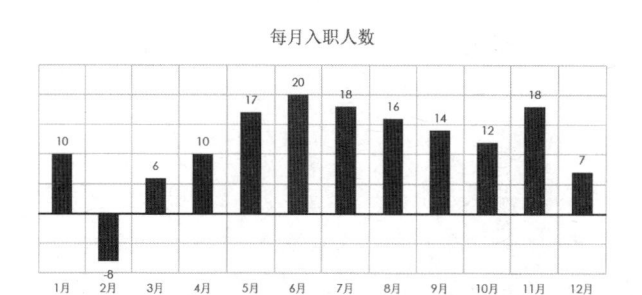

图 7-23　优化后的每月入职人数柱状图示例

三、观点明确

在前几个章节我讲到，每个数据图表都有想要表达的目的，所以在数据图表的数据标题上都会呈现这个图表想要表达的意义，需要注意的是，除了主标题，我们还需要添加一个副标题，添加副标题的目的是对数据图表里的图做一个说明，如哪个最大、哪个最小、哪个比率增长得最快，这样在看数据图表的时候就会有一个侧重点。

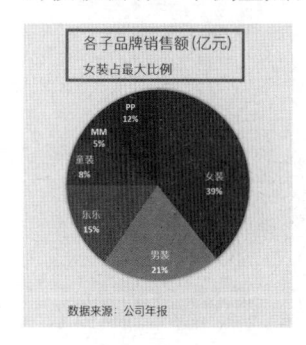

图 7-24　副标题示例

四、细节完美

数据图表里的细节包含网格线、数据标签、图裂、数据标记等，虽然这些细节不会影响到图表的整体表达，但是能体现出图表设计的专业度。如数据标签的位置和类型的选择，当我们要突出某个数据的时候，在做数据标签时就会用数据标注，数据标注是有别于其他的数据标签，它会以数据框加填充的形式来显示重点的数据。

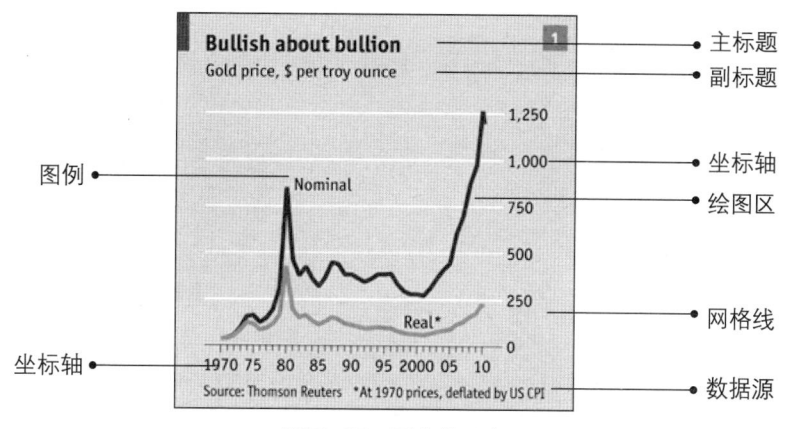

第七章　人力资源数据分析建模：数据图表设计原则 | 089

图 7-25　图表的元素

第四节　数据基本图表的设计

一、饼图

饼图是代表成分关系的数据图标，在设计饼图的时候需要关注下面几个设计的原则：

1. 顺时针方向由大到小排列；
2. 不要超过5个切片；
3. 不要用3D效果；
4. 不要使用不同色系的颜色；
5. 突出重要的要表达的切片；
6. 标注百分比。

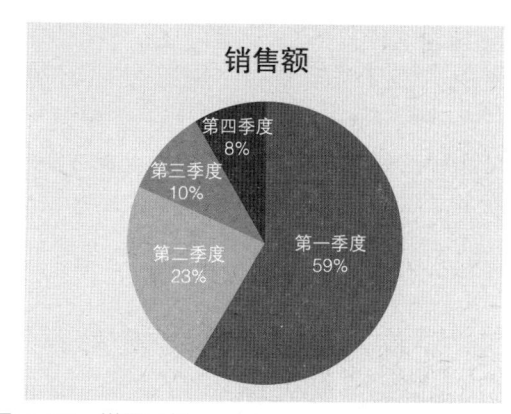

图 7-26　饼图示例

（1）饼图的位置：对饼图的扇形区做排序的时候，一般是按照由大到小的顺序进行排序，同时把最大的扇形区放在12点位置的右边，这是因为我们人眼在看圆形的时候都是按照顺时针的方向进行的，就好比我们看手表的时间，也是按照这样的顺序逻辑进行的。

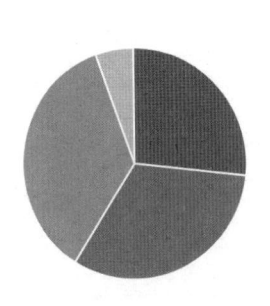

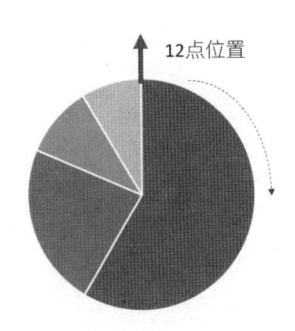

图 7-27　饼图的位置选择

（2）饼图的颜色：在饼图的颜色设置上，我们上章讲到图表要颜色统一，饼图的各个扇形区建议用同一种色系的颜色，如果想突出某个扇形区，可以单独把这个扇形区用对比色来突出。

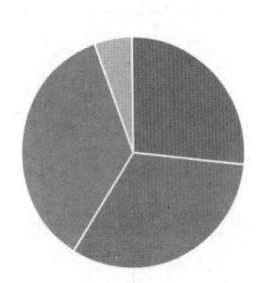

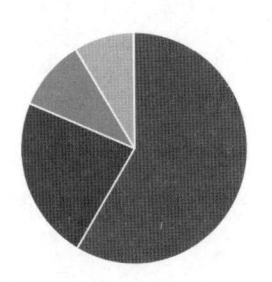

图 7-28　饼图的颜色选择

（3）饼图的分离：在饼图的设置中有一个叫"饼图分离程度"，这个设置可以把饼图中的各个扇形区进行分离，我们很少把饼图的所有扇形区进行分离，一般是重点想要突出哪个扇形区就分离哪个扇形区，分离可以选择"分离程度"这个选项，也可以选中要分离的扇形区域，用手直接拖动即可。

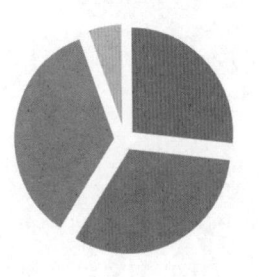

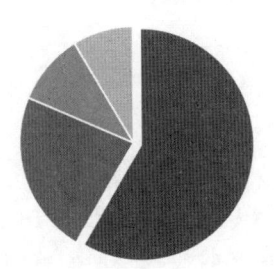

图 7-29　饼图的分离

（4）饼图的图例：在饼图的设计中，原始默认情况下图例是在外面的，如图 7-30 左边的饼图，这个时候我们看饼图先要看一遍图例，再到饼图里找这个图例对应的扇形区。在饼图的设计选项里有一个"快速布局"项，在"快速布局"里有好几种图例和数据的布局供你选择，我们可以选中饼图，选择"快速布局"中的"布局 1"，就会变成右边的这个饼图，图例和数据都会出现在饼图的扇形区域里，这样我们就可以对应饼图里的数据。

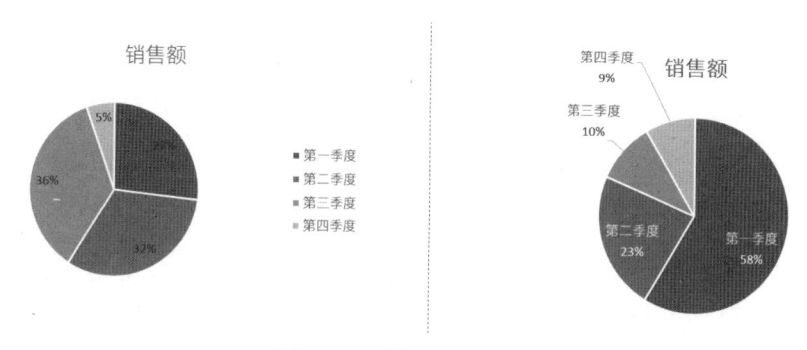

图 7-30　饼图的图例设计

二、柱状图

- 不要绘制阴影效果和特效；
- 直条不要太窄，直条宽度为条间距的两倍；
- 不要用 3D 效果；
- 建议用统一色系的颜色；
- Y 轴的刻度从零基线开始，加粗，颜色重；
- 不要把 X 轴的字体设置成斜体；
- 表示时间的关系。

（1）二维图：很多人在作图的时候为了追求独特，都会选择 3D 的效果，但是这种 3D 的效果往往会影响我们看图，我们的注意力会集中到 3D 的效果中去而不是图表的本身，所以我们追求图表的简洁，要以 2 维的平面图为主。

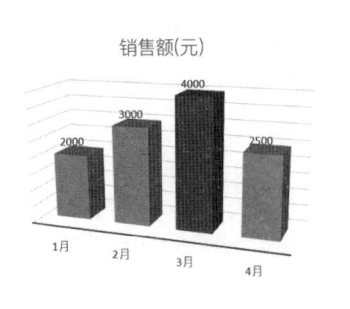

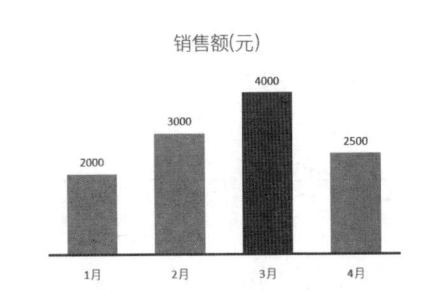

图 7-31 二维柱状图示例

（2）条形图填充：在图表的填充中，我们建议用纯色的色块进行填充，不要用纹理、材质等这些条形图进行填充，主要是因为我们在作图表的时候，始终是以图表为中心，千万不要因为其他的一些元素喧宾夺主，干扰了图表的理解和分析。

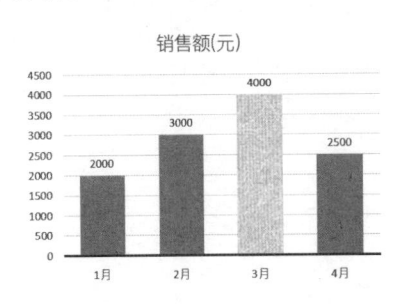

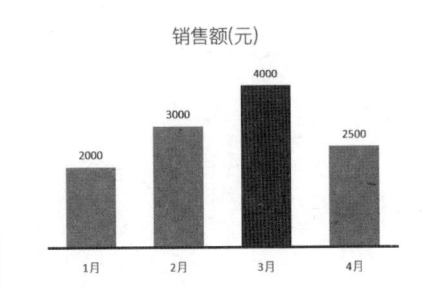

图 7-32 条形图填充示例

（3）标签重叠：在做柱状图时经常会出现数据的负值，负值的数据会和 X 轴的标签重叠，这个时候我们就需要把 X 轴的标签变成"低"，在柱状图的标签设置里有"高，低，轴旁，无"4 个选项，我们选择"低"，就是意味着 X 轴的数据标签在图标的最下方，如图 7-33 所示。

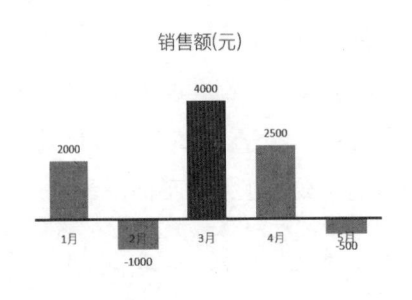

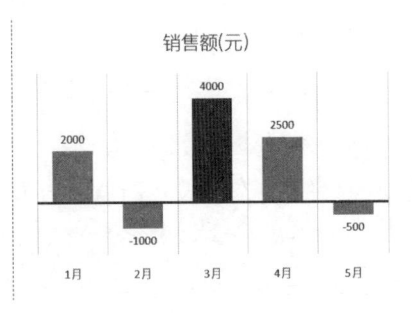

图 7-33 标签重叠示例

三、折线图

- Y 轴刻度的选择；
- 折线粗细恰当，细节可见；
- 折线图图例的标注；
- 保持图表的简洁使用常用增量；
- 不要绘制 4 条以上的折线；
- 如果折线过多，考虑单个折线图。

（1）折线图的线条：由于折线图是以线条的形式出现，所以对于线条的粗细是有一定要求的，一般的线条粗浅为 1.5 磅左右，这样即使是在大会场，后排的观看者也可以看到图表中的折线图。同时折线图要与网格形成对比，一般网格线都是以浅色调灰色为主，折线图就要设计成深色的粗的线条，这样才可以突出图表中的折线趋势。

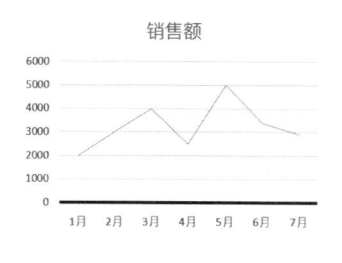

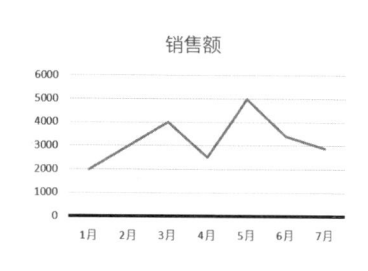

图 7-34 折线图线条示例

（2）折线中的刻度：我们看图 7-35 左侧的两条折线图，第一眼看过去的时候给人的感觉是两条不同的折线，第一个折线图数据起伏很大，而第二张折线图却起伏很小，但其实这两张折线图都是右侧的同一张折线图，至于为什么看起来数据的变化这么大，是因为左侧两张图的 Y 轴刻度的起始点和刻度之间的单位数据不同造成的。

左侧第一张图的刻度从 1900 开始，单位数是 1000，左侧第二张图从 0 开始，单位数也是 1000，但是由于数据不同，造成了数据的误解。一般在做折线图的时候，以默认的数据为主，除非出现特殊情况，如出现了主/次坐标、出现了负值，这个时候我们才需要对数据的最大刻度、最小刻度进行调整。

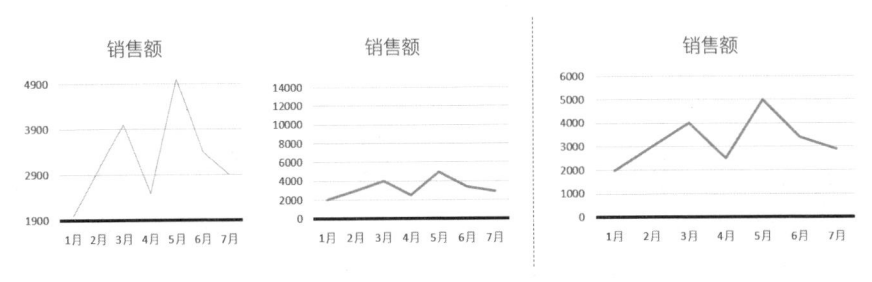

图 7-35　折线刻度示例

第五节　实操演练：人力资源图表设计

一、用饼图呈现各个品牌的营业额占比

图 7-36 是一个公司各个品牌的年度销量的数据，若我们想要知道每个品牌的销售额在总的销售额中占比是多少，就需要设计一个饼图来做数据的可视化。

需要注意的是，数据表格中的数据是以值的形式出现的，但是我们在饼图中的数据要以百分比的形式呈现在饼图中。所以需要考虑，在数据表格中是提前做数据的转换还是在饼图中后期做数据的标记类别的选择。整体设计过程如图 7-36、图 7-37、图 7-38、图 7-39、图 7-40 所示。

（1）选择数据—插入—选择饼图。

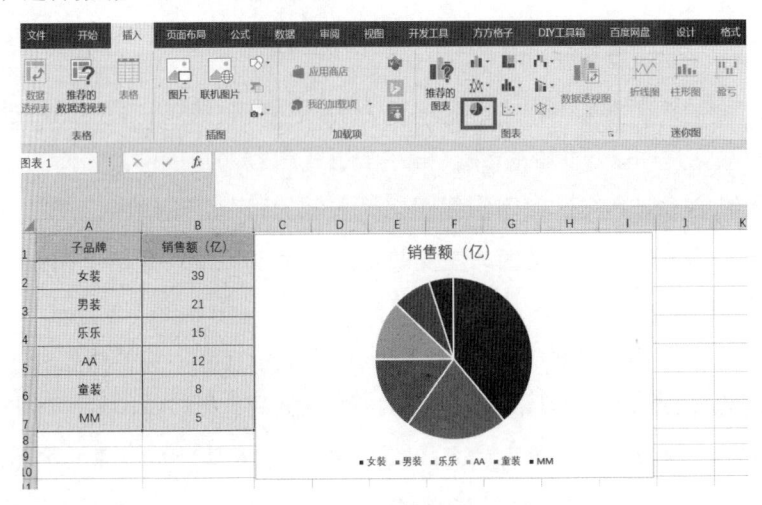

图 7-36　选择数据并插入饼图

第七章 人力资源数据分析建模：数据图表设计原则 | 095

（2）我们选择的饼图是一个默认的图表，接下来需要对图表做一些美化，首先需要把图表的图例放到图表的扇形区里。双击图表—快读布局—布局1。

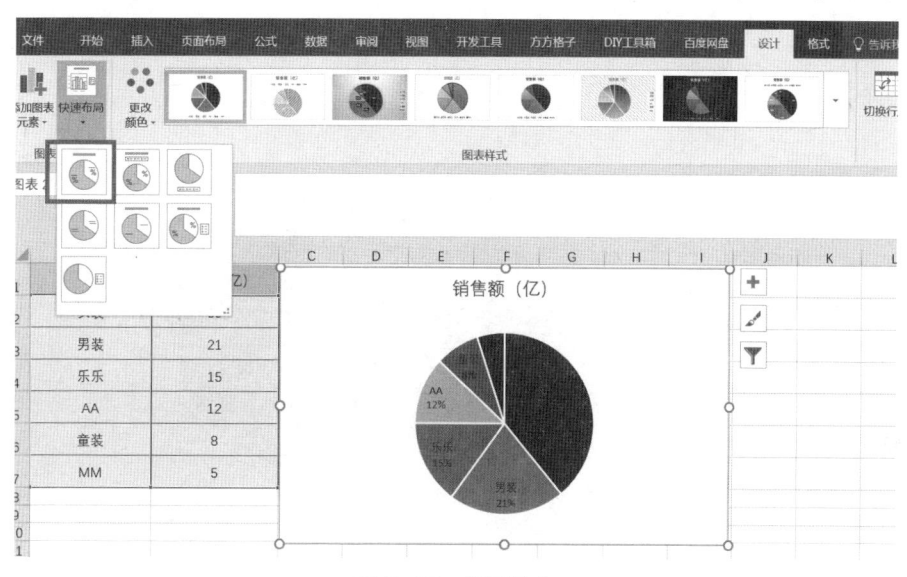

图 7-37　饼图美化

（3）对图表的颜色做选择，我们在讲图表设计原则的时候讲到饼图的配色以单色为主。更改颜色—选择蓝色主题。

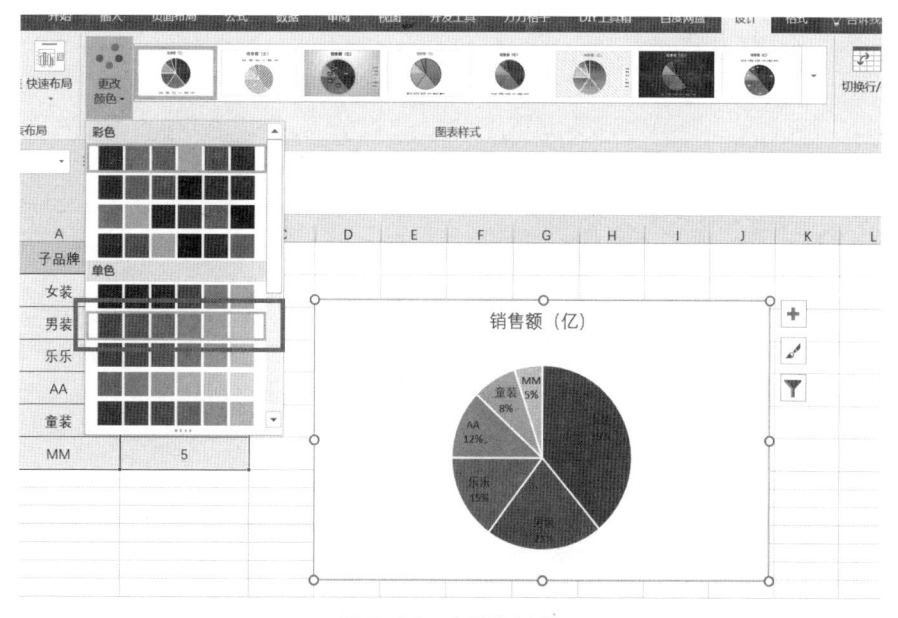

图 7-38　主题色设置

（4）选择饼图扇形区的文字，文字颜色选择白色，我们在进行文字颜色选择的时候，要和图表的底色成对比色，这样文字才可以更好地突出，然后加上主标题和副标题。

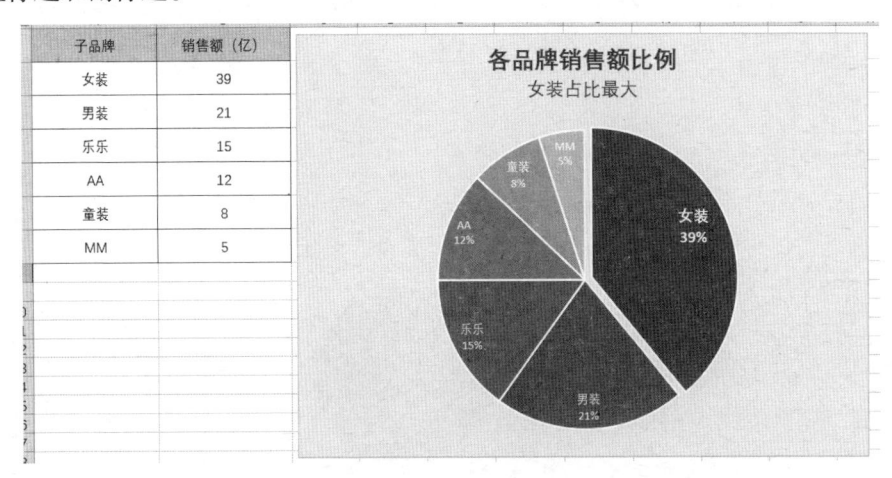

图 7-39　文字设计

（5）如果要做饼图扇形区的分离，可以点击饼图分离程度，调节数据就可以实现扇形区的分离。也可以双击你想要分离的扇形区，然后用鼠标拖离，需要注意的是你要选中单个扇形区，不能全部选择，如果全选，你拖离的时候就会使整个饼图都分离。

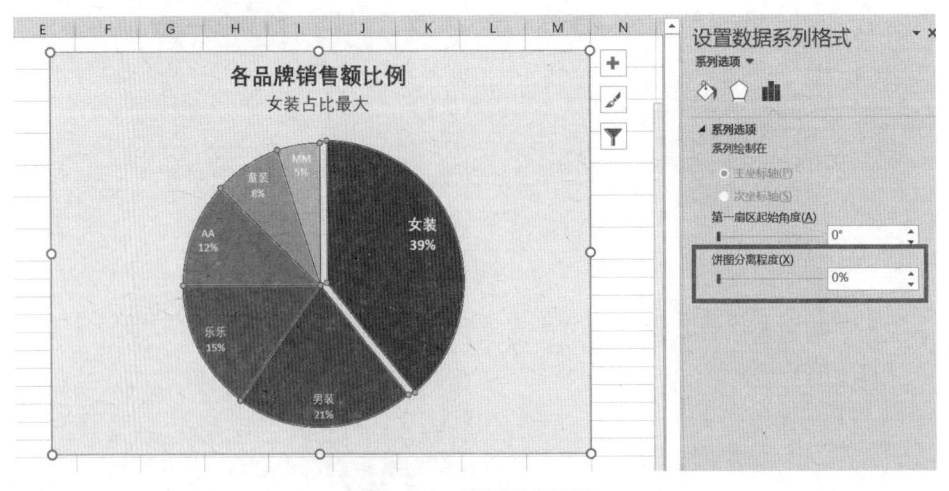

图 7-40　饼图分离设计

二、用柱状图绘制人员入离职的数据

我们想呈现每个月的员工入离职的人数，在表的设计上入职人数用正值，离职人数用负值，因为是时间的数据关系，所以在图表的选择上选择了柱状图来做数据的呈现，设计过程如图 7-41 至图 7-51 所示。

（1）选择数据表—插入—柱状图。

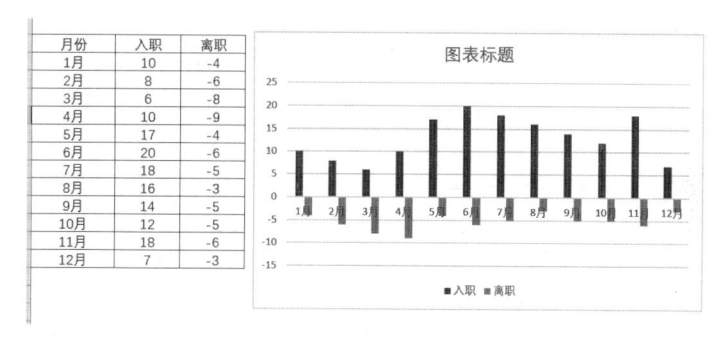

图 7-41　选择柱状图模型

（2）单击柱状图—系列选项—系列重叠变成 100%，把入离职的人数柱状图对齐。

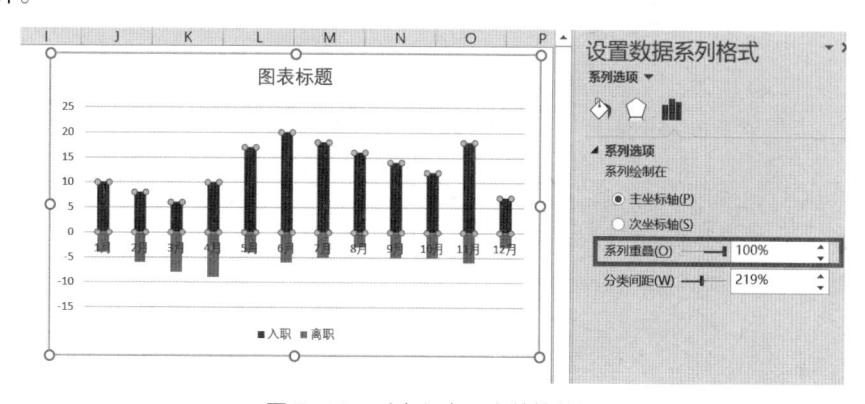

图 7-42　对齐入离职人数柱状图

（3）因为离职人数是负值，所以负值的柱状图把下面的月份时间遮挡了，这个时候我们需要把月份坐标移到图表的最下面。选择 X 轴的月份数据—刻度线之间—标签—标签位置—低，如果选择"高"刻度线就会移动到最上方，如果选择"无"，刻度线就会隐藏。

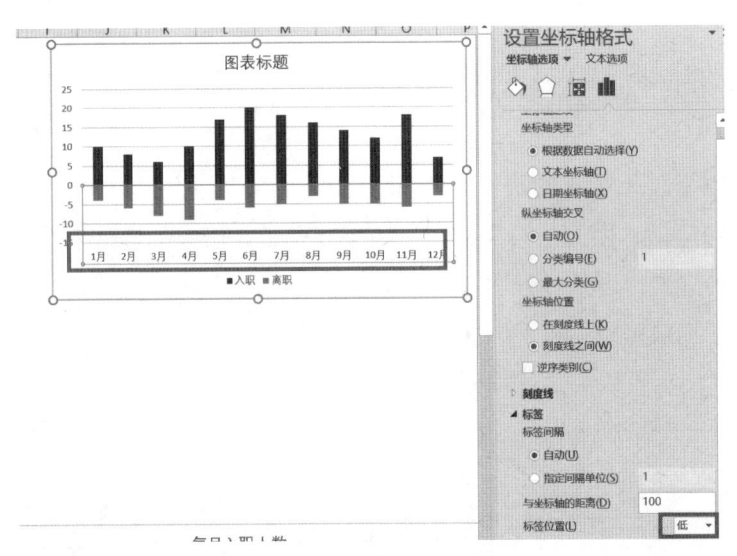

图 7-43　设置坐标轴格式

（4）对柱状图添加数据标签，选择数据图—图表元素—数据标签。

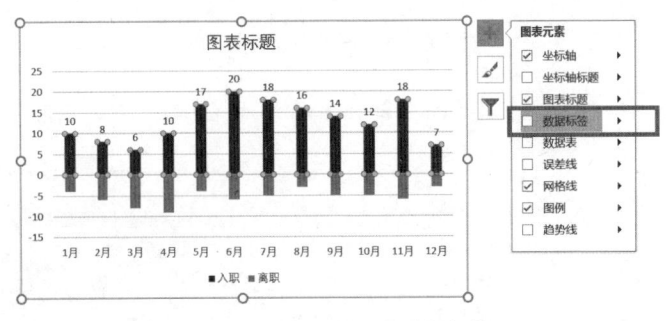

图 7-44　添加柱状图数据标签

在 Excel 里数据标签可以有不同的位置显示，你可以根据你的数据图标选择你要呈现的数据标签的位置。

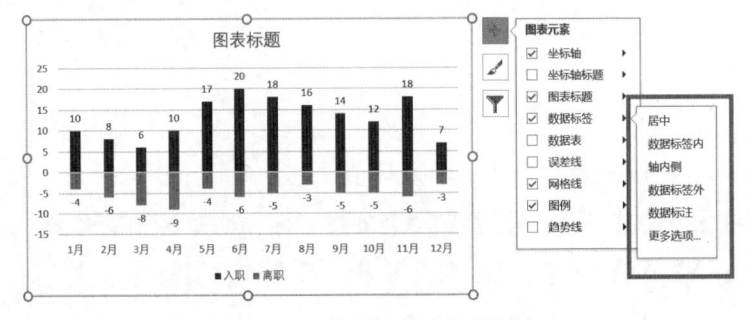

图 7-45　选择标签的呈现位置

如果你选择更多选项，会出现数据标签对话框，在这个对话框里你可以对你的数据标签添加各种类别的数据标签。

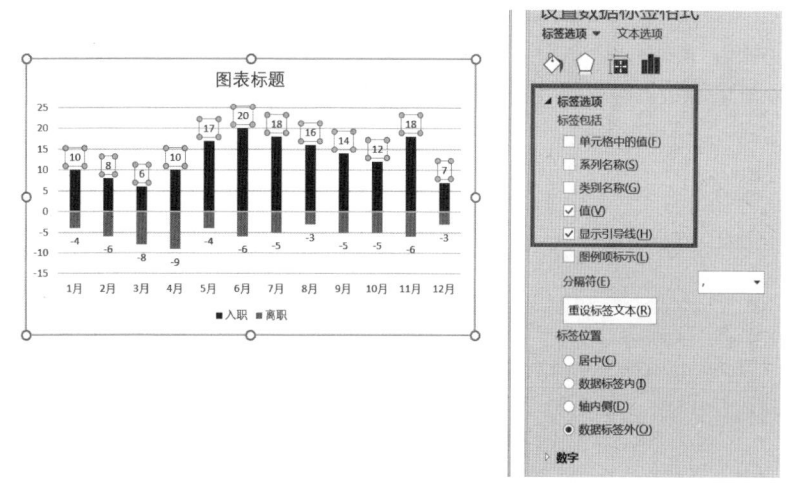

图 7-46　添加各类数据标签

（5）因为柱状图有正负值的数据，所以我们为了能更好地区分正负值，就需要对零刻度线加粗加黑。选择 X 轴月份刻度线—边框—选择黑色—宽度 1.5 磅。

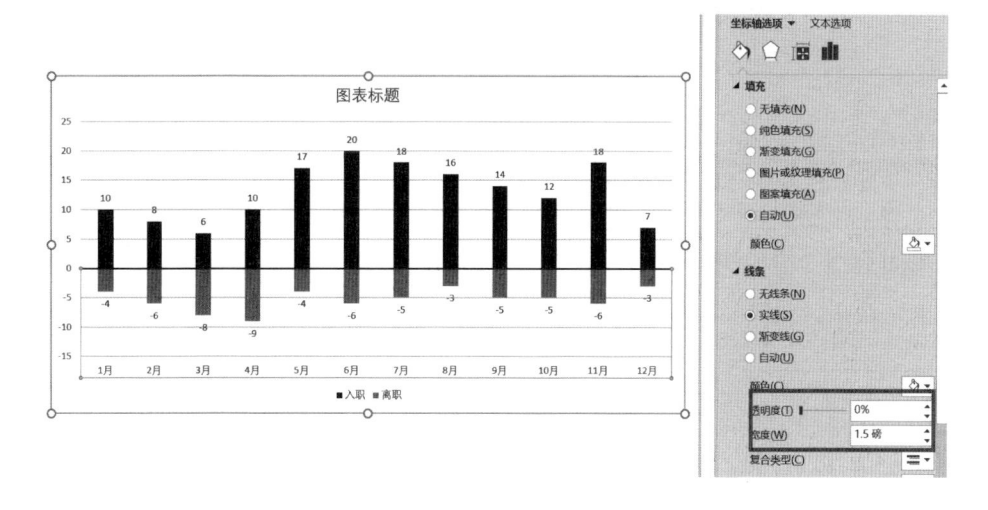

图 7-47　区分正负值设计

（6）为了每个柱状图可以对应每个坐标，我们需要为数据图表添加垂直的网格线。选择数据图表—图表元素—网格线—垂直网格线。在添加网格线的时候需要注意网格线一般为浅灰色。

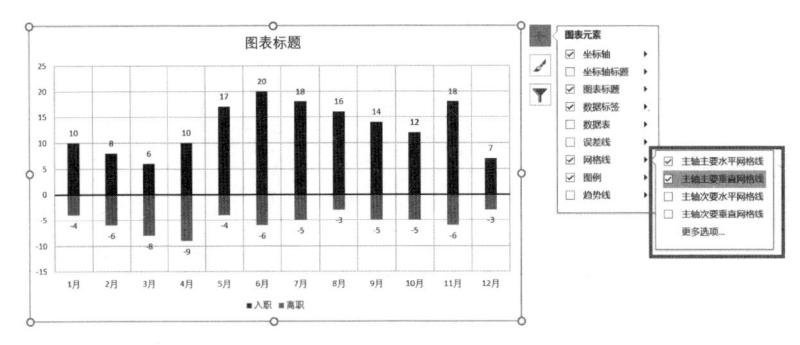

图 7-48　添加网格线设计

（7）在数据图表中，一般图例都会放到图表的最上方，在图例的位置选项中，有各种位置供你选择。选择数据图表图例—图例选项—图例位置—靠上。

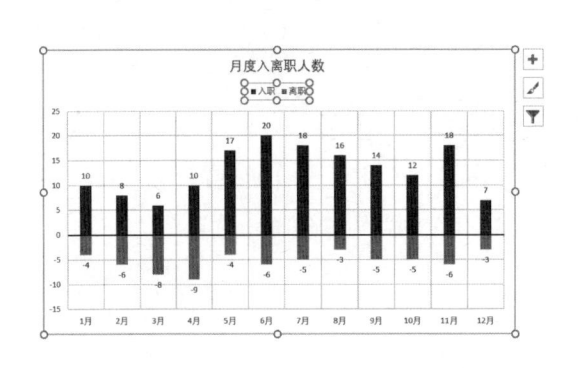

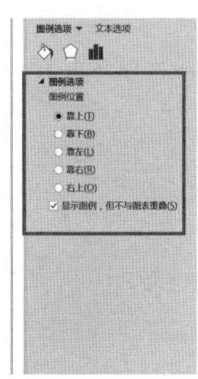

图 7-49　图例位置设计

（8）调整柱状图的分类间距，在条形图的设计原则中我们讲到在图标中柱状不能太细，需要进行适当的调整，最佳状态是柱状的宽度是空白处的两倍。点击柱状—系列选项—分类间距进行调节。

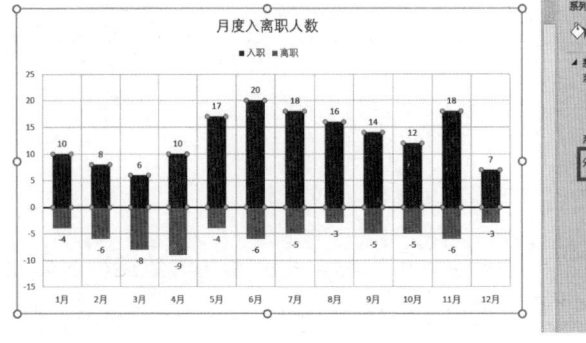

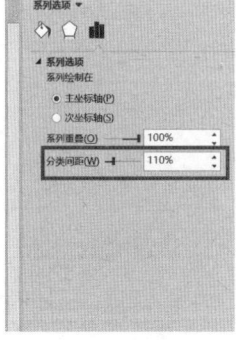

图 7-50　分类间距设计

（9）在原始的数据表格中，离职人数是用负值来表示的，所以在数据图表中，我们对离职人数做数据标签的时候显示的就是负值，如果我们想把离职人数的数据标签变成正值，但是不改变离职人数的位置，我们就需要在离职人数数据标签的数字格式上做设置。

选择离职人数数据标签—标签选项—数字—格式代码—0 添加。注意在输入中间分号的时候输入法要在英文模式下输入。

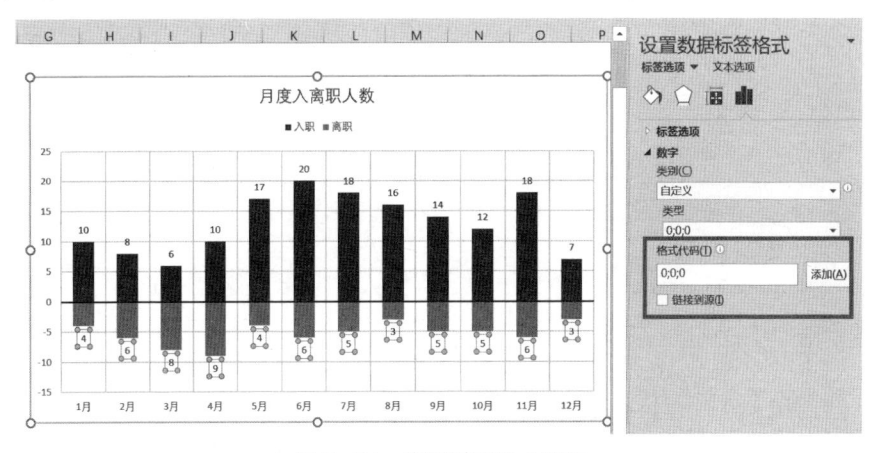

图 7-51　数据标签格式设置

三、店长薪资结构数据堆积图

下表是店长每个月的薪资构成，包含了基本工资和浮动工资，我们又对这两类工资做了一个薪资的占比，然后通过数据信息图表分别对薪酬量和占比做一个可视化的呈现。

在数据上有月份和薪资类别的字段，所以在数据图的选择上，我们选择了柱状数量堆积图和柱状成分堆积图，数量堆积图呈现的是工资数据的数量堆积，更加关注的是数值。成分堆积图呈现的是各个数据的百分比堆积，更加关注的是各类工资的数据占比。

表 7-2　店长薪资构成

月份	基本工资（元）	浮动工资（元）	基本工资占比	浮动工资占比
1月	3000	3000	50%	50%

续表

月份	基本工资（元）	浮动工资（元）	基本工资占比	浮动工资占比
2月	2800	2500	53%	47%
3月	3200	3200	50%	50%
4月	3300	3400	49%	51%
5月	2500	2000	56%	44%
6月	2400	2100	53%	47%
7月	2200	2400	48%	52%
8月	2800	2200	56%	44%
9月	2780	2500	53%	47%
10月	2100	2000	51%	49%
11月	3000	2300	57%	43%

（1）选择月份，基本工资，浮动工资数据—插入柱状数量堆积图。

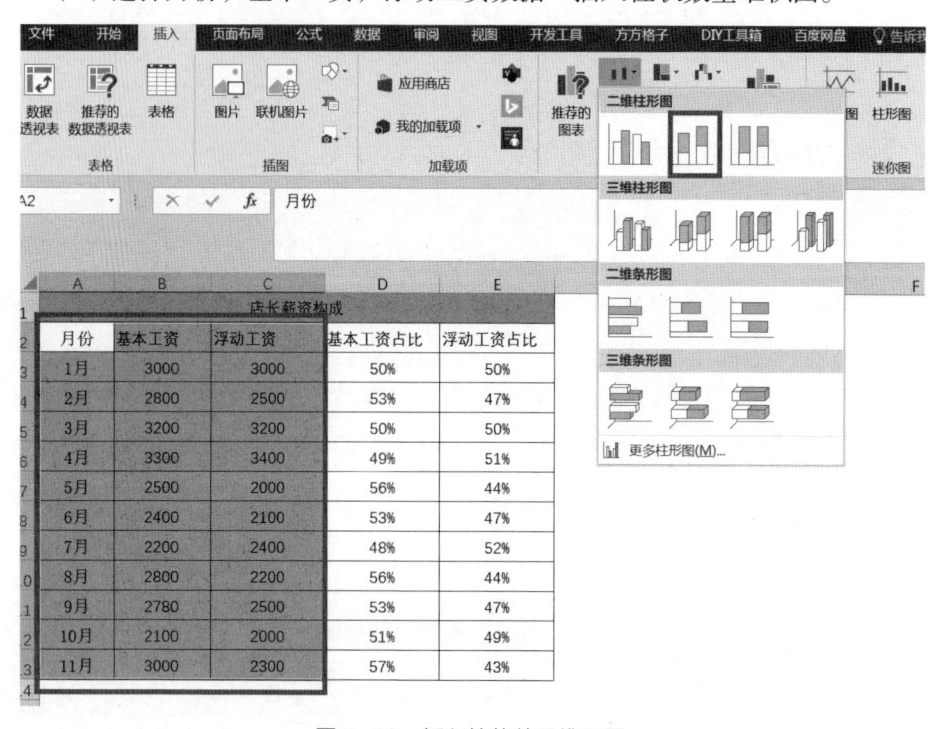

图 7-52　插入柱状数量堆积图

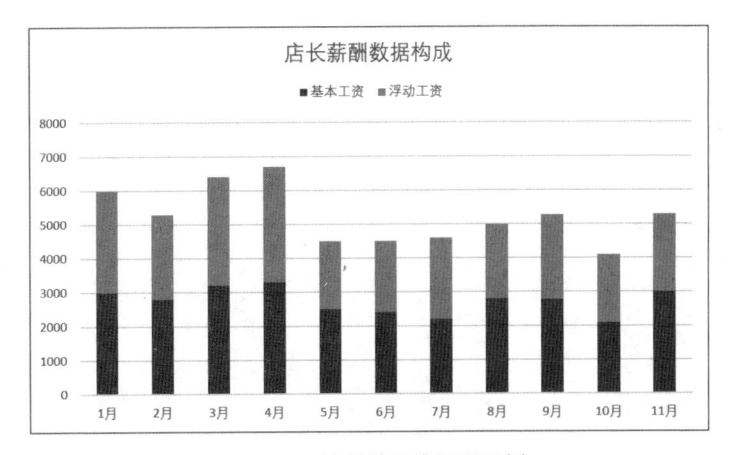

图 7-53　柱状数量堆积图示例

（2）柱状图表示的是时间的关系，所以我们希望能看到每个月工资类型的一个数据趋势，那就需要在数量堆积图上添加趋势线。添加图表元素—线条—系列线。

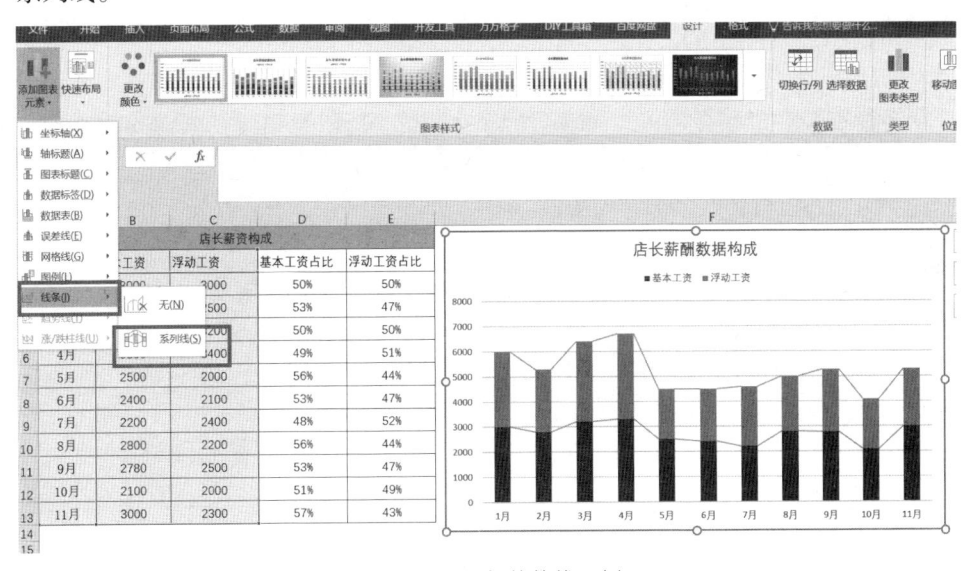

图 7-54　添加趋势线示例

（3）去掉横的网格线，并且给图表加上数据标签，加粗柱状图，突出零刻度线，对零刻度的线条给予黑色，并且加粗。

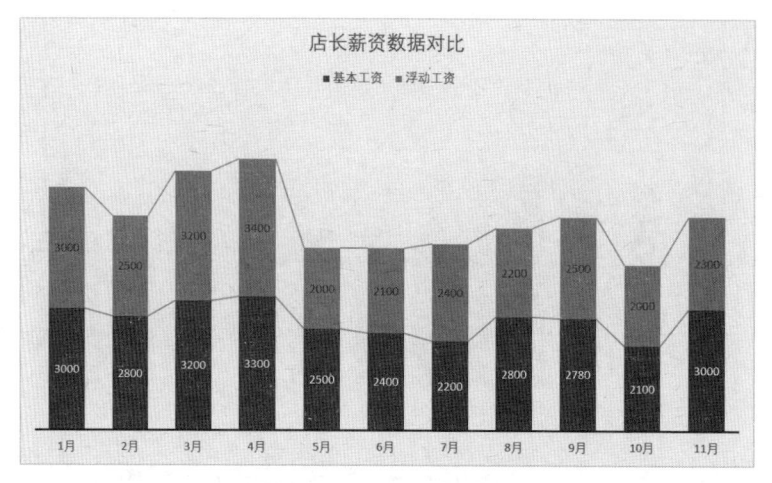

图 7-55　优化柱状图

（4）柱状图的数量堆积图表示的是各个月份的店长工资的数量的变化，那柱状图的成分堆积图表示的则是各个月份店长的薪资类别的占比。

选择月份数据—按住 Ctrl+ 基本工资占比 / 浮动工资占比—选择薪资类别占比—插入柱状图成分堆积图。

图 7-56　插入柱状图成分堆积图

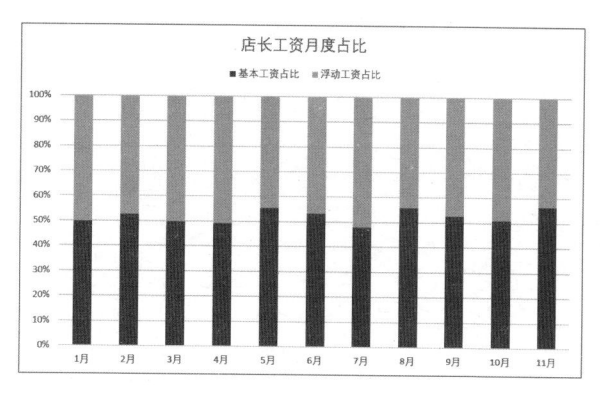

图 7-57　柱状图成分堆积图示例

（5）和数量堆积图一样，添加图表元素—线条—系列线。添加基本工资和浮动工资的数据标签。堆积图由于是两个字段的数据呈现，所以不管是在看柱状堆积还是面积堆积，都有两个维度看图。横线的数据看图主要是看数据类别在时间上的趋势，纵向的数据主要看每个月的数据的占比，结合横向纵向的数据交叉来对图表进行分析。

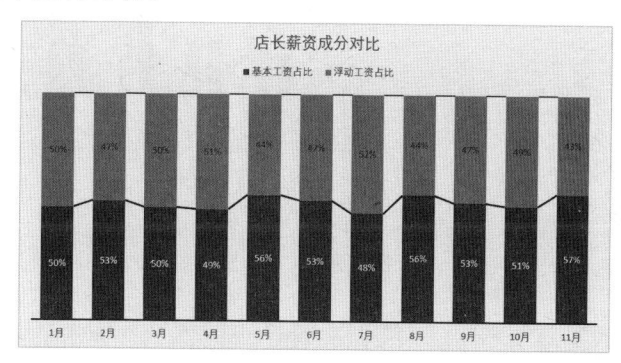

图 7-58　店长薪资成分对比图

四、柱状图嵌套分析企业经营数据

下面是企业年度的经营数据报表，包含年度的财务数据和各种数据的"率"。我们在讲数据图表设计的时候讲到过，根据数据分析的目的，我们可以设计不同的数据图表。

在这个案例里，我们想要呈现年度总收入和成本之间的关系，因为是以时间为维度，所以在图表的选择上我们选择柱状图，然后为了区分利润和成本的数据，做了柱状图的嵌套。

表 7-3　企业年度经营数据报表

年份	营业收入	总成本	营业利润	净利润	净利润率	主营业务利润率
2011 年	17.80	16.22	1.57	0.92	5.16%	8.82%
2012 年	25.65	24.33	1.32	1.01	3.93%	5.15%
2013 年	38.31	35.24	3.03	2.10	5.48%	7.91%
2014 年	49.99	43.90	6.08	4.30	8.60%	12.16%
2015 年	59.03	52.64	6.37	5.33	9.00%	10.79%
2016 年	63.20	58.78	4.39	4.21	6.66%	6.95%

（1）选择数据表字段—插入—柱状图。

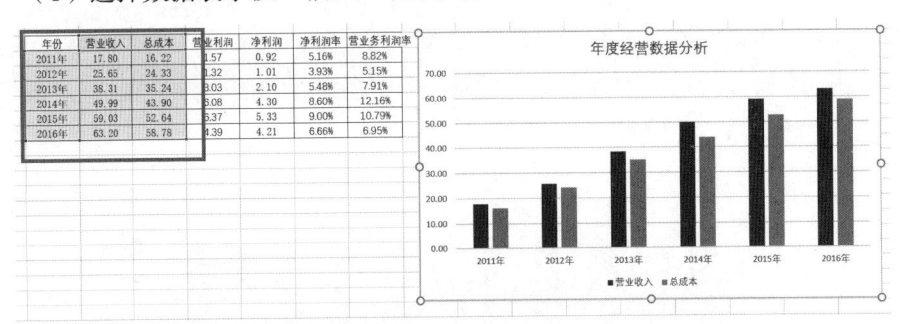

图 7-59　插入柱状图

（2）点击右键—更改图表类型—组合。

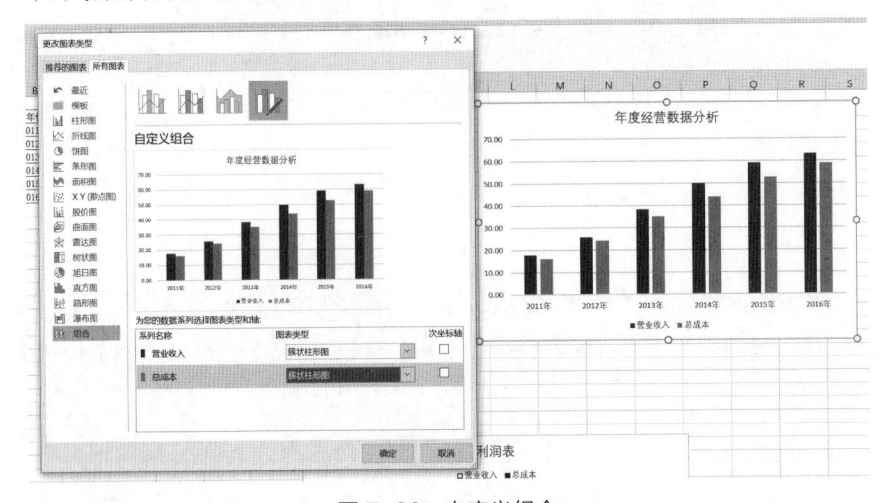

图 7-60　自定义组合

因为要对收入和总成本的数据做一个数据的嵌套来区分两组数据，就需要给成本数据一个次坐标，这样当我们对成本数据做"分类间距"调整的时候，就可以单独地进行间距的调整，不会影响到收入的这组数据。

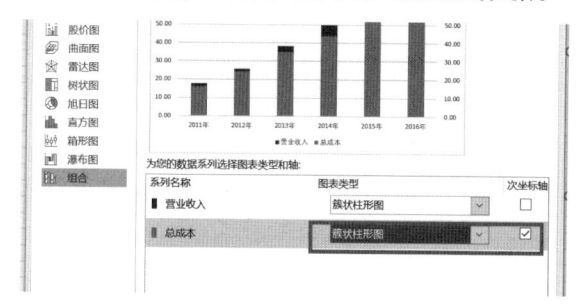

图 7-61　嵌套数据

（3）选择总成本的柱状图数据字段—设置分类间距数据。

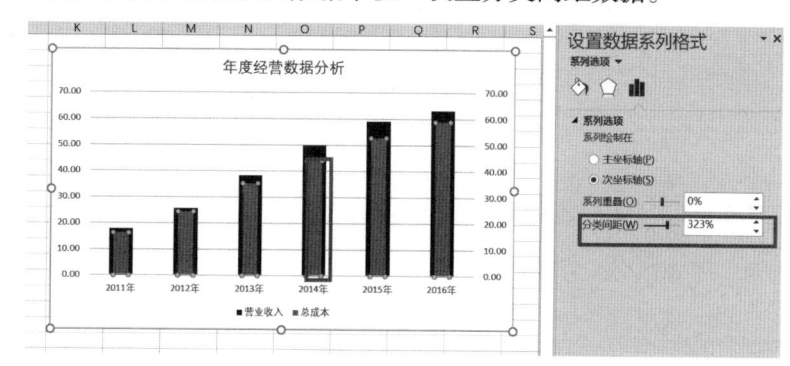

图 7-62　设置分类间距数据

（4）对数据图表的零刻度线进行加粗，更改数据图表中柱状图的颜色，移动数据图例到最上方。

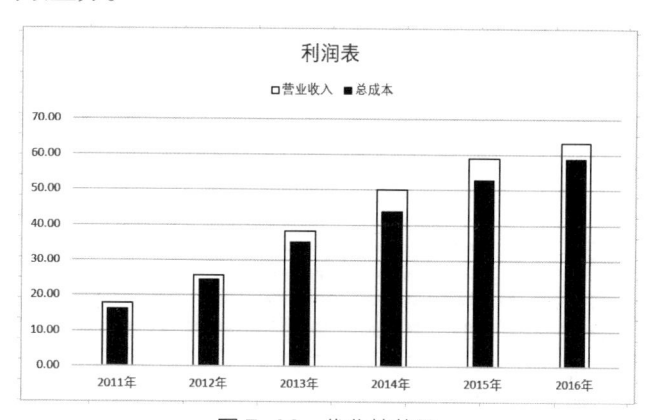

图 7-63　优化柱状图

五、用条形图显示各个城市的人数对比

下表是各个城市各类店铺的人员数量分布图,我们想对比3月各个城市的人员数据,在数据图的选择上我们选择条形图来做数据的呈现。

表7-4 各个城市店铺基本情况表

区域店铺	城市	A类	B类	C类	D类	其他	3月人数
一区	深圳	61	84	103	47	4	299
	汕头	18	21	11			50
	海南	67	61	56	4	1	189
二区	广州	66	93	80	25	20	284
	桂林	34	31	15	8		88
	柳州	13	23	17	12		65
	南宁	70	54	45	32		201
	顺德	62	69	47	21	5	204
三区	福州	74	43	41	28	12	198
	南昌	27	10	5			42
	厦门	28	27	31	8	10	104
合计		520	516	451	185	52	1724

(1)选择各个城市3月的数据,对数据进行排序,因为条形图的设计原则是从大到小进行排序—插入条形图。

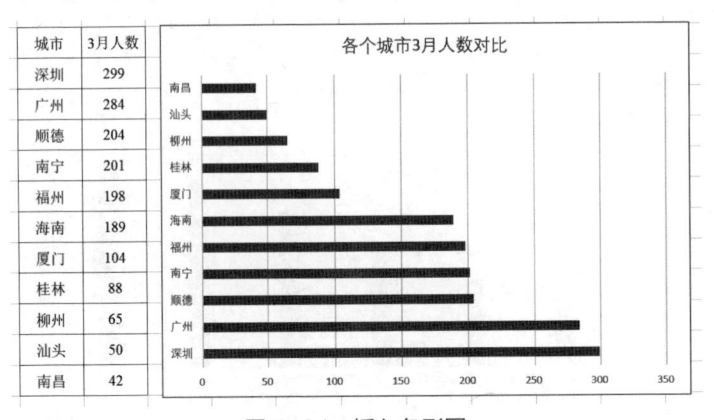

图7-64 插入条形图

在默认的条形图上你会发现条形图的数据排序和数据图表中的数据排序不一样，两个正好是相反的，所以我们对数据图表中的Y轴城市刻度进行一个逆序。

（2）选择Y轴城市坐标—坐标轴选项—逆序类别。当我们选择了逆序类别后X轴的刻度数据也会显示在图表的最上方，因为我们需要对数据图表做一个数据的标注，所以X轴的数据可以删除。

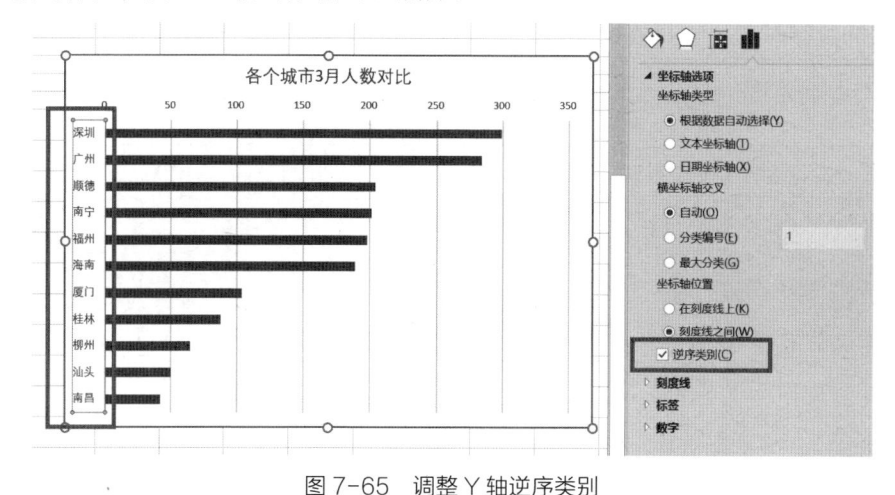

图 7-65　调整 Y 轴逆序类别

（3）选择数据图表—数据标注—添加横向网格线—对 Y 轴中的刻度线颜色加黑加粗。

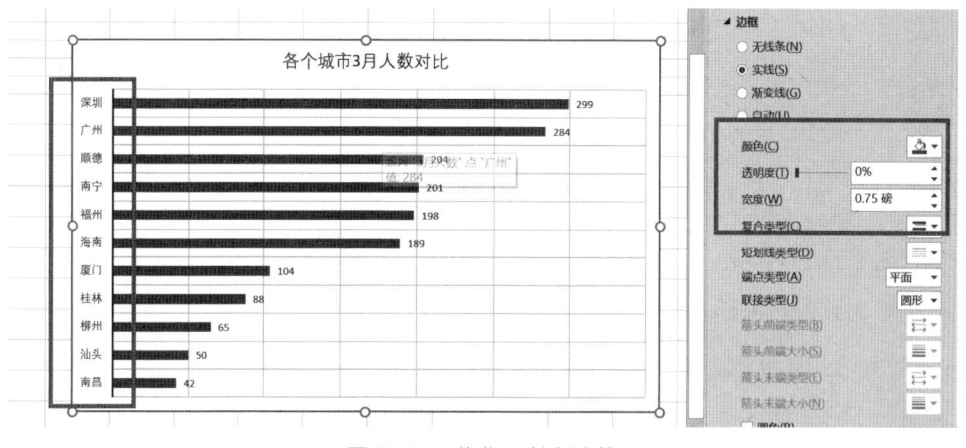

图 7-66　优化 Y 轴刻度线

六、各个城市店铺职位数量占比对比

下表是各个城市店铺各个职位的人数的数据分布，我们想通过数据图表来分析每个城市每个岗位的人数占比和各个岗位在总的区域的人数占比。

在数据图表的选择上我们选择了面积成分堆积图，通过面积堆积图的横向纵向的数据对比来分析各个城市的岗位人数。

表7-5 各个城市店铺各个职位人员数据表

城市	实习导购	初级导购	中级导购	高级导购	店助	初级店长	中级店长	高级店长
深圳	63	114	75	3	24	11	8	1
汕头	12	15	12	0	7	4	0	0
海南	26	62	66	5	12	17	1	0
广州	54	143	40	1	33	9	4	0
桂林	14	19	33	6	5	7	4	0
柳州	7	14	27	4	2	5	4	2
南宁	28	82	48	3	17	15	6	2
顺德	34	65	65	6	15	9	8	2
福州	48	41	51	13	20	17	8	0
南昌	5	4	12	14	1	4	2	0
厦门	20	30	25	10	10	5	1	3
合计	311	589	454	65	146	103	46	10

（1）选择数据表—插入面积成分堆积图，注意在面积图的选择上是"百分比堆积面积图"。

插入的面积成分堆积图如下图，我们需要对这个表进行各个细节的美化，在Excel的数据图表里有"样式"模式，在"样式"模式里，我们选择各类的数据图表的样式，可以一键进行美化。

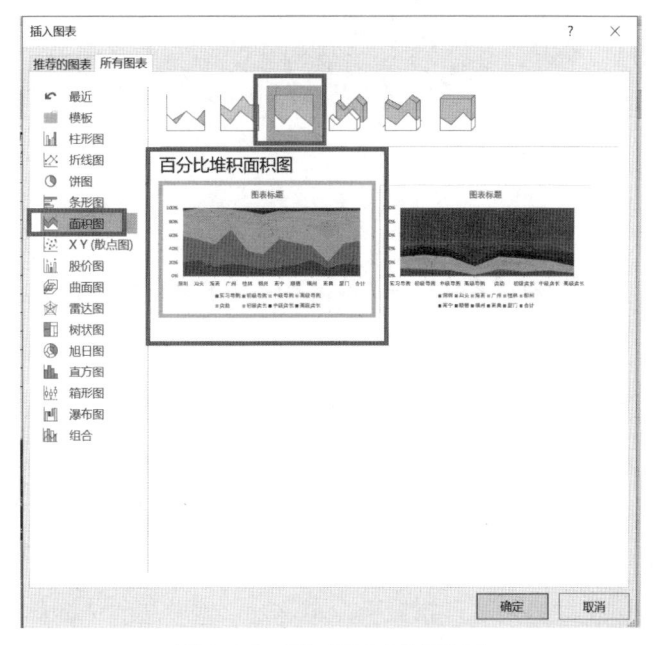

第七章　人力资源数据分析建模：数据图表设计原则 | 111

图 7-67　插入面积成分堆积图

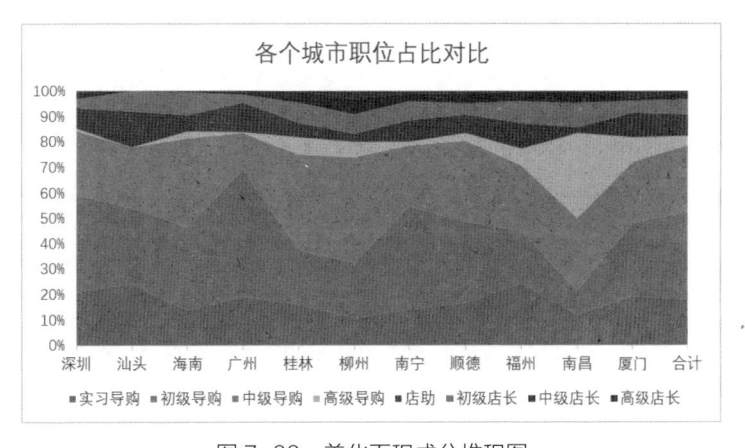

图 7-68　美化面积成分堆积图

（2）选择数据图标—设计—样式 2。

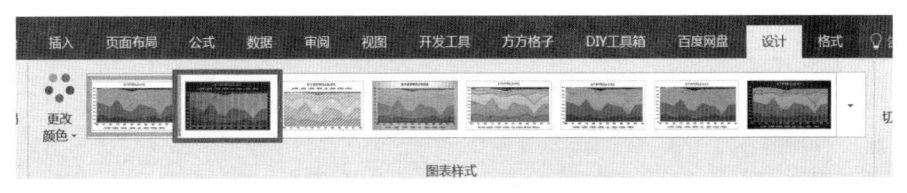

图 7-69　选择面积成分堆积图样式

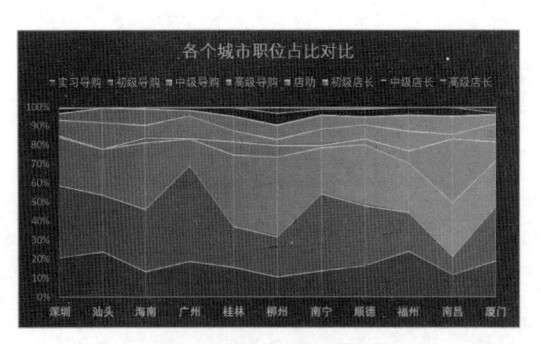

图 7-70 样式呈现

在这个面积成分堆积图中，我们用横向维度分析，初级导购和中级导购占所有岗位的比例最多，相对来说高级导购、高级店长比例是最少的，所以这两类岗位我们需要重点进行培养。

在纵向各个城市的数据上，南昌的数据有所差异，初级导购占比最少，高级导购的人数占比却是所有城市里占比最高的。在整个人才的梯队上，标准的是一个金字塔形的模型，底层的初级最多，往上的高级的人数慢慢减少，所以我们要关注一下南昌的基层导购的人数，招募新的营业员。

七、各城市工龄和公司平均工龄对比

表 7-6 是各个城市各类店铺的工龄的数据，汇总了各个城市的平均年龄和公司的平均年龄，我们想对这两组数据做一个数据对比，分析判断哪些城市的工龄是低于公司的平均年龄的。

表 7-6 各城市店铺工龄表

地区 2	A 类	B 类	C 类	D 类	未分	平均	公司平均
深圳	0.8	0.6	0.8	0.5	0.3	0.7	0.8
汕头	0.8	0.6	0.8			0.7	0.8
海南	1	1.1	1.2	0.8	1.3	1.1	0.8
广州	1.1	0.7	0.8	0.8	0.6	0.8	0.8
桂林	1	1	0.7	0.7		0.9	0.8
柳州	1.2	1.4	1	0.8		1.1	0.8

续表

地区2	A类	B类	C类	D类	未分	平均	公司平均
南宁	1	1.1	0.8	0.9		1	0.8
顺德	1.2	0.8	0.9	0.8	1	0.9	0.8
福州	0.7	0.7	0.5	0.5	0.3	0.6	0.8
南昌	0.7	1.3	0.7			0.8	0.8
厦门	0.9	0.7	1	0.6	0.4	0.8	0.8
平均	0.9	0.8	0.8	0.7	0.5	0.8	0.8

（1）选择城市数据，按住Ctrl+城市平均，公司平均—插入折线图。

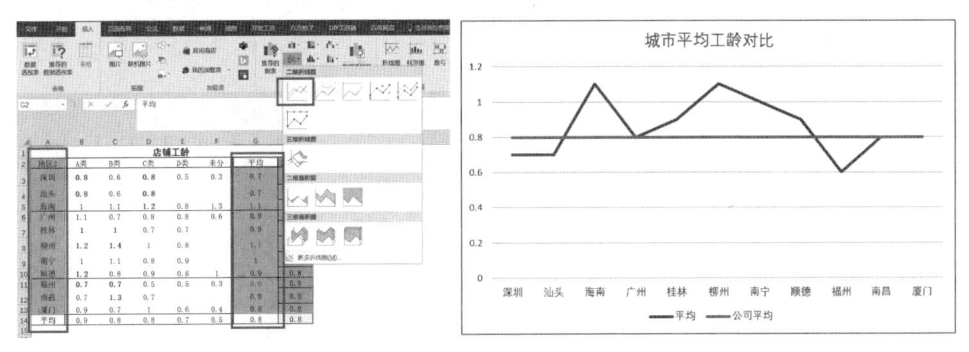

图7-71 插入折线图

默认的图表有两条折线，一条是各个城市的平均工龄，另一条是公司的平均工龄。对各个城市的平均工龄做数据标记。

（2）选择平均—选择选项标记—内置—圆形—大小6。

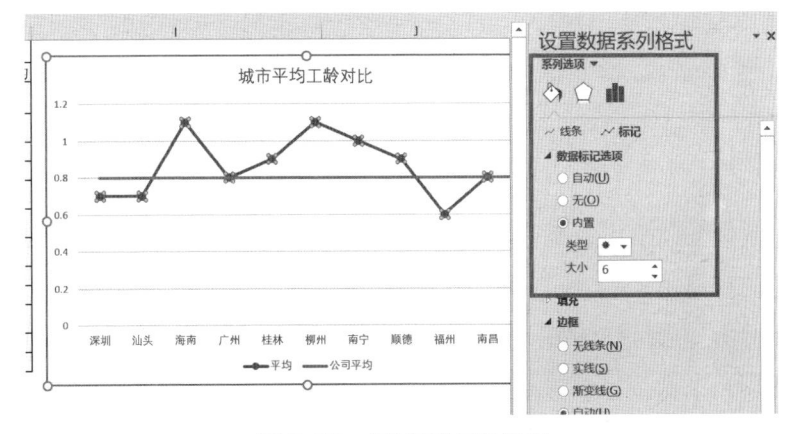

图7-72 标记平均工龄数据

（3）填充白色—边框黑色，需要注意的是，这里的填充和边框都是数据标记里的填充和边框，并不是折线本身的边框。

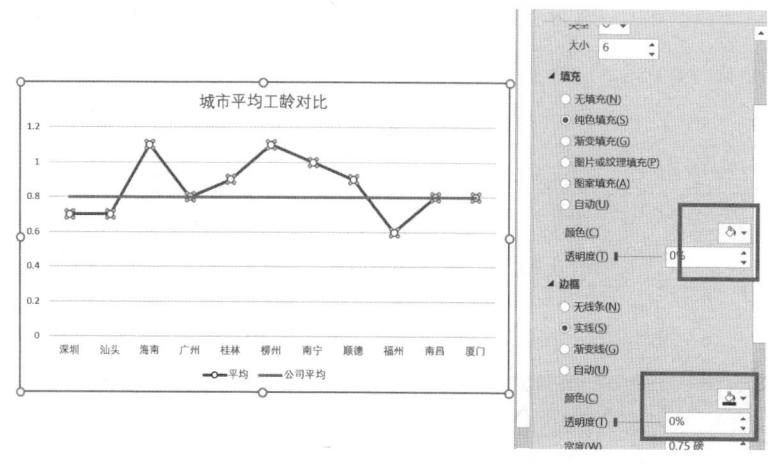

图 7-73　填充数据标记边框

（4）选择折线—线条选择黑色—宽度1.5磅。因为我们的折线的颜色要和标记的边框颜色一样，所以在选择折线颜色的时候我们选择黑色。

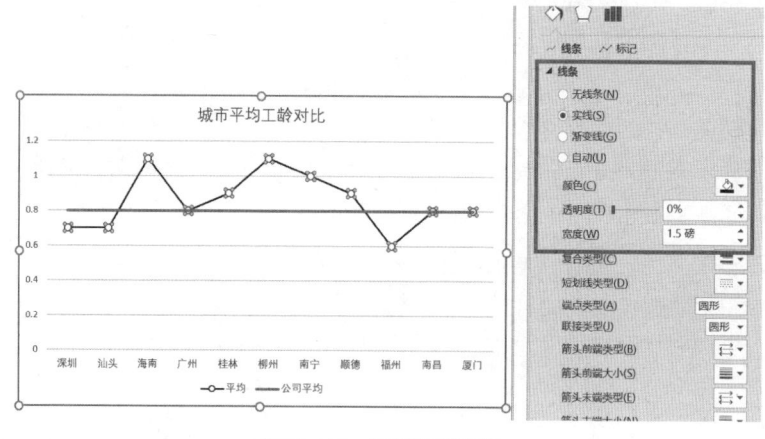

图 7-74　选择折线颜色

（5）选择公司平均折线—颜色选择红色—短线类型变成虚线，以便区分和公司平均的数据。

（6）双击平均折线的第一个数据值—点击图表元素—点击数据标注，在你点击的数据点上就会出现数据标记，在数据标记上可以显示数据的类别和数据的值，并且可以对数据标记加底色。

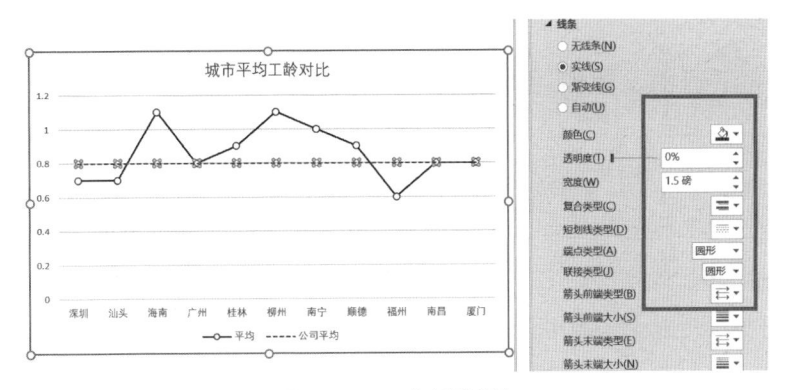

图 7-75 区分折线颜色

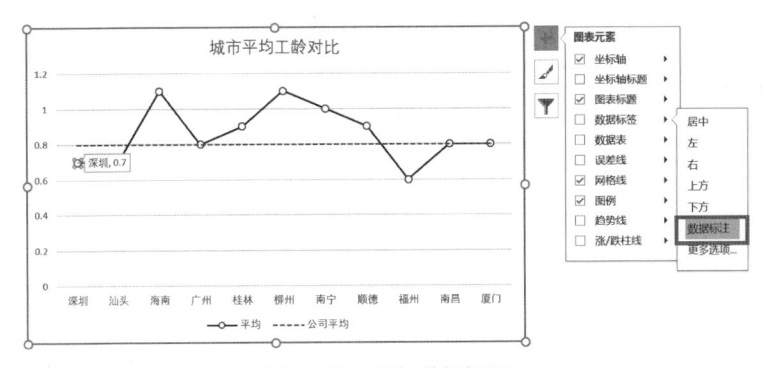

图 7-76 添加数据标记

（7）对折线数据加数据标签，对零刻度加粗，加上垂直的网格线。在这个数据图表上，我们以公司平均的工龄数据线为标准，来对比各个城市的平均工龄数据。我们通过这个图表可以看到福州的工龄数据是最低的，新员工比较多，我们就要这个区域员工多加关注。

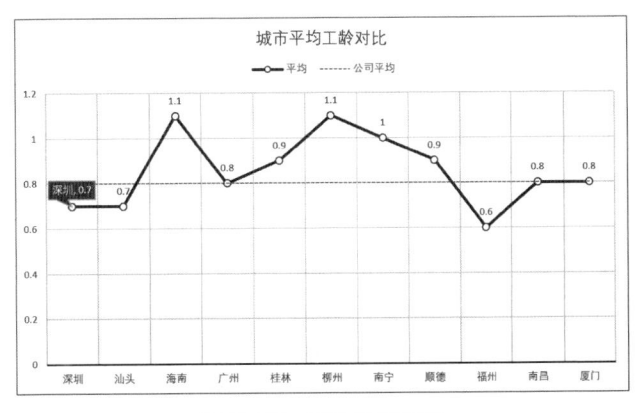

图 7-77 添加数据标签

八、年度工资增长比例组合图

表 7-7 是各个城市的店长两年月度工资平均值数据和工资的增长比例值，我们希望通过数据图表的形式来呈现下面这个表。在数据图表的选择上我们选择了柱状图和折线图的组合图，两年的月度平均工资数据用柱状图表示，工资的增长比例用折线图来表示，一般涉及"率"的数据都选择折线图。

表 7-7　各个城市店长两年月度工资数据表

城市	2008 年店长平均工资（元）	2007 年店长平均工资（元）	增长比例
海南	2272	1827	24.36%
汕头	1932	1879	2.82%
深圳	2551	2311	10.39%
广州	2954	2436	21.26%
桂林	2134	1912	11.61%
柳州	2001	1818	10.07%
南宁	1902	1760	8.07%
顺德	2737	2401	13.99%
福州	2510	1947	28.92%
南昌	1635	1694	-3.48%
厦门	2593	2203	17.70%

在做这个组合图的时候需要注意的是，店长的平均工资和增长比例之间的数据差异很大，一个是以千为单位的数据，另一个是百分比为单位的数据，所以如果用一个数据坐标，就会出现增长比例的折线图变成一条几乎看不见的直线，我们在设计组合图的时候要对增长比例数据给予一个次坐标。

（1）选择数据表格—插入组合图—增长比例选择折线图—打钩"次坐标"。

选择了次坐标后，在生成的组合图中有两个坐标，左边的是店长平均工资的坐标，右边的是工资增长率的坐标。如果看下面的组合图，我们第一感觉好像所有城市的工资增长率都是正值，但是你仔细看，会发现其实南昌的工资增长率是负值。

图 7-78　设置次坐标

出现这种情况的原因是数据图表中的主坐标和次坐标的 0 刻度没有对齐，导致了折线图的视觉误差，所以在组合图里，如果数据有负值的，一定要注意两个坐标的 0 刻度有没有对齐。

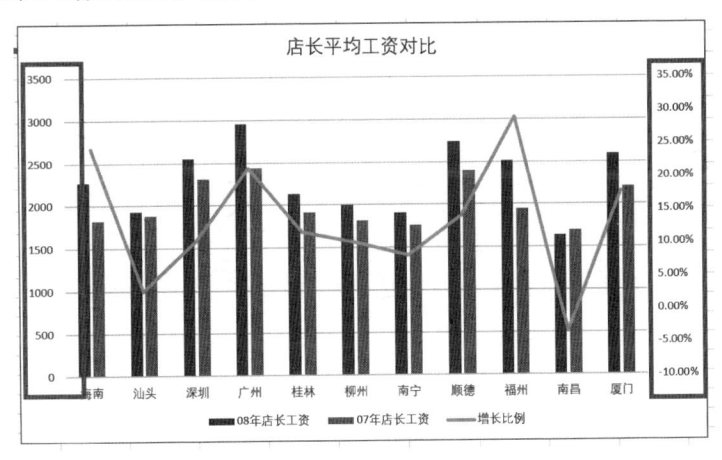

图 7-79　未对齐主坐标与次坐标刻度示例

如何对齐主坐标和次坐标的刻度，两个坐标的最大值和最小值要是一个等比的关系，如下面这个组合图，次坐标的最大值是 35%，最小值是 –10%，主坐标的最大值是 3500，如果按照等比的关系，主坐标的最小值应该是 –1000。

（2）点击主坐标刻度—坐标轴选项—最小值输入"-1000"。

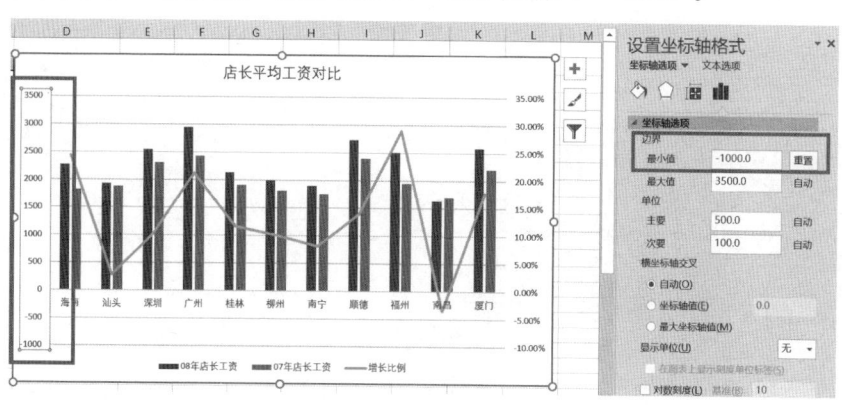

图 7-80　设置主坐标刻度

（3）单击图表—选择 X 轴城市坐标—标签—标签位置"低"。

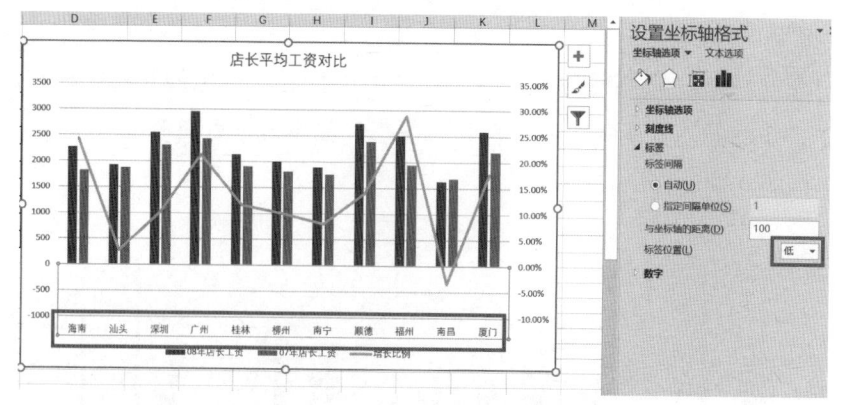

图 7-81　设置 X 轴标签位置

（4）选择柱状图—系列选项—系列重叠—设置重叠度。

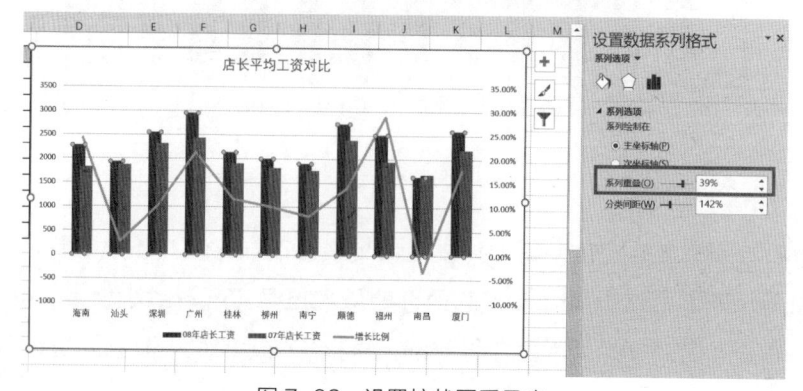

图 7-82　设置柱状图重叠度

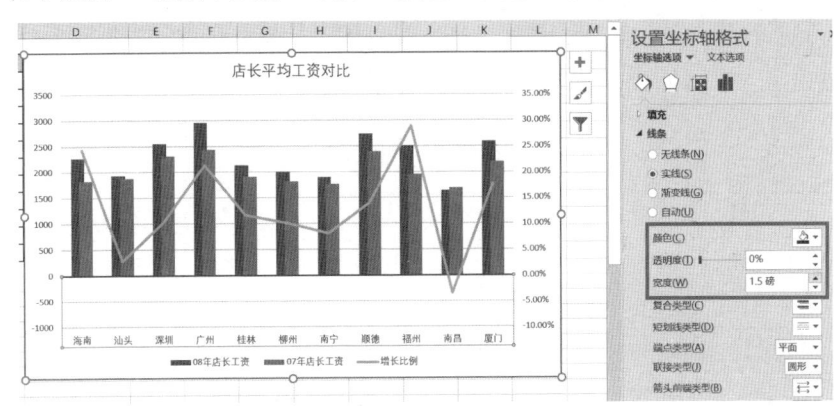

第七章 人力资源数据分析建模：数据图表设计原则 | 119

（5）选择 X 轴城市坐标—线条—颜色"黑色"—宽度"1.5 磅"。

图 7-83 优化 X 轴城市坐标

（6）选择折线图—添加数据标记—添加数据标签。

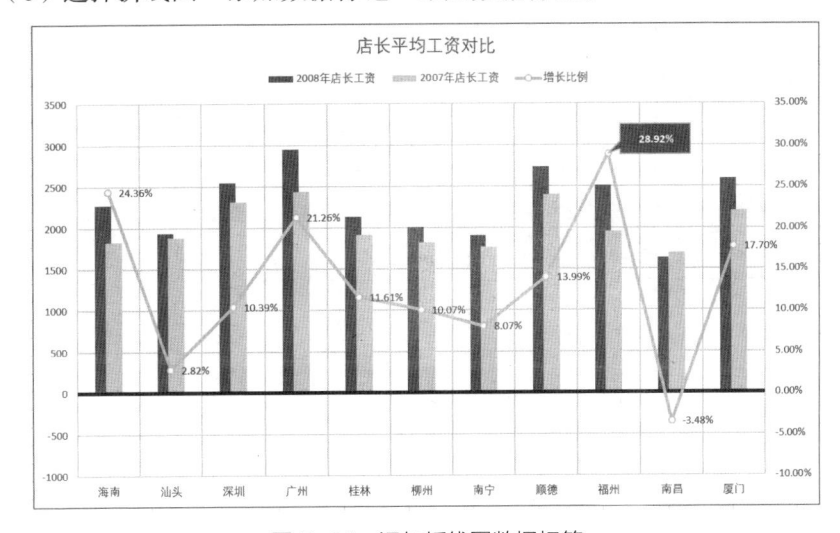

图 7-84 添加折线图数据标签

通过上图的组合图，我们可以很清晰地看到每个城市的 2007~2008 年的工资的分布和增长曲线，并为薪酬的调整做一个参考依据。

九、用折线图来绘制公司薪酬曲线

下面是一个薪酬数据分析表，数据表里以公司的职级为维度，包含了市场各个分位值的数据和公司内部薪酬的中位值和最大、最小值。我们希望通过这个表格的数据来分析公司各个职级薪酬的竞争力,和外部市场薪酬的数据对比。同时通过薪酬曲线来分析公司内部薪酬结构的合理性。从外部和内部来做薪酬分析。

根据需求,我们先来绘制公司内部薪酬曲线和外部市场数据对标的曲线图。

表 7-8 某公司薪酬数据分析表

职级	市场职级薪酬水平					公司职级薪酬水平		
	P10	P25	P50	P75	P90	最大值	中位值	最小值
1	67,181	88,686	113,608	144,813	168,146	90,829	90,829	90,829
2	76,521	101,450	130,521	167,247	194,937	143,856	116,464	84,293
3	87,159	116,050	149,951	193,157	225,998	161,001	109,598	74,620
4	99,277	132,752	172,275	223,081	262,007	243,209	180,270	160,972
5	113,079	151,857	197,921	257,641	303,755	267,492	179,457	132,132
6	128,799	173,713	227,386	297,555	352,154	206,257	172,917	139,577
7	146,706	198,713	261,237	343,652	408,264	274,134	220,953	184,266
8	167,102	227,312	300,127	396,891	473,315	404,413	346,104	287,795
9	190,333	260,026	344,807	458,378	548,731	438,514	359,577	289,651
10	216,794	297,449	396,138	529,389	636,164	625,984	505,792	433,806
11	246,934	340,258	455,112	611,403	737,528	583,013	512,718	448,317

(1)选择市场分位值数据—按住 Ctrl,选择中位值数据—插入—折线图。

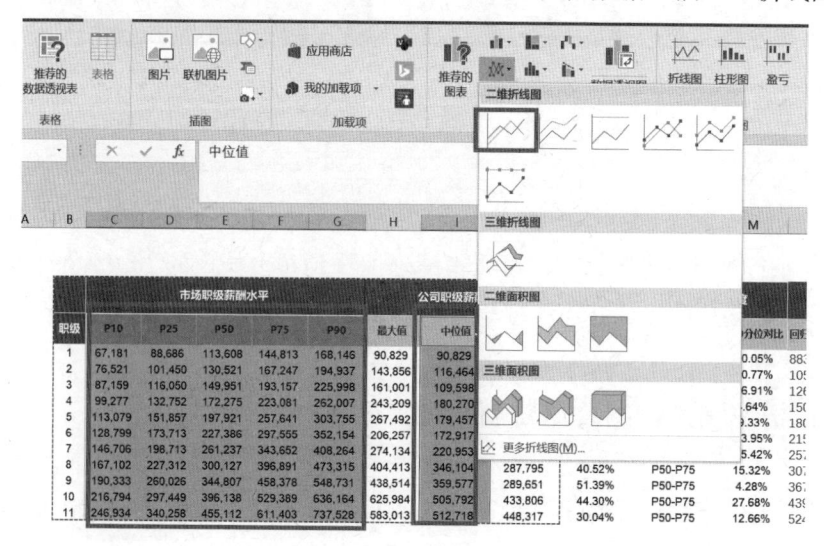

图 7-85 绘制折线图

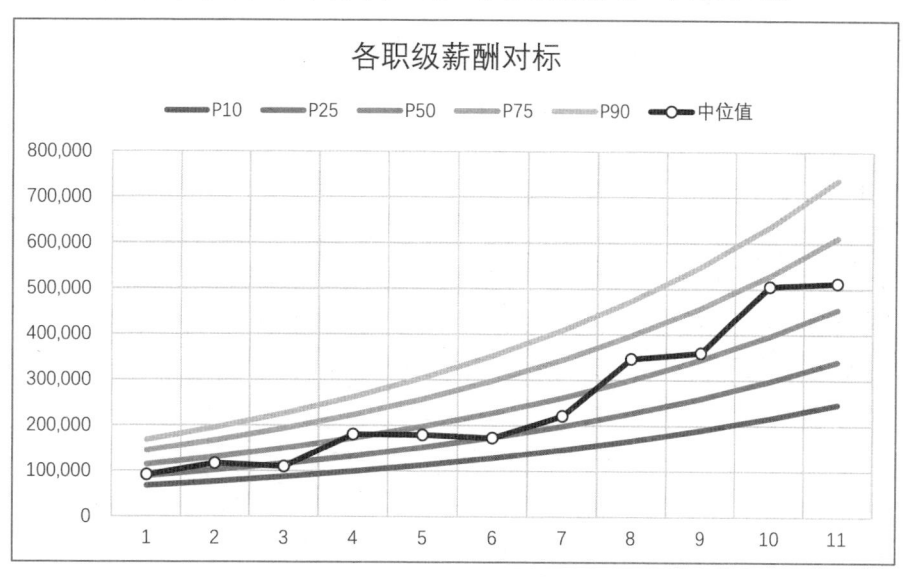

（2）单击中位值曲线—更改为红色—添加数据标记—图例靠上。

图 7-86 优化中位值曲线

横向的数据是内部的薪酬结构数据分析，我们可以根据薪酬曲线来判断公司内部薪酬。

纵向的是各个职级在市场 5 个分位值上的数据分布，我们可以根据中位值曲线的数据落点来判断每个职级在市场上是在哪个分位置，从而判断职级薪酬的竞争力。

十、用组合图绘制薪酬宽带曲线

图 7-86 是薪酬曲线的折线图，从内部、外部来做薪酬的分析，这个案例我们来做薪酬宽带的组合图，薪酬宽带的组合图我们用柱状图和折线图来做整体的图表设计。薪酬的最大值和最小值我们用柱状图的重叠来实现，折线图呈现的是职级的中位值。

（1）选择最大值、中位值、最小值数据—插入组合图，注意各个数据的图表选择。

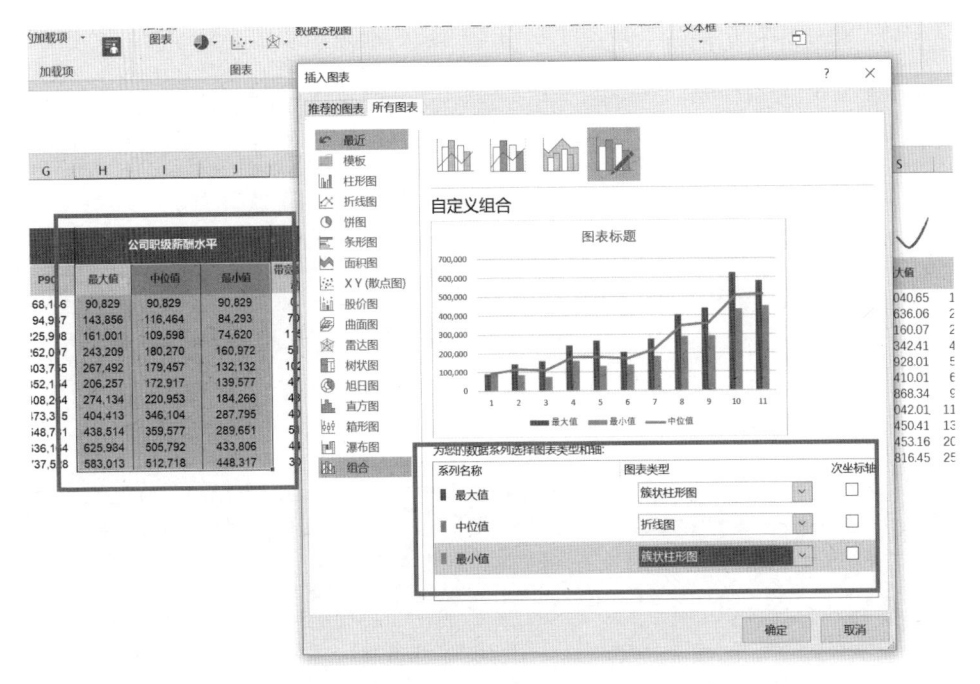

图 7-87 插入组合图

（2）选择系列重叠，重叠度 100%。

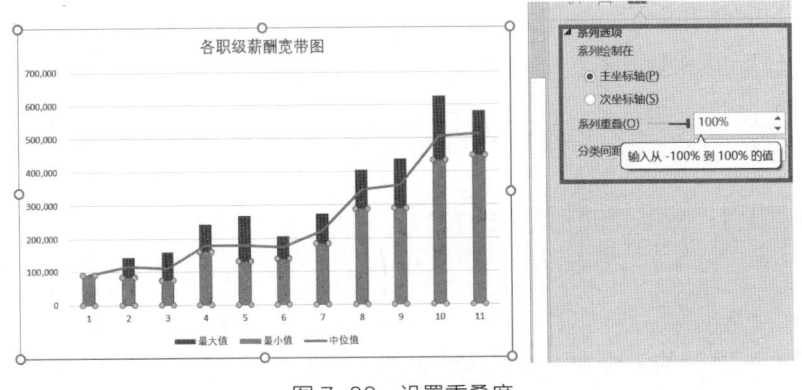

图 7-88 设置重叠度

（3）选择最小值的柱状图—颜色填充成和背景色一样的白色，这边需要注意的是填充的颜色根据背景色颜色设置的，所以在图表设计的时候，背景色不要用渐变色，如果用了渐变色，最小值就不能做隐藏。

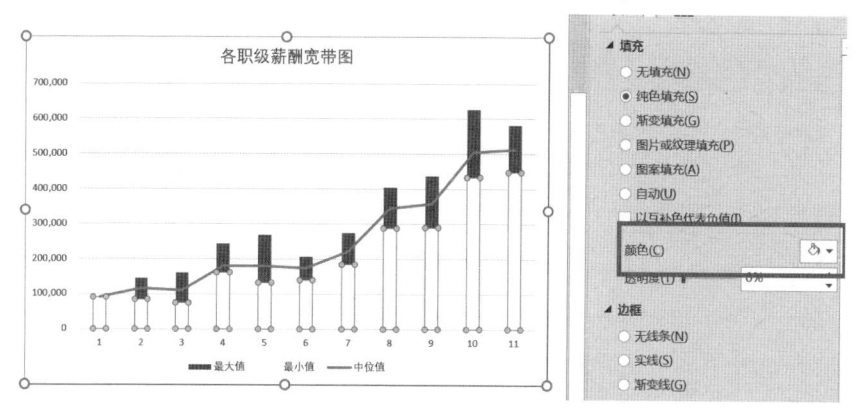

图 7-89　设置最小值柱状图颜色

（4）折线图设置数据标记—图例保留中位值，移动最上面—零刻度线加粗。

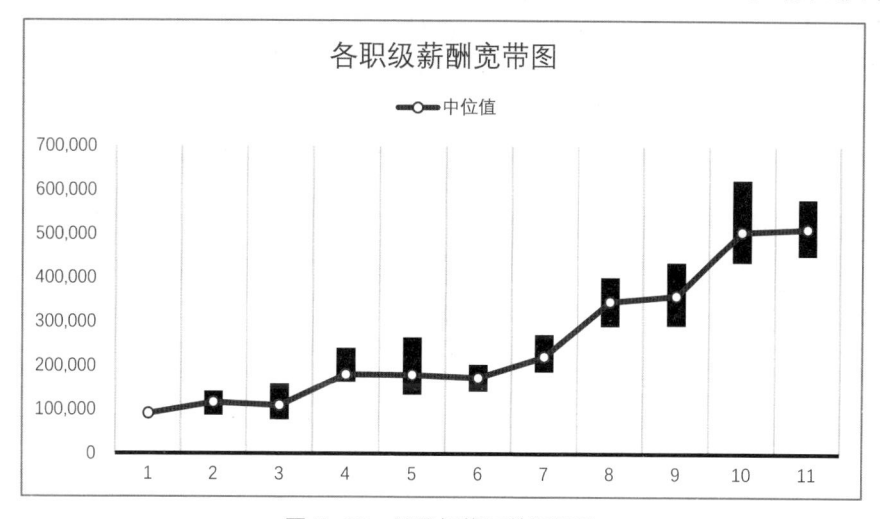

图 7-90　设置折线图数据标记

根据薪酬表格的数据，我们做出了薪酬宽带的数据分析图表，根据这个图表我们可以对比各个岗位的薪酬带宽、宽带的重合度，为薪酬调整做参考。

十一、用雷达图做岗位能力测评

下表是各个员工的各项能力的测评分数，我们想通过雷达图的形式来展现各个员工的能力分值，那我们先选第一位员工来做能力测评分值的雷达图。

表 7-9　员工各项能力测评结果

姓名	责任心	主动意识	抗压能力	大局观	执行能力	岗位知识	创新能力	协调沟通	问题解决
田某	90	85	80	80	90	95	80	85	90
张某	85	85	80	90	90	85	85	95	90
杨某	80	90	75	85	85	95	80	85	85
周某	90	80	90	80	85	85	85	80	95
方某	90	80	90	85	80	75	90	85	90
孙某	85	80	85	90	85	85	90	80	80
赵某	80	75	80	85	80	80	75	85	90
吕某	75	85	80	75	80	90	90	80	85
谢某	80	80	75	80	85	85	85	90	85
王某	90	95	90	90	85	80	80	95	90

（1）选择"田某"的能力分值数据—插入—散点图。

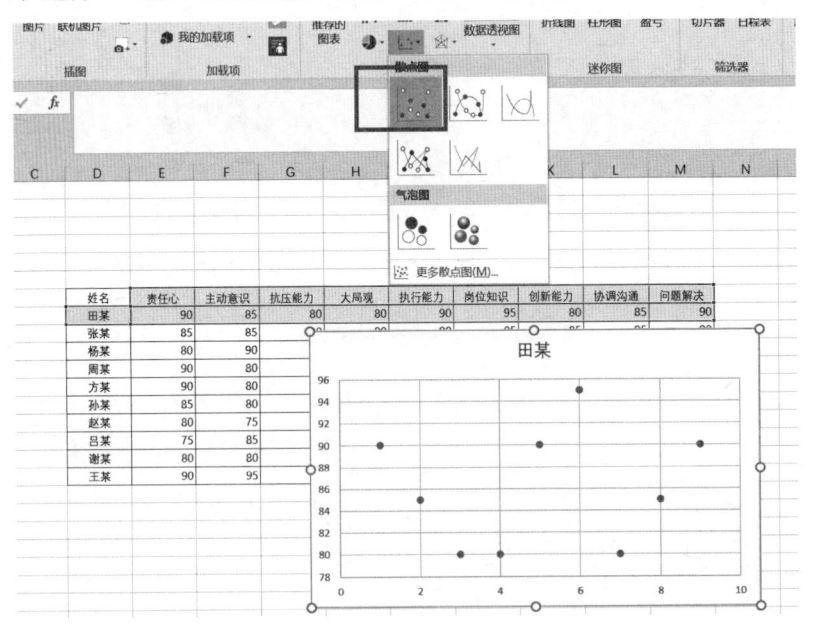

图 7-91　插入散点图

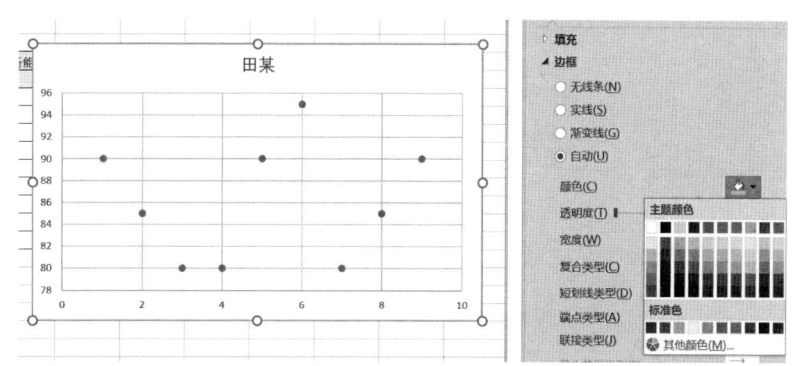

（2）选择散点图 Y 轴坐标——边框颜色填充成浅灰色。

图 7-92　填充 Y 轴边框

（3）点击右键——更改图标类型——选择雷达图。

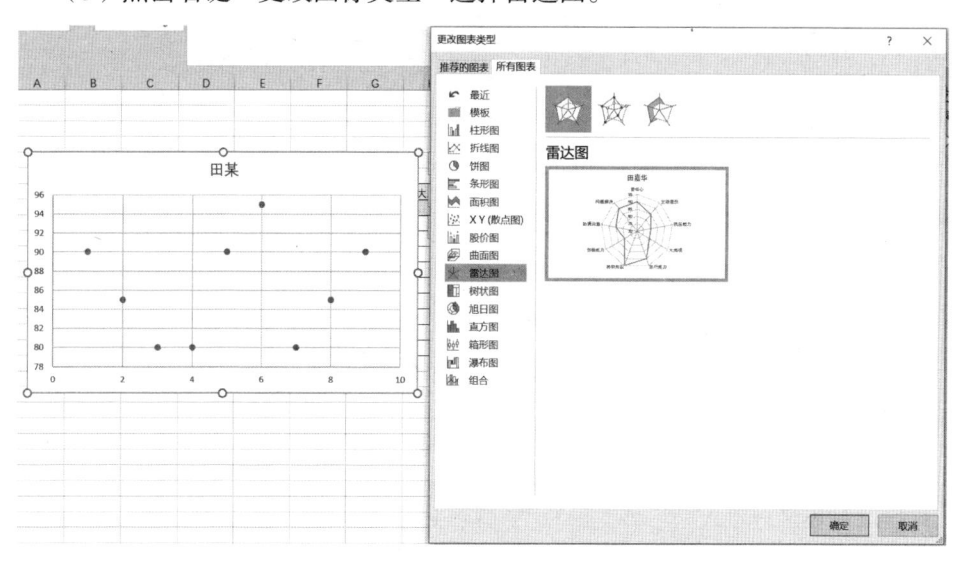

图 7-93　选择雷达图

（4）选择散点图的目的是通过改变 Y 轴的颜色，建立雷达图的网格线。更改雷达图的线条颜色，增加数据标记。下图做的是一个静态的个人的能力测评雷达图，那如果 HR 想看所有人的能力测评分值，不可能所有人都做一个雷达图，所以我们就会引入一个动态图表的概念，用窗体控件和 INDEX 函数来做动态图表，通过选择不同的同学，出现不同的雷达图，我们在讲数据建模的时候会具体讲到这个动态模型。

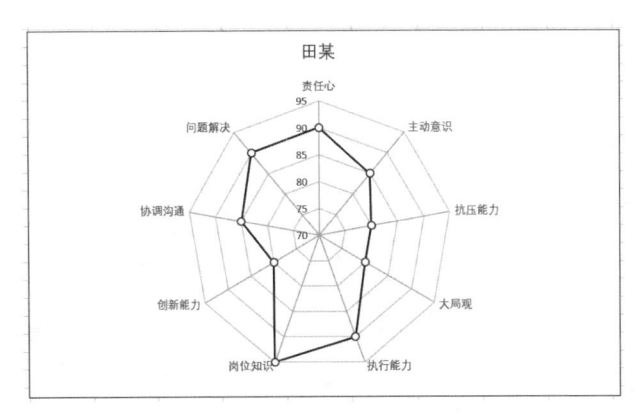

图 7-94　静态个人能力测评雷达图示例

十二、用气泡图来做员工离职预测模型

下面表格是员工离职的数据录入表，在这个表格里包含了离职的各个关键字段，我们需要对这些离职字段做数据画像，通过气泡图的形式来做离职人员预测。气泡图是散点图的衍生，比散点图有更多的分析维度，可以帮助我们做招聘、离职的人员画像。

在做离职人员预测模型中，我们选择的维度是工龄、年龄、薪资、级别，分别对应 X 轴、Y 轴、气泡大小、气泡颜色。

表 7-10　员工离职数据表

姓名	部门	岗位	工龄	年龄	离职时间	级别	离职原因	薪资
张三	物流部	物流规划	4	46	1月	总监	家庭原因	8000
栗某	运营部	客服副总监	2	35	2月	总监	环境不适应	10000
赵某	人力资源部	人力资源总监	3	36	2月	总监	上级不满意	9000
王某	总裁办	首席运营长	4	33	2月	总监	薪酬不满意	7500
周某	采购部	采购总监	4	34	3月	总监	薪酬不满意	12000
小某	采购部	采购总监	4	46	3月	总监	薪酬不满意	11000
束某某	市场部	副总监	4	27	3月	总监	上级不满意	9500
陈某某	人力资源部	人力资源高级总监	4	44	4月	总监	个人发展	12000
曾某某	技术部	技术总监	2	26	5月	总监	环境不适应	12300

续表

姓名	部门	岗位	工龄	年龄	离职时间	级别	离职原因	薪资
安某某	物流部	物流运营副总监	3	35	7月	总监	家庭原因	9800
韦某某	综合部	战略发展副总监	7	46	8月	总监	薪酬不满意	7800
傅某某	运营部	客服主管	2	33	1月	主管	薪酬不满意	5000
刘某	运营部	客服主管	2	34	1月	主管	企业文化	6000
吴某某	综合部	行政主管	5	31	2月	主管	薪酬不满意	5500
傅某某	采购部	酒类食品订货主管	9	45	3月	主管	个人发展	6500

（1）选择总监级别的数据—选择工龄、年龄、薪资数据—插入—气泡图。各个级别的数据我们分批进行添加，所以先添加总监的数据。

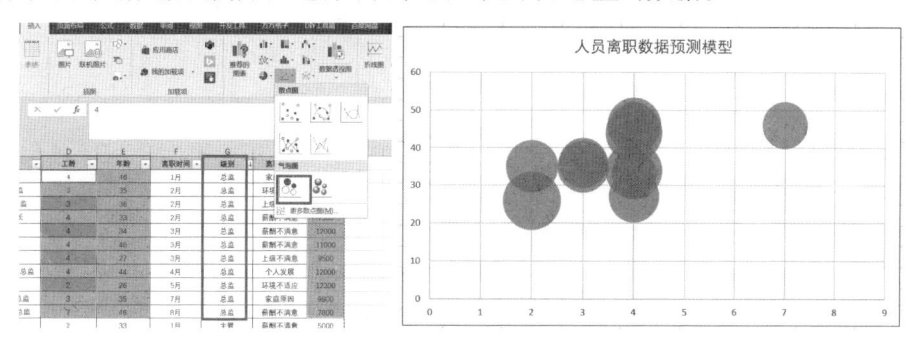

图 7-95　添加总监数据

（2）单击气泡图—选择数据—出现对话框。

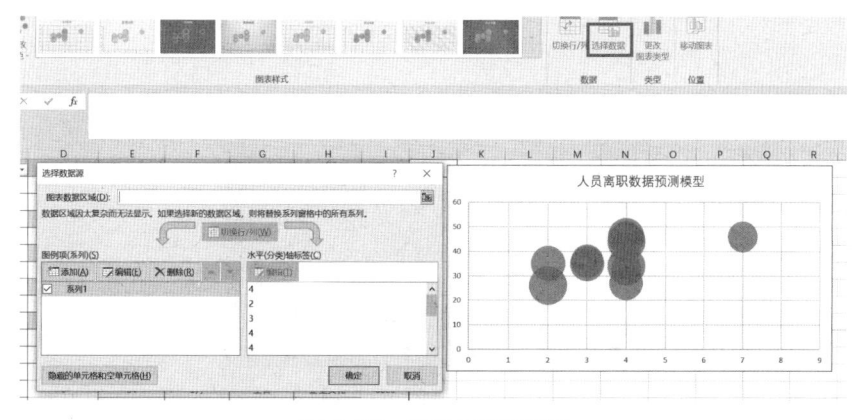

图 7-96　选择气泡图数据

（3）点击编辑—系列名称命名"总监"—X轴数据选择薪资—Y轴数据选择年龄—气泡大小数据选择工龄。下图生成的就是总监的离职人员预测数据图。

图 7-97　设置总监数据

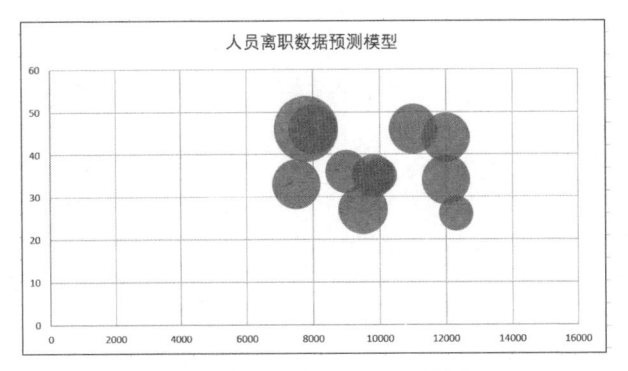

图 7-98　总监离职人员预测图

（4）为了能更好地显示气泡图的聚集趋势，我们对气泡图选择一个样式，选择样式3，可以一键生成以黑色为底色的气泡图。

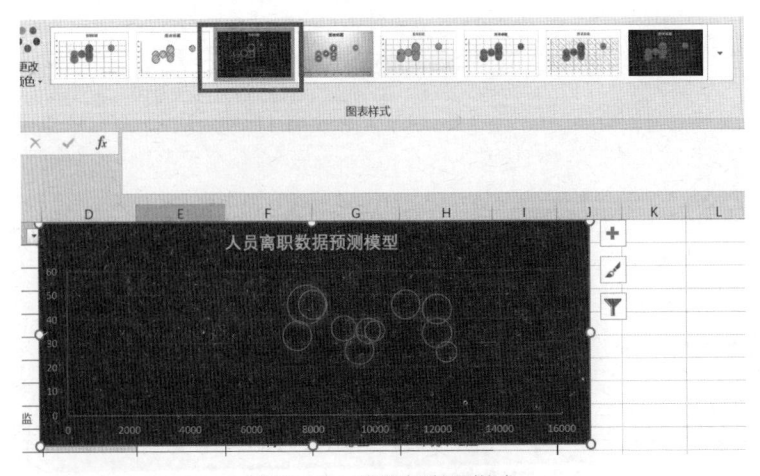

图 7-99　优化气泡图样式

（5）继续添加主管的数据，选择数据—添加。

图 7-100　添加主管数据

（6）系列名称命名"主管"，X 轴数据选择主管的薪资数据，Y 轴数据选择主管的年龄数据，气泡大小选择主管的工龄数据，然后选择确定，主管的气泡图会以颜色区分总监。

图 7-101　设置主管数据

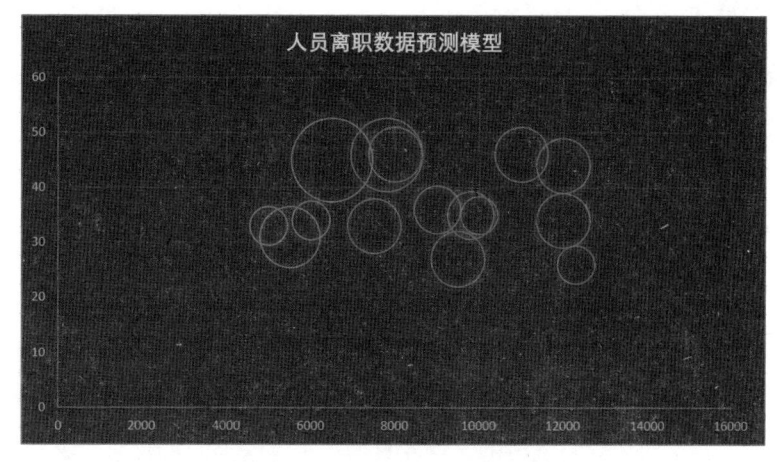

图 7-102　主管离职人员预测图

（7）按照"主管"数据添加的操作，继续添加员工的数据，最终生成的数据图表如下：

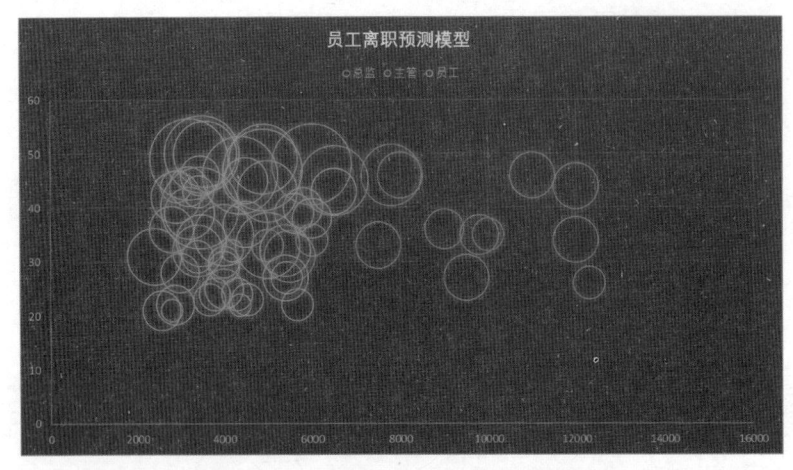

图 7-103　添加员工数据后最终呈现示例

气泡图主要是看气泡的密集程度来判断数据的趋势，所以散点图、气泡图都是应用在数据量很大的表格中，在这个员工离职预测模型中，我们选择了 3 类员工，四个维度做数据预测模型，如看员工这个职级，气泡集中在 35~40 岁年龄，3500~4000 元薪资，工龄 1~2 年，所以针对核心员工，如果符合这 3 个条件，我们就要重点关注是否会离职，我们就需要提前进行干预，降低离职率。

十三、用条件格式做招聘完成率预警迷你图

下面是各个部门各个岗位的招聘计划完成率和招聘质量的数据记录表，在招聘模块的数据关键指标中，招聘完成率和招聘质量是两个关键指标，我们会时刻关注这两个指标，为了能做到数据实时更新和系统自动监控，我们以条件格式来做招聘完成率的关键指标预警模型。

表 7-11　各个岗位招聘计划记录

部门	职位	招聘计划完成率	应聘比	试用期通过人数	试用期通过人数占比	月需求人数	未到岗原因
办公室	董事长助理	33%	26.00	1	100.00%	3	
工程管理中心	工程经理	67%	20.00	1	50.00%	3	

续表

部门	职位	招聘计划完成率	应聘比	试用期通过人数	试用期通过人数占比	月需求人数	未到岗原因
项目管理部	合同项目经理	67%	18.67	1	50.00%	3	
营销中心	售后服务	60%	17.80	2	66.67%	5	
市场部	产品经理	0%	37.50			2	
生产中心	生产现场技术工程师	0%	25.00			2	
计财部	计财部经理	33%	16.67	1	100.00%	3	
计财部	办事处财务人员	0%	40.00			2	
总务部	文秘	0%	27.50			2	
研发中心	研发工程师	50%	22.50	1	50.00%	4	
网络系统部	网络工程师	67%	11.67	4	100.00%	6	
网络系统部	售前支持工程师	50%	25.00			2	
网络仪表部	仪表工程师	60%	10.00	2	66.67%	5	
小计		45%	20.31	13	68.42%	42	

设计招聘完成率的预警数据招聘完成率 >90%，白色，90% ≥招聘完成率≥ 75%，黄色，招聘完成率 <75% 红色。

（1）选择招聘完成率数据—条件格式—突出单元格—介于—90% ≥招聘完成率≥ 75%，黄色。

图 7-104 设置招聘完成率预整数据（1）

（2）选择招聘完成率数据—条件格式—突出单元格—小于—招聘完成

率<75%红色。

图7-105　设置招聘完成率预整数据（2）

数据表格根据设置条件格式显示不同的颜色，并且可以根据数据值的变化自动地进行预警颜色显示，这样可以可视化地进行预警数据的显示。

十四、用复合饼图做户籍人数的成分占比

前几个案例我们讲了用饼图做成本关系的数据，但是当有多个数据需要做成分关系的时候，用饼图就会出现很多扇形区，数据标签标记比较复杂。这个时候我们就可以考虑用复合饼图来做成分关系。

做复合饼图有一个要求，就是数据表格中要有包含关系的数据，这样就可以把包含关系的数据重新做一个饼图，如下面这个数据表格，是各个省份城市的员工人数，其中最后7个城市都是江苏省的，所以我们可以把7个城市做一个饼图，单独地列出来，生成复合饼图。

（1）选择数据表格—插入—复合饼图。

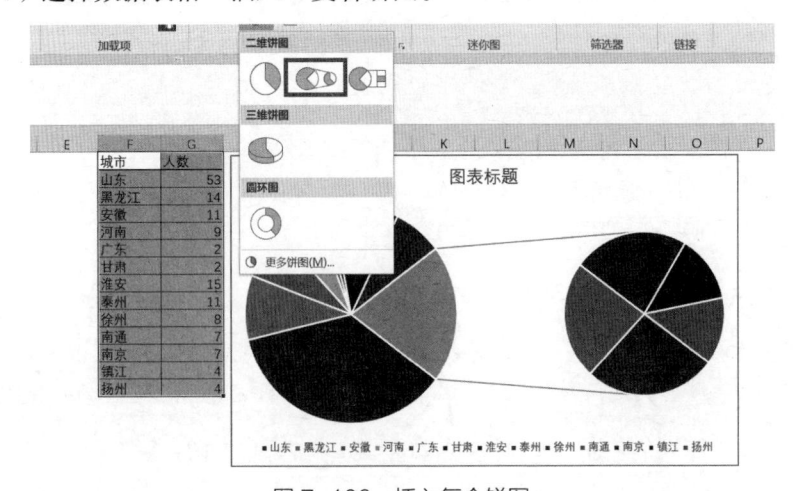

图7-106　插入复合饼图

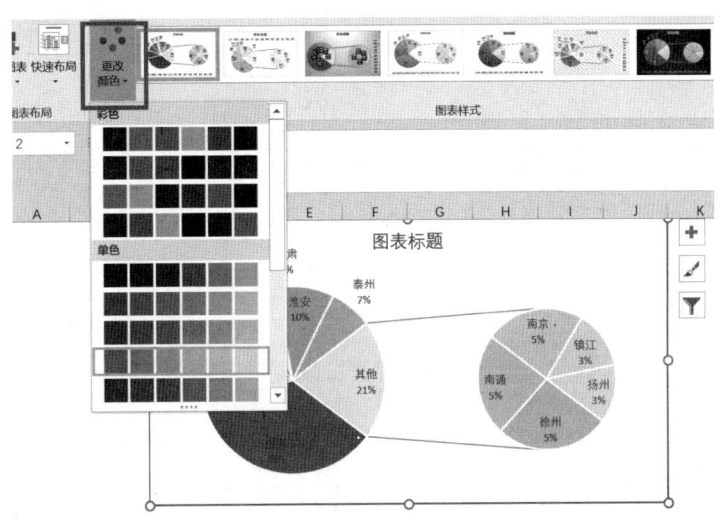

（2）点击复合饼图—更改颜色，改成单色系列。

图 7-107　更改颜色

（3）点击复合饼图—点击快速布局—选择"样式1"。

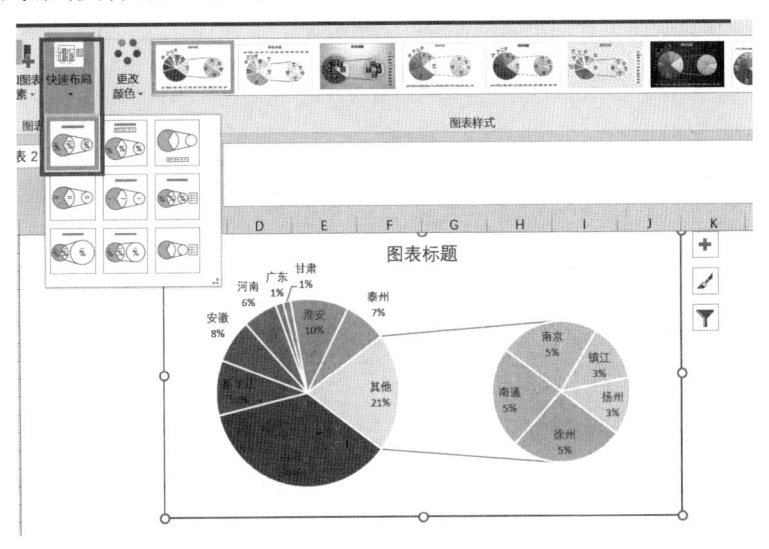

图 7-108　选择样式

（4）在复合饼图的分裂依据上有4种模式可以选择，选择了"位置"依据，我们要从哪个位置开始做分割。从数据表格中可以发现，从下往上7个城市都是江苏的，所以我们的位置选择是7，这样就分割了7个城市做复合饼图。除了位置以外还有数值、百分比和自定义，这个根据你的需要自行选择。

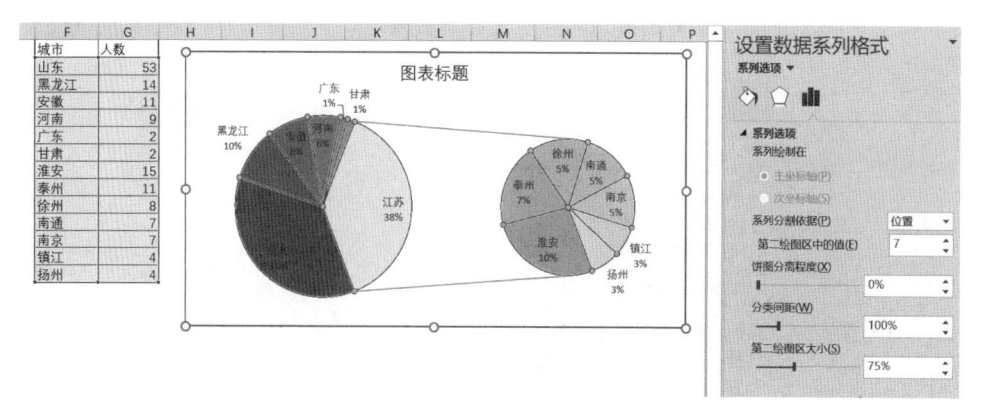

图 7-109　选择"位置"分割

第六节　数据图表模板应用：十秒钟做出数据图表

我们讲了很多人力资源数据图表的设计案例，但是在做各类图表的时候也要关注很多设计细节，如图例的位置、网格线、颜色等。有 HR 会问有没有快捷的方式，可以一键生成各种数据图表，就像 PPT 的模板一样。

在数据图表里有一个功能叫"模板"，我们可以把优秀的数据图表设计成模板版式，导入模板文件夹，然后在设计数据图表的时候就可以一键引用数据模板。

一、数据图表模板的导入

图 7-110 是平均年龄对比的一个折线图，我们对这个图已经做了美化，添加了数据标记，对曲线的颜色做了调整，若想以后一些数据的对比都可以用这个图表来呈现，那就把这个图表作为模板进行保存。

（1）点击右键—另存为模板。

（2）上方为模板的文件夹路径，然后对你保存的模板做一个命名，点击保存即可。

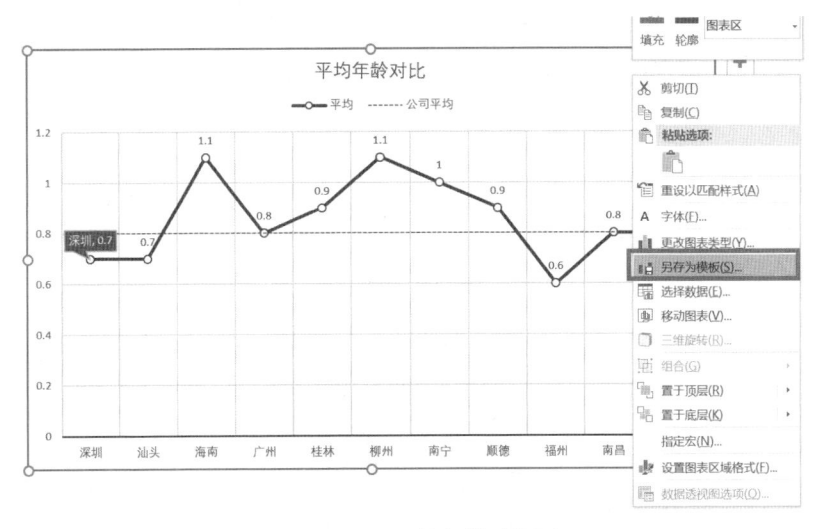

图 7-110　平均年龄对比图

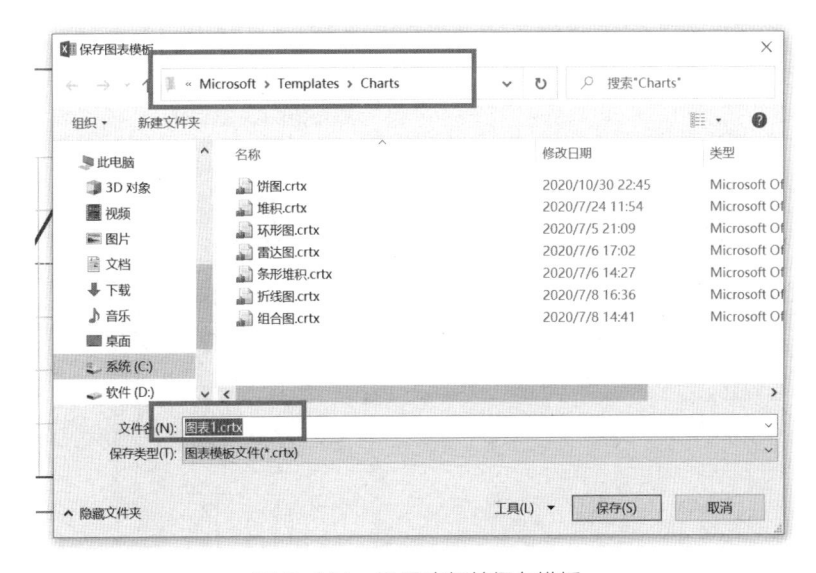

图 7-111　设置路径并保存模板

二、引用模板作图

图 7-112 每个月的人员入离职的数据，我们想用折线图的形式对每个月的入离职数据进行数据的对比。

（1）插入—所有图表—模板。

月份	入职	离职
1月	10	16
2月	8	14
3月	6	12
4月	10	11
5月	17	16
6月	20	14
7月	18	15
8月	16	17
9月	14	15
10月	12	15
11月	18	14
12月	7	17

图 7-112　月度人员离职数据

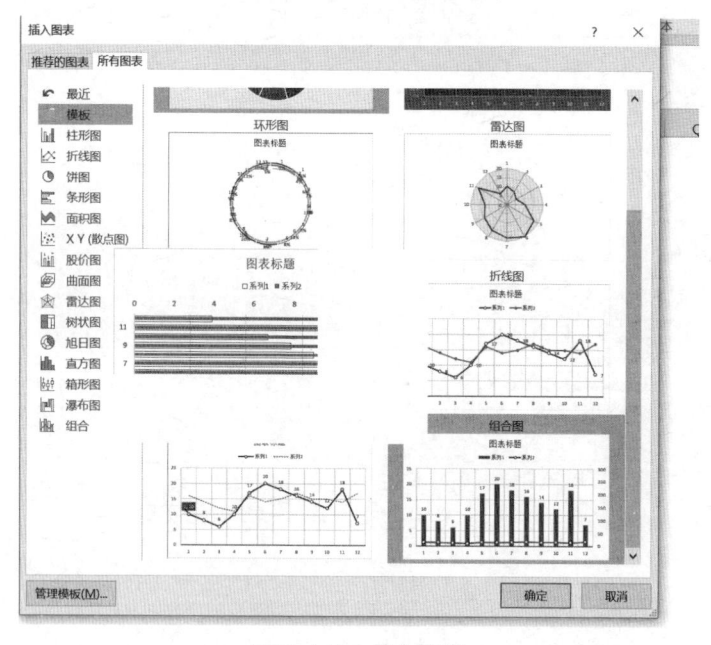

图 7-113　插入模板

（2）选择保存的"折线对比图"，就可以用这个模板做出人员的入、离职数据图表。在下方是管理模板，点击可以进入模板文件夹，我们除另存为模板外，还可以对图表模板进行复制，然后粘贴到这个模板的文件夹里。

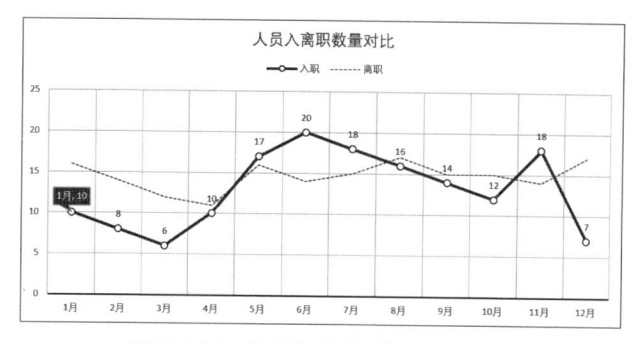

图 7-114　选择保存的"折线对比图"

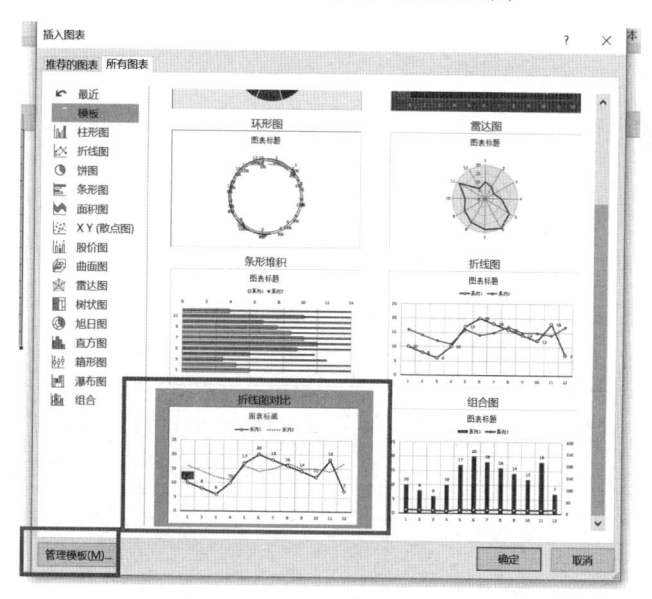

图 7-115　利用"管理模板"进入文件夹

第七节　章节复盘

- 数据建模分为数据图表、数据仪表盘、动态图表几种形式，通过数据建模可以来对数据进行多维度的数据分析。
- 数据图表之间的关系：时间关系、对比关系、占比成分关系、频率关系。
- 数据图标的设计标准：统一颜色、图表简洁、观点明确、细节完美。
- 用数据模板可以更加高效地做出精美的数据图表，日常工作中要多使用模板。

第八章

人力资源数据分析建模：数据仪表盘设计

数据仪表盘就是通过对多个关键指标进行可视化的数据聚焦、数据交互来进行数据分析，仪表盘被大量地运用在各个行业的数据分析中，通过仪表盘可以对模块的各个指标进行全局分析，并且前端的数据和后台关联，可以实时地进行数据的更新。

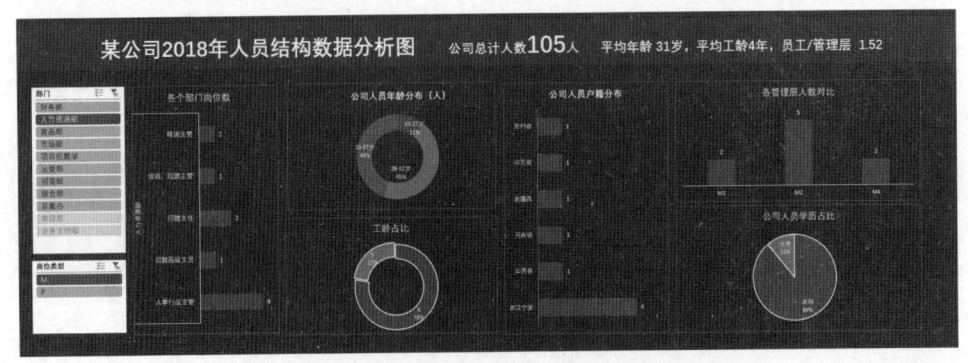

图 8-1　某公司 2018 年人员结构数据仪表盘示例

第一节　数据透视表

一、插入数据透视表

数据透视表是一种交换的数据图表，可以动态地改变页面的布局，按照不同的方式进行数据的组合和数据的计算，是数据处理、数据分析中很重要的一个模块。

要创建数据透视表，需要先在原始的表格中插入数据透视表。

（1）鼠标停留在数据表中的任意单元格—插入—数据透视表。

图 8-2　插入数据透视表

（2）选择新工作表—点击确定—新建一个透视表页面。

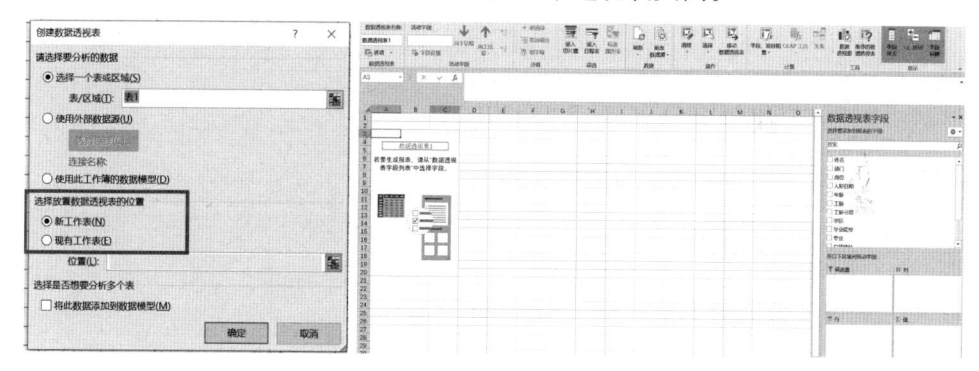

图 8-3　新建透视表页面

二、数据透视表的布局

数据透视表的字段就是原始数据表中的表头字段，根据分析计算的需求，可以选择透视表的字段建立数据分析透视表。

图 8-4　数据透视表字段选择

在透视表的字段下面有 4 个区域的布局：

- 筛选：这个区域的字段主要是对数据透视表的字段进行数据的筛选，如下面的筛选器选择了"岗位类型"，就可以在透视表里选择各个岗位类型来分析数据。

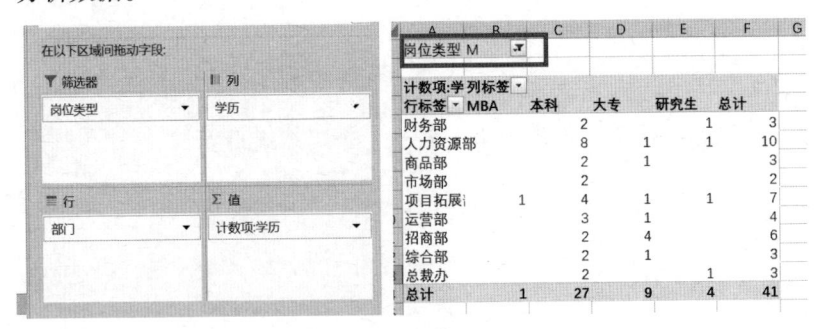

图 8-5　岗位类型数据分析

- 列：我们把透视表里"横"的数据称为列。
- 行：我们把透视表里"竖"的数据称为行。
- 值：是指行和列之间的数据，一般以数字的形式出现。

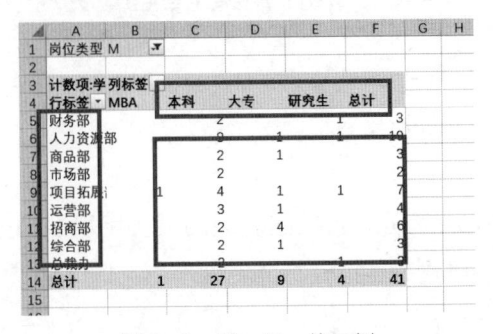

图 8-6　列、行、值示例

三、数据透视表应用小技能

1. 新建数据透视表

当我们要新建一个数据透视表的时候，可以选择在原始数据表里进行插入，也可以复制已经有的数据透视表。

（1）鼠标放置在透视表的任意单元格—分析—选择—整个数据透视表。

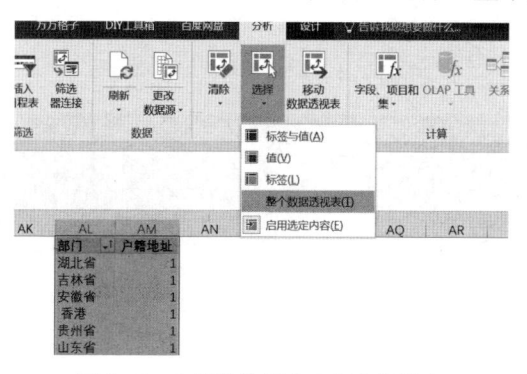

图 8-7　在原始数据表中插入透视表

（2）在数据表中选择空白单元格—复制—粘贴，即可生成新的透视表。

2. 数据透视表字段的计算

在数据透视表中如果我们想要对表中的字段进行计算，这个时候就可以用到"计算字段"来进行各类的计算。

比如，下面这张表是一张某公司的工资明细表，对这张工资明细表做数据透视，我们可以选择基本工资和绩效工资两个字段做数据透视表。

表 8-1　某公司工资明细表

月份	姓名	部门	职位	基本工资	绩效工资	补贴	社保	总计
1月	王某	技术部	技术员	1310.00	650.00	750	334.00	3044
1月	刘某	技术部	技术员	1310.00	1000.00	751	682.00	3743
1月	陈某	技术部	技术员	1310.00	1000.00	752	468.00	3530
1月	徐某	技术部	技术员	1310.00	2000.00	753	470.00	4533
1月	陈某	技术部	技术员	1310.00	1500.00	754	499.60	4063.6
1月	朱某	客服部	客服代表	1310.00	800.00	755	334.00	3199
1月	钟某	客服部	客服代表	1310.00	800.00	756	682.00	3548
1月	傅某	客服部	客服代表	1310.00	600.00	500	468.00	2878
1月	傅某	客服部	客服主管	1310.00	800.00	758	470.00	3338
1月	刘高某	客服部	客服代表	1310.00	300.00	759	499.60	2868.6
1月	李某	客服部	客服代表	1310.00	300.00	400	334.00	2344
1月	佘某	客服部	客服代表	1310.00	200.00	761	682.00	2953
1月	朱某	人力资源部	招聘专员	1310.00	1000.00	800	468.00	3578
1月	李某	人力资源部	人力资源经理	1310.00	3000.00	763	470.00	5543
1月	吴某	人力资源部	招聘专员	1310.00	1000.00	764	499.60	3573.6
1月	高某	人力资源部	招聘专员	1310.00	1000.00	400	334.00	3044
1月	裴某	人力资源部	培训专员	1310.00	2000.00	750	682.00	4742
1月	李某	市场部	市场专员	1310.00	1500.00	751	468.00	4029
1月	周某	市场部	推广专员	1310.00	800.00	752	470.00	3332

行标签	求和项:基本工资	求和项:绩效工资
技术部	156898	67658
客服部	110700	66908
人力资源部	123700	59140
市场部	210900	103231
销售部	267468	166870
总计	869666	463807

图 8-8　基本工资和绩效工资维度选择

对基本工资和绩效工资做一个相加计算，来求两个字段数据的和，在数据透视表里不能直接用函数的公式来进行计算，要用到"计算字段"功能。

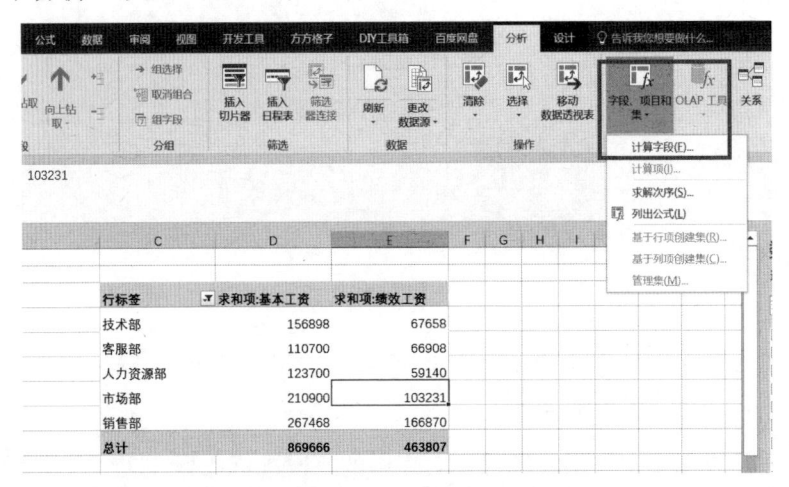

（1）分析—字段、项目和集—计算字段。

图 8-9　计算字段功能使用

（2）名称命名—公式的输入—点击"基本工资"—插入字段—和"绩效工资"相加—点击确定。

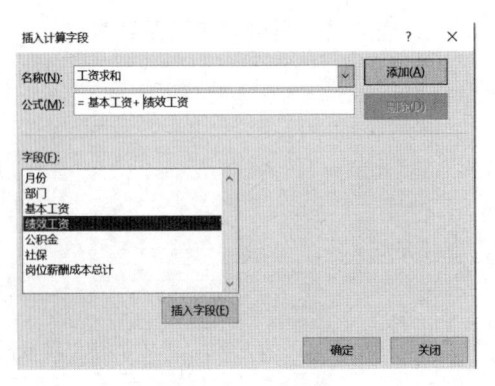

图 8-10　二者相加

（3）在数据透视表中会生成"工资求和"，这个字段就是通过"计算字段"生成的。

行标签	求和项:基本工资	求和项:绩效工资	求和项:工资求和
技术部	156898	67658	224556
客服部	110700	66908	177608
人力资源部	123700	59140	182840
市场部	210900	103231	314131
销售部	267468	166870	434338
总计	869666	463807	1333473

图 8-11　生成"工资求和"

3. 数据透视表的报表布局

透视表根据布局的类型不同，有不同的显示形式，数据透视表有以下几种报表布局。

图 8-12　不同报表布局

下图分别是压缩形式、大纲形式和表格形式。

图 8-13　不同格式报表布局示例

4. 数据透视表的分类汇总和总计

在数据透视表的数据处理中有数据分类汇总和数据总计两个可选的数据选项。数据的分类汇总是对一类数据进行汇总，并显示在这类数据的顶部或者底部。可以选择"不显示分类汇总"来取消。

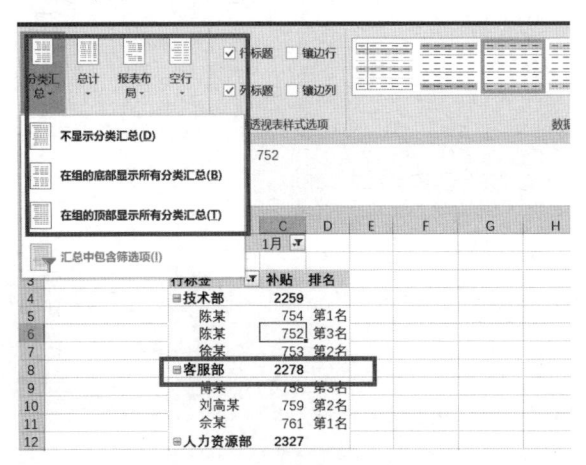

图 8-14 数据分类汇总示例

总计是对数据透视表中的所有数据进行总计计算汇总，总计分为行总计和列总计。通过总计选项中的"禁用"和"启用"来显示。

图 8-15 数据总计示例

5. 数据透视表的值汇总依据

在数据透视表中，对数据值有几种选择形式，根据数据透视表的字段可以选择不同的值显示方式。

比如，下图是各个部门、各个学历的人数的汇总，在数据字段上我们选择的是计数，计数的意义是值这个字段有多少个人。除了计数还有"求和""平均值""最大值"等，你可以根据你的透视表数据来做选择。

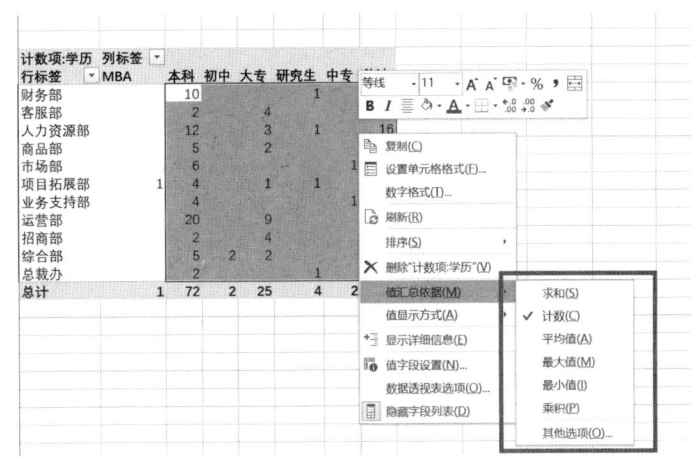

图 8-16 "计数"数据字段示例

四、人员结构数据分析——数据透视表设计案例

要建立数据仪表盘需要先建立数据透视表，数据透视表是在数据分析流程中确定了数据关键指标，并且建立了数据录入报表后，在数据录入报表中对关键指标进行数据透视，我们以人员结构数据分析为例，前面几个章节我们介绍过人员结构的数据关键指标有以下几个：

- 各部门人数／岗位人数；
- 工龄占比；
- 年龄占比；
- 学历占比；
- 户籍人数对比；
- 各层级员工人数对比。

我们需要将下表的数据录入表里，对这些关键指标进行数据透视。

表 8-2　某公司人员结构数据

姓名	部门	岗位	入职日期	年龄	工龄	工龄分组	学历	毕业院校	专业	户籍地址	职级	岗位类别
田某	总裁办	总裁	2014/4/26	57	6年6月	6	本科	浙江大学	化学工程	香港	M8	M
张某	总裁办	副总裁	2014/4/26	55	6年6月	6	研究生			浙江杭州	M7	M
杨某	总裁办	副总裁	2014/9/25	47	6年1月	6	本科	重庆大学	计算机及应用	浙江杭州	M7	M
周某	行政部	行政副总监	2014/6/16	51	6年4月	6	本科	复旦大学	哲学	浙江宁波	M4	M
梅某	综合部	法务经理	2015/12/9	34	4年10月	5	本科	浙江大学	法学	浙江宁波	M3	M
舒某	综合部	行政经理	2016/3/7	30	4年8月	4	大专	浙江万里学院	涉外文秘	浙江宁波	M3	M
杨某	综合部	行政文秘	2015/11/23	29	4年11月	5	本科	浙江科技学院	国际经济与贸易	浙江宁波	P2	P
李某	综合部	外联	2017/2/6	29	3年9月	4	大专	Sheffield hallam university	business manegenment	P3	P
谢某	综合部	IT运维	2015/11/2	29	5年0月	5	大专	中国计算机函授学院	计算机信息技术	浙江宁波	P2	P
李某	综合部	保洁	2015/6/21	36	5年4月	5	初中	江西星火学校		江西	P2	P
许某	综合部	行政前台	2017/4/7	22	3年2月	4	大专	宁波大学	工商企业管理	浙江宁波	P2	P
周某	综合部	保洁	2015/7/15	46	5年3月	5	初中	慈城中学		浙江宁波	P2	P
熊某	招商部	招商总监	2016/6/12	32	4年4月	4	大专	苏州大学	新闻学	江苏省	M4	M
曾某	招商部	招商经理	2016/7/4	27	4年4月	4	大专	秦州师范高等专科学校	环境艺术设计	江苏省	M3	M
杨某	招商部	招商经理	2016/7/7	37	4年4月	4	本科	洛施学院	电子信息科学技术	河南	M3	M
欧某	招商部	招商经理	2016/8/8	41	4年2月	4	大专	上海理工大学	工业外贸	浙江杭州	M3	M
袁某	招商部	招商主任	2016/6/27	26	4年4月	4	本科	南京艺术学院	编导与策划	江苏省	M2	M
肖某	招商部	招商文员	2015/6/8	26	5年4月	5	本科	台州学院	材料物理	浙江宁波	M4	M
阳某	商品部	品管总监	2015/4/16	38	5年6月	5	本科	华东理工大学	工商管理	上海市	M4	M
张某	商品部	采购经理	2015/11/8	39	4年11月	5	大专	湖医大咸宁分院	临床医学	湖北省	M2	M
刘某	商品部	采购主任	2016/4/7	28	4年7月	4	本科	江西理工大学	国际经济与贸易	江西省	M1	M
曾某	商品部	采购助理	2015/9/7	26	5年2月	5	本科	温州大学	电子信息科学技术	浙江宁波	P2	P

在数据录入表格中插入数据透视表，然后在数据透视表里进行人员结构关键指标的数据透视。

1. 各部门人数/岗位人数

各部门人数总计和各部门的岗位人数，是一个包含的关系，在透视表的显示行里，部门在岗位的上方，这样在数据透视表里我们可以通过展开/折叠各部门的数据对比各部门和各关键岗位的在编人数。

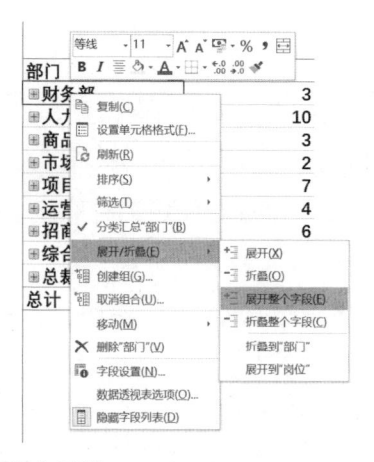

图 8-17　"开展"和"折叠"示例

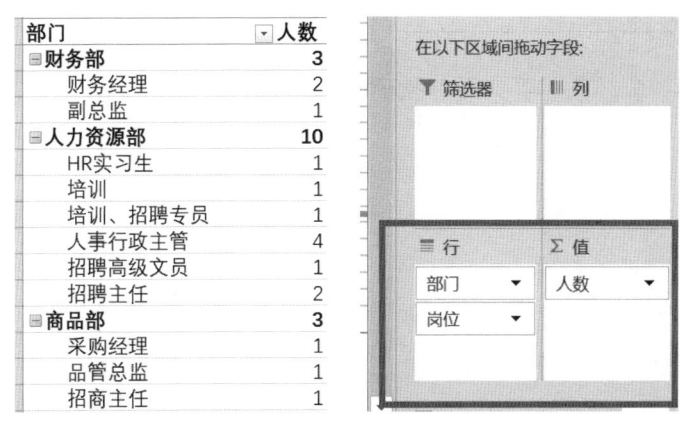

部门	人数
⊟财务部	3
财务经理	2
副总监	1
⊟人力资源部	10
HR实习生	1
培训	1
培训、招聘专员	1
人事行政主管	4
招聘高级文员	1
招聘主任	2
⊟商品部	3
采购经理	1
品管总监	1
招商主任	1

图 8-18　部门和岗位人数对比

2. 工龄占比

工龄占比是把原始的数据录入表按照每年的工龄进行数据的占比，需要注意的是，在案例中我们是按照一年一个步长进行占比分析，所以没有对数据进行创建分组，如果你的工龄是按照月来做计算的话，那在做数据透视的时候需要对数据进行分组。

工龄	各工龄占比
2	2.44%
3	46.34%
4	31.71%
5	19.51%
总计	100.00%

图 8-19　工龄占比数据对比

3. 年龄占比

在对年龄做数据占比的时候需要注意的是，我们在做数据透视的时候需要对年龄做一个数据分析，一般以 5 年或者 10 年为一个步长，这样我们就可以分析在一个年龄段范围内的人员人数和人数的占比。

点击右键创建组或者分组，会显示分组的对话框，有 3 个参数，分别是起始年龄、终止年龄和年龄之间的步长，你需要对这 3 个参数进行设置，点击确定即可出现年龄分组的人数对比。需要注意的是人数对比只是数量之间的对比，我们需要通过"值显示方式—总计百分比"对这些人数数量进行百分比的对比。

图 8-20 年龄对比示例

4. 学历占比

对数据录入表中的学历进行数据透视，把学历字段拖入行和值中，并对值显示方式设置为总计百分比，对应地显示出每类学历的数据占比。

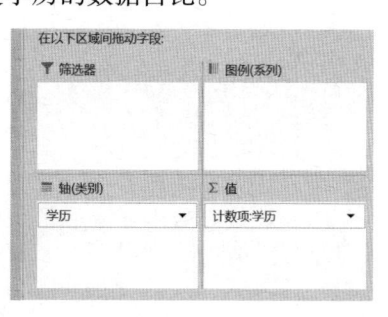

图 8-21 学历占比示例

5. 户籍人数对比

对户籍人数进行数据透视，显示每个省份和城市的人员数量，在进行户籍人数对比的时候，我们需要注意的是在值字段设置里，我们选择的是计数。

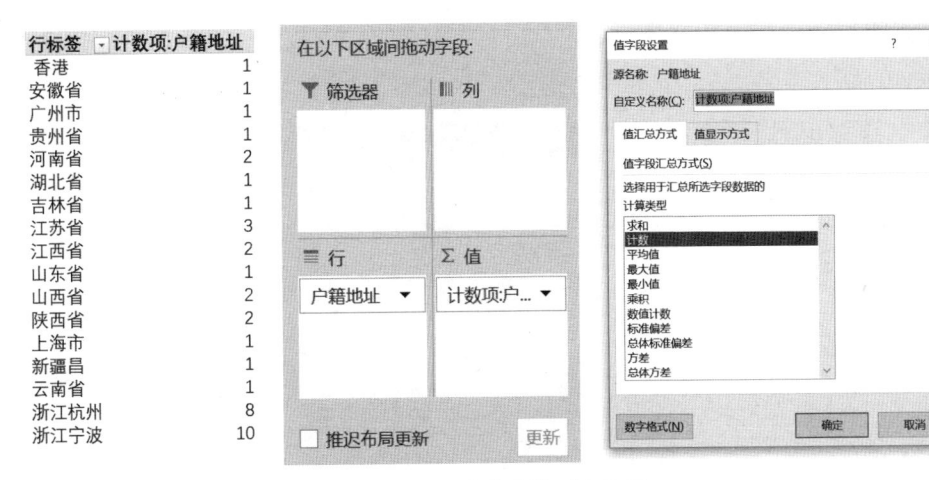

行标签	计数项:户籍地址
香港	1
安徽省	1
广州市	1
贵州省	1
河南省	2
湖北省	1
吉林省	1
江苏省	3
江西省	2
山东省	1
山西省	2
陕西省	2
上海市	1
新疆昌	1
云南省	1
浙江杭州	8
浙江宁波	10

图 8-22 户籍人数对比示例

6. 各层级员工人数对比

在做各个层级的人数对比数据透视表的时候，内部需要建立职级体系，每个行业的性质不同，在职级体系的设计上都会略有不同，如我们的案例中列举的是互联网公司的行业，所以我们把管理层分成了 M1~M8，M1 对应的是主管的级别，M8 对应的是副总裁的级别，那我们对各个职级的数据进行数据透视，就可以对应管理层每个职级的人数对比。当然你也可以根据公司的职级体系来做人员结构的分析，比如有些公司有 P（职能部门）、S（销售）、T（工程师）等各个序列的职级。

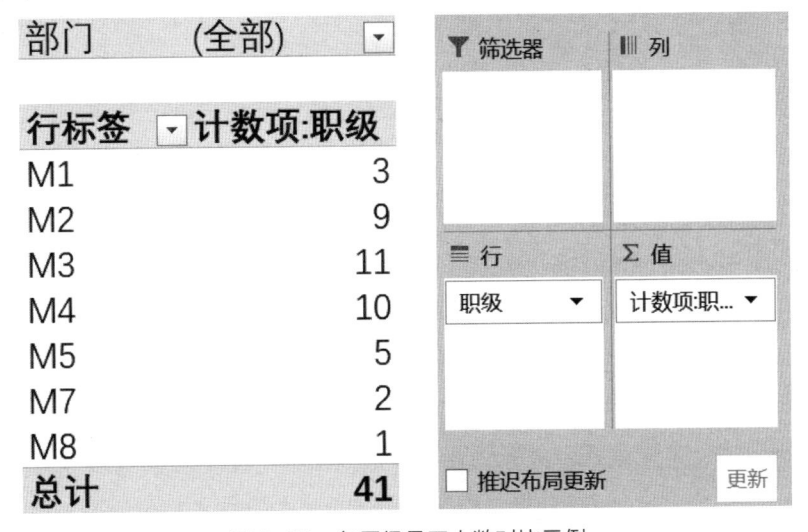

部门　　(全部)

行标签	计数项:职级
M1	3
M2	9
M3	11
M4	10
M5	5
M7	2
M8	1
总计	41

图 8-23 各层级员工人数对比示例

在做完以上几类数据分析对比之后，我们可以得到较完整的数据分析建模，如下图所示。

各部门人数统计		
部门	本月人数	上月人数
运营部	29	28
人力资源部	15	13
财务部	11	10
综合部	9	12
市场部	7	9
商品部	7	12
项目拓展部	7	5
客服部	6	3
招商部	6	9
业务支持部	5	8
总裁办	3	3
总计	105	112

工龄	工龄人数分布	工龄占比
1年	40	20.51%
2年	84	43.08%
3年	63	32.31%
4年	8	4.10%
总计	195	100.00%

学历	学历人数	人数占比
本科	71	67.62%
大专	25	23.81%
研究生	4	3.81%
中专	2	1.90%
初中	2	1.90%
MBA	1	0.95%
总计	105	100.00%

年龄段	年龄人数分布	年龄占比
23-27岁	39	37.14%
28-32岁	35	33.33%
33-37岁	15	14.29%
38-42岁	9	8.57%
43-47岁	3	2.86%
48-52岁	2	1.90%
53-57岁	2	1.90%
总计	105	100.00%

户籍地址	户籍人数分布
浙江宁波	52
浙江杭州	12
江苏省	5
安徽省	4
四川省	3
黑龙江	3
河北省	3
陕西省	2
河南省	2
江西省	2
山西省	2
吉林省	1
新疆省	1
甘肃省	1
香港	1

图 8-24 数据分析建模

第二节 数据透视图

数据透视图是对数据透视表进行可视化的呈现，在数据透视表的基础上进行数据图表的设计。数据透视图的设计和普通的数据图表类似，都是在表格上插入数据图，但是透视表的数据图的插入不需要选中全部的表格，它只需要选中表格中的其中一个单元格就可以做数据透视图，因为透视表本身就是一个经过透视的整体的一张表。然后数据透视图可以结合数据切片器进行各个数据透视表的交互，最终生成数据仪表盘。

那我们以人员结构数据分析的透视表为案例，来讲解数据透视图的设计。

1. 各部门人数 / 岗位人数

这个指标我们需要去对比各部门和部门下面岗位的人数，所以是一个对比的关系，在图表的选择上，我们选择条形图来进行数量的对比，选择部门 / 岗位数据透视表，插入条形图完成数据透视图的设计。

通过数据图表可以分析不同的部门和不同的岗位的人员数量，可以得到组织人才的结构性变化，也可以分析公司管理层的员工的配比数。通过这个配比数的数据对标，来调整各个层级管理层的人数配置，优化人员结构。

各部门人数统计		
部门	本月人数	上月人数
运营部	29	28
人力资源部	15	13
财务部	11	10
综合部	9	12
市场部	7	9
商品部	7	12
项目拓展部	7	5
客服部	6	3
招商部	6	9
业务支持部	5	8
总裁办	3	3
总计	105	112

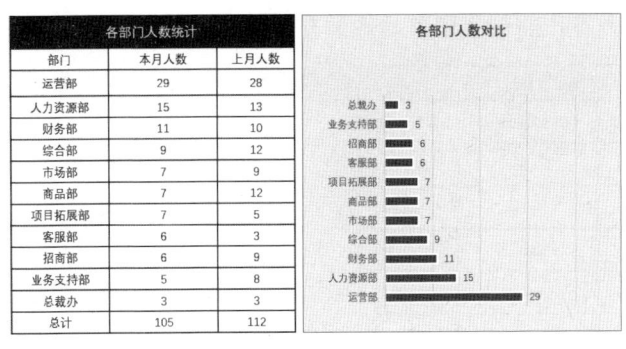

图 8-25　各部门人数对比示例

2. 工龄占比

工龄的数据在分析中有两个关系可以选择，一个是数量关系对比各个工龄段的人数，另一个是成分的关系对比各个工龄段的人数占比。一般我们在进行内部的数据呈现和数据分析的时候会选择用条形图来进行数量的对比。但是如果我们要和市场的数据进行对标，则优选成分关系用饼图来进行数据的可视化呈现。因为每个公司的每个部门的人员数量是不一样的，如果进行数量的对比相对来说就不客观，所以要进行成分的数据占比分析。

工龄分布		
工龄	工龄人数分布	工龄占比
1年	40	20.51%
2年	84	43.08%
3年	63	32.31%
4年	8	4.10%
总计	195	100.00%

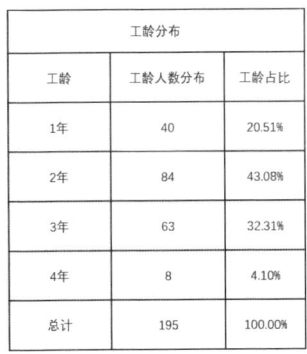

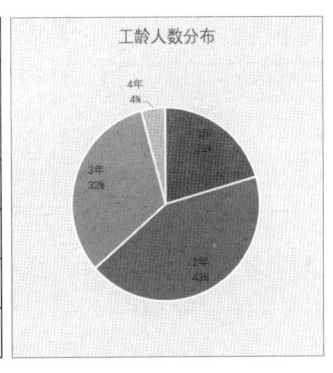

图 8-26　各部门工龄人数分析示例

3. 年龄占比

年龄数据透视图的设计和工龄的类似，都是对数据分组，然后再对各个区间的年龄人数进行数据成分的分析，在数据透视图里我们也是选择饼图来对年龄数据进行可视化的呈现。

通过对年龄数据的分析可以判断组织人员是否年轻化还是日趋老龄化，组织人员的稳定性和创造性，组织人员学习新知识、新技术的能力，组织人员工作的体能负荷和工作职位或职务的性质与年龄大小可能的匹配要求。

年龄分布		
年龄段	年龄人数分布	年龄占比
23-27岁	39	37.14%
28-32岁	35	33.33%
33-37岁	15	14.29%
38-42岁	9	8.57%
43-47岁	3	2.86%
48-52岁	2	1.90%
53-57岁	2	1.90%
总计	105	100.00%

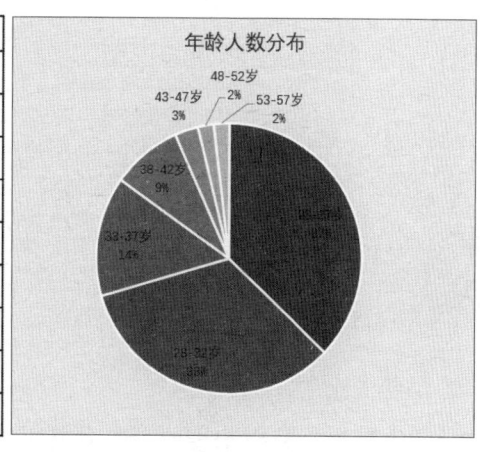

图 8-27　年龄人数分布示例

4. 学历占比

通过对学历筛选和成分关系的对比，分析公司员工学历在各个年龄层中的数量占比，从而对公司整体员工的学习能力和岗位素质有更深入的了解。对企业文化的建立和各部门员工的沟通更加有针对性。

学历分布		
学历	学历人数	人数占比
本科	71	67.62%
大专	25	23.81%
研究生	4	3.81%
中专	2	1.90%
初中	2	1.90%
MBA	1	0.95%
总计	105	100.00%

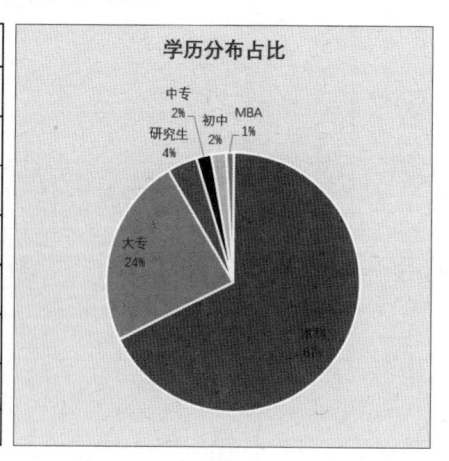

图 8-28　学历分布占比示例

5. 户籍人数对比

户籍的人数和占比分析一般在制造业里会比较多，因为制造业的一线员工来自全国的各个省份，所有制造业的 HR 会去分析公司各个省份的人员数量，为下一年的各个区域人员招聘做参考。

图 8-29　公司户籍人员分布示例

6. 各层级员工人数对比

各层级的员工人数对比是指对公司的管理层和员工层进行人员的对比。对于管理层各职级的人数对比的目的是我们想了解各层级的管理层的人员储备是否充足和合理，并且也可以从公司层面来看公司管理层和员工的人员匹配度，从而分析管理层人数的合理性。

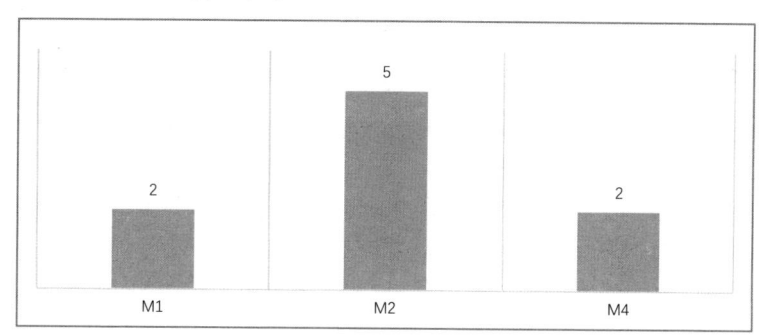

图 8-30　各管理层人数对比

以上这些数据关键指标的数据透视图是通用的一些指标，根据行业和公司的不同，每个公司都有其侧重点。比如，国有企业比较关注有职称的员工占比，互联网公司比较在意员工的年龄，服装制造业企业比较关注员工的性别占比，所以 HR 在做自己公司的人员结构数据分析的时候，要根据自己企业的行业特点来进行关键指标的选取分析。

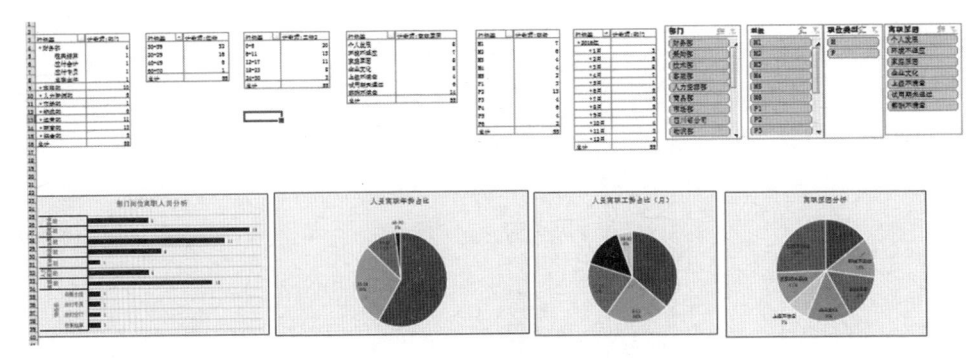

图 8-31　数据建模：数据透视图

第三节　数据切片器

切片器是对数据透视表进行关联和筛选的一个插件，我们在上几个章节中设计了数据透视表和数据透视图，但是在做数据分析的时候，根据数据分析的思维，应先做公司层面的数据分析，然后再从部门层面、岗位层面做分析，那我们如何来做分析维度的聚焦呢？这个时候就要用到切片器。

选择任意一个数据透视表，然后选择分析—插入切片器—选择切片器的类型。

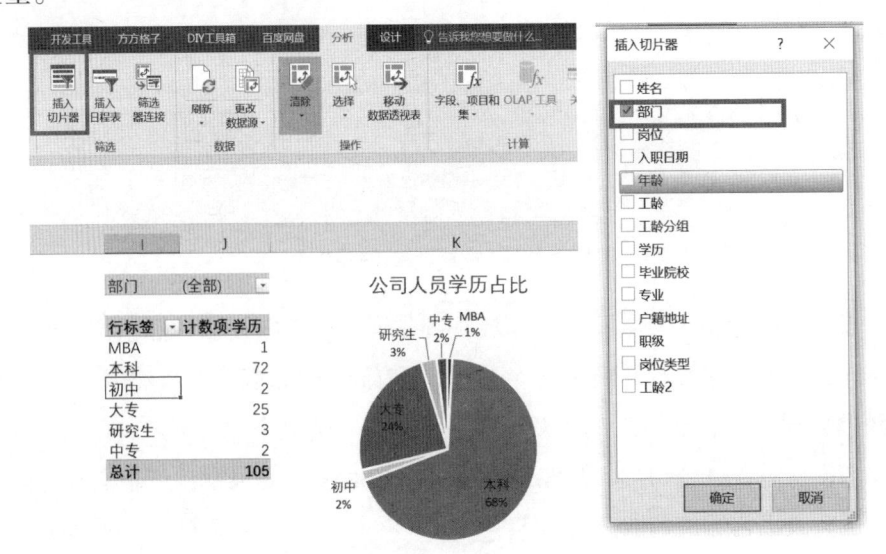

图 8-32　插入切片器

选择部门的维度后，呈现的就是以部门为交互维度的切片器，然后我们需要思考哪些关键指标需要和部门这个维度的切片器进行连接。此时，双击切片器有个报表连接，点击报表连接，就会出现和这个切片器关联的数据透视表。

在"数据透视表连接"这个页面中我们看到有些名称是有命名的，有些没有，这个时候需要注意在做数据透视表的时候，我们要养成良好的做表习惯，在每个数据透视表做完以后，都要为这个表命名，因为我们后续做数据切片器的时候，需要连接各种透视表，这个时候如果你没有对表进行命名，那就很难判断要连接哪个表，就像我们图 8-33 中出现的"数据透视表 4"仅看这个名称，你并不知道这个表是什么表。

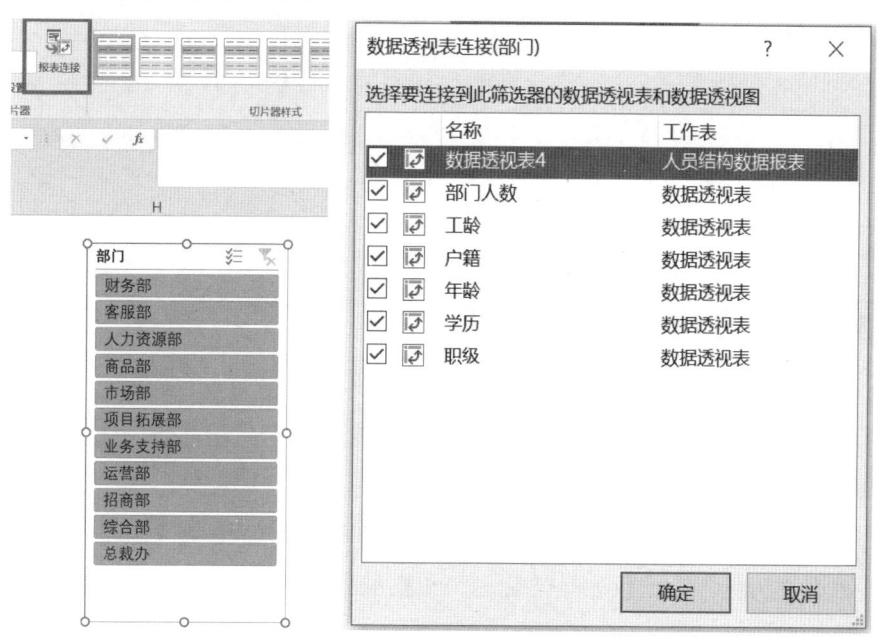

图 8-33 切片器数据连接

当切片器连接了关键指标的数据透视表后，就可以点击切片器上的部门，你所连接的数据透视表呈现的数据就是所选择的部门的数据，这样我们就可以对数据进行聚焦分析。

在切片器选项上还可以对切片器进行各种模式的选择，我们在做数据图表的时候要求整体风格要统一，包含颜色的统一，所以切片器可以选择各种颜色的样式。

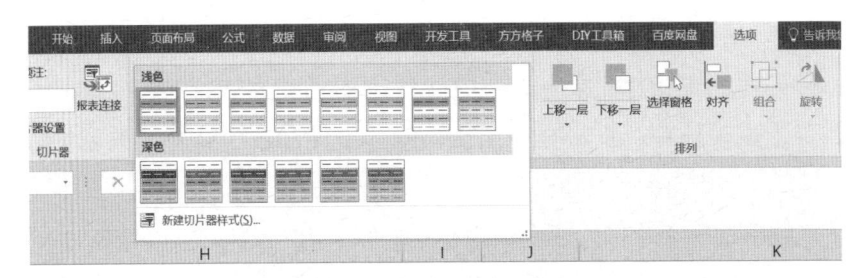

图 8-34 切片器颜色选择示例

我们还可以根据你的需求来调整切片器的高度、宽度和列数，以匹配仪表盘的尺寸大小。

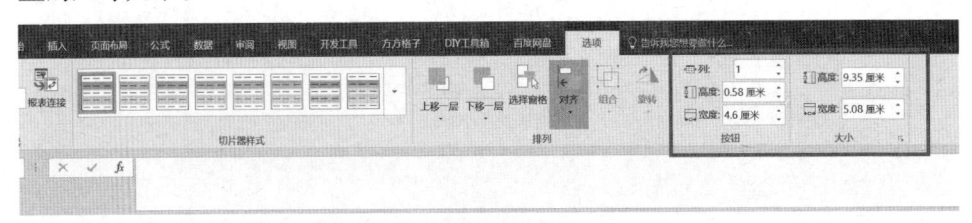

图 8-35 切片器仪表盘尺寸大小选择示例

第四节 数据仪表盘设计原则

数据透视图和切片器设计完成后，我们就需要整合这些元素做数据仪表盘，在做数据仪表盘之前，我们先来阐述下数据仪表盘设计的原则。

数据仪表盘包含数据表头、数据 KPI 看板、数据图表区三个部分。

数据表头包含数据仪表盘的标题、数据的周期和相关信息，一般是放在图表的最上方。

数据 KPI 看板是指该数据模块，从公司层面的关键数据指标来看，这类的 KPI 看板的观看者大都是公司的管理层或者是公司的老板，所以在呈现形式上一般以单纯的数字为主，并且对数字进行突出、加粗、变色或者加一个底色，让人第一眼就会关注到这些 KPI 的指标。

关于 KPI 的指标的选取我们一般会选取宏观的数据，如培训模块的 KPI，我们会选择今年的培训费用、去年的培训费用、费用增长的比例，还有全年的培训场次、培训人数等这些关键指标，并且对这些 KPI 指标加底色，再把字放大加粗，就完成了 KPI 看板。

2019年	2018年		2019年	2018年	费用增幅
195场	269场		¥401,814	¥371,683	¥30,131
内训135场 外训60场	内训203场 外训66场		培训总费用		
2379人次	4183人次		¥294,137	¥317,183	¥-23,046
总计参加人次			外训费用		
14.8小时	9.19小时		¥107,677	¥54,500	¥53,177
内训人均课时			内训费用		
			¥56,481	¥72,802	¥-16,321
			差旅费用		
培训组织数据分析			培训成本数据分析		

图 8-36　培训模块 KPI 看板示例

1. 所有信息放在一个页面

数据仪表盘所有的图表、切片器必须放在一个 SHEET 里，一个页面就可以看到所有的数据图表，不需要在 Excel 里进行滚动浏览，并且我们在打印的时候也可以保证数据仪表盘能布满一张 A4 纸。

2. 对齐原则

数据仪表盘除了进行数据分析以外，也要追求图表的美观，在数据仪表盘里有数据图标，有切片器，有 KPI 看板、表头等元素，我们在进行图表布局的时候，一定要遵循对齐的原则，所以我们在 Excel 里做仪表盘之前，首先需要在 A4 纸上画仪表盘的布局草图。如图 8-37 所示，我们把仪表盘中的数据图表和切片器进行布局。一般情况下条形图竖向排列，柱状图和饼图横向排列，尽量在一个 SHEET 页面里可以整齐地排列所有的仪表盘元素。

3. 风格统一

这个前文在讲图表设计的时候也有讲到过，就是一个模块的数据分析图表，根据公司的 LOGO 颜色，图表要有统一的风格，除了图表以外，切片器也要遵循整体的统一风格。在切片器的样式设计里，我们可以选择各种不同的颜色来搭配仪表盘的风格。

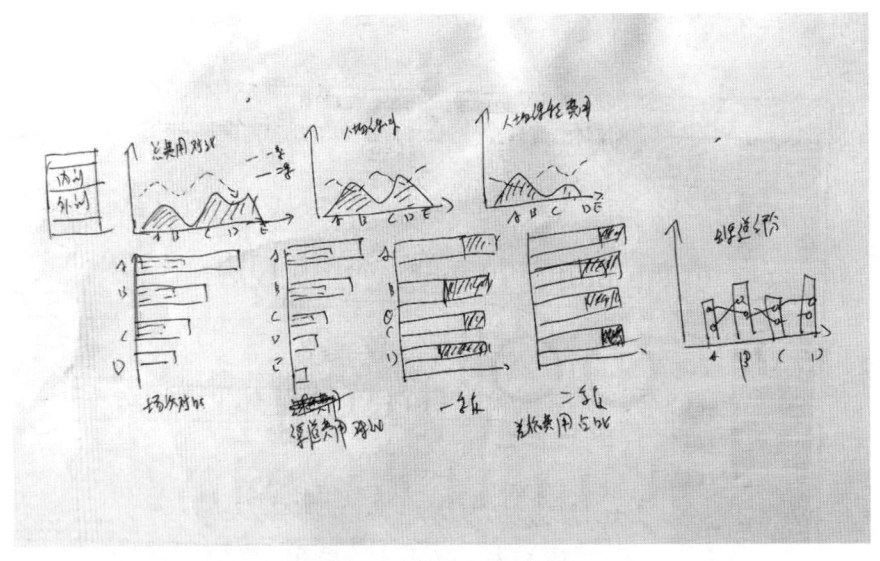

图 8-37　仪表盘布局草图

第五节　仪表盘的元素布局

新建一个 SHEET—插入矩形形状—填充为无色—边框变成黑色加粗。我们通过形状固定了一个仪表盘的区域，图表和切片器的布局都在这个区域里进行。

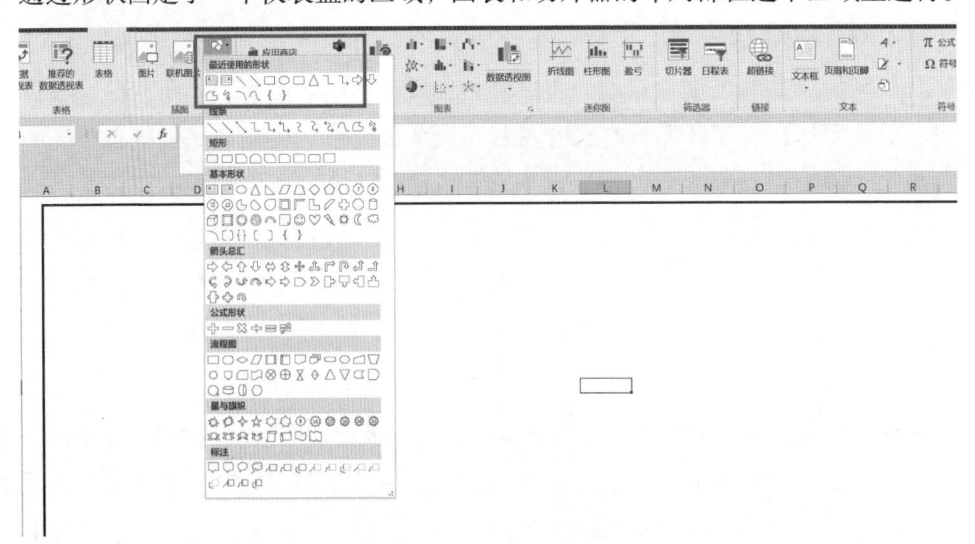

图 8-38　固定仪表盘区域

根据你绘制的草图布局，把数据透视图和切片器全部复制粘贴到你插入的矩形框里，同时调整各个图表的位置，遵循对齐的原则进行排列。

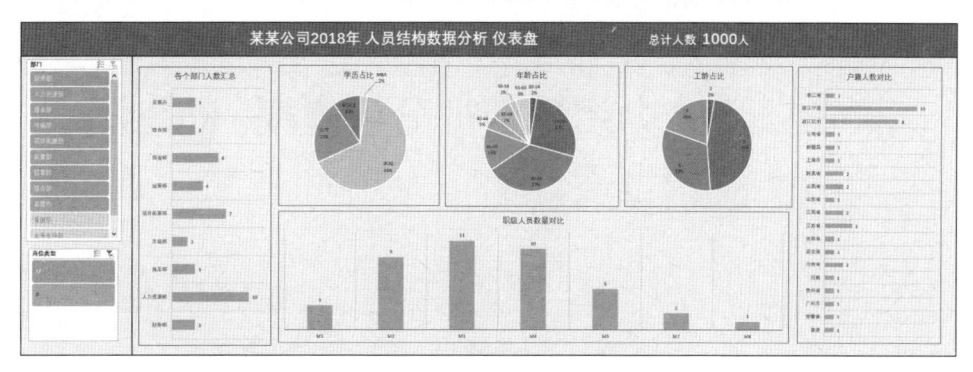

图 8-39　对图表位置进行排列

建立了数据仪表盘后，就可以点击切片器进行数据的交互，根据数据聚焦的原则，我们可以分析公司层面的数据，也可以分析部门、岗位、层级的各个数据，全面地对该模块进行分析。

第六节　章节复盘

- 数据仪表盘是数据分析的重要模型，通过数据仪表盘的数据交互可以从多个维度对人力资源模块进行数据分析。
- 数据仪表盘包含数据标题、KPI 看板、数据图表区。
- 数据仪表盘的设计原则是：统一、对齐、图表放在一个页面。
- 数据仪表盘的交互是由切片器来完成的，切片器可以关联数据表中的数据透视表，实现数据的交互。
- 在做仪表盘的时候，需要对仪表盘的透视表进行表格的命名，因为在做切片器关联的时候需要知道表格内容以便关联。
- 数据仪表盘的交互功能不能复制到 PPT 中。

第九章

人力资源数据分析建模：动态图表模型设计

动态图表是应用开发工具里的表单控件，结合查询函数来提取相关指标的数据，并把该指标可视化，通过表单控件的数据筛选，来实现关键指标的数据交互，这个章节我们来讲讲如何创建动态图表模型。

第一节　Excel 开发工具

Excel 在默认情况下是没有显示开发工具这个功能的，所以我们在做动态图表模型之前，需要在 Excel 中把开发工具这个菜单给选择出来。

（1）Excel 文件—选项—自定义功能区—开发工具打钩—点击确定。

图 9-1　打开开发工具功能

（2）在 Excel 的菜单上就会出现开发工具。

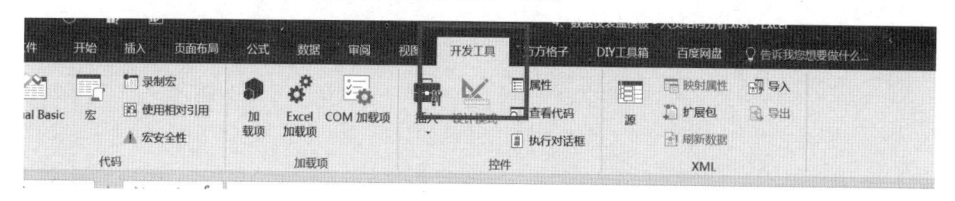

图 9-2　出现开发工具功能

第二节　表单控件：窗体控件

开发工具—插入有两种控件，一种叫表单控件，另一种叫 ActiveX 控件，我们做动态图表用的是表单控件。在表单控件里包含组合框、复选框、数值调节按钮、列表框、选项按钮、滚动条等窗体的控件，我们在动态图表里的数据交互就是通过这些窗体控件来实现的，接下来和大家讲讲一些窗体控件。

图 9-3　插入表单控件

一、组合框

组合框是通过下拉的形式对数据进行筛选，开发工具—插入—表单控件—选择组合框，在 Excel 里滑动鼠标，创建一个组合框。

有了组合框后，我们需要对组合框进行设置，我们需要选择的是组合框的数据区域，比如这个组合框下拉的是姓名数据，那我们需要把姓名的数据匹配到组合框的数据区域里。

（1）选中组合框—右键—设置控件格式。

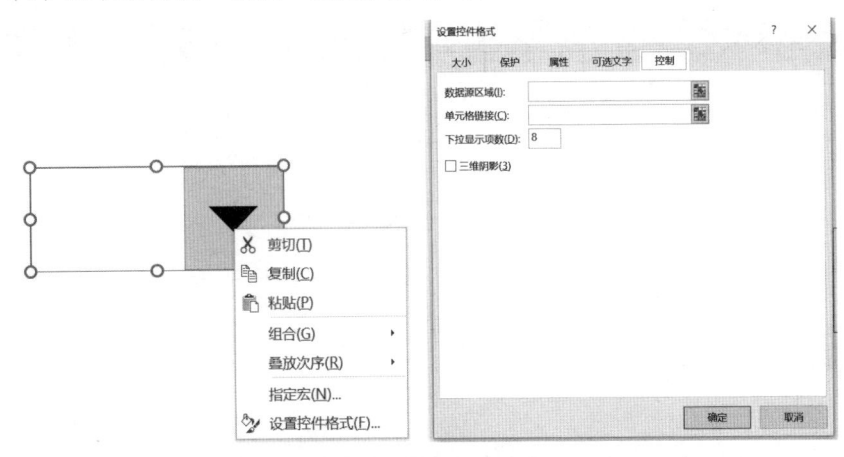

图9-4　设置控件格式

（2）在选择数据源区域之前，我们先要建立姓名的数据组，然后再点击选择数据源区域，点击确定，在组合框的下拉菜单里就有了姓名的菜单。

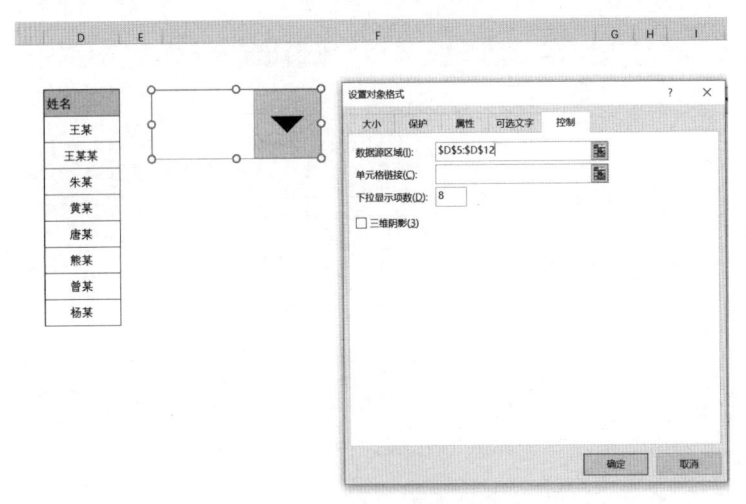

图9-5　设置姓名菜单

（3）在设置对象格式里还有一个设置是单元格链接设置，这个单元格链接设置是通过数字的形式呈现你选择的数据是在整体数据的第几个位置。

王某在整体的姓名菜单中是第一个位置，所以当组合框下拉菜单选择王某的时候，就出现数字1，以此类推，当我选择王某某的时候，用黄色标识的单元格就会显示数字2，这个就是单元格链接的用法。

（4）在动态图表的设计中，我们就是通过对关键指标位置的查询，来提取关键指标的数据，最终生成动态图表。

姓名
王某
王某某
朱某
黄某
唐某
熊某
曾某
杨某

王某 ▼

1

图 9-6　设置单元格链接

组合框应用实操演练

我们对每个部门的每个月的人员离职率数据进行了汇总统计，生成了一张数据报表，我们希望可以看到每个月每个部门的人员离职率的数据对比。如果用动态图表的组合框来实现，我们的解决方案是对时间做组合框，然后结合INDEX 的函数来提取每个月每个部门的离职率的数据，再生成折线图，然后用组合框的窗体控件来交互。

月份	人力资源部	研发部	市场部	视觉设计部	IT部	财务部	业务部	行政部
1月	10%	70%	30%	80%	90%	60%	80%	40%
2月	60%	90%	90%	40%	10%	90%	60%	60%
3月	70%	80%	50%	0%	40%	0%	0%	30%
4月	80%	30%	40%	0%	10%	90%	10%	70%
5月	70%	90%	90%	70%	100%	70%	90%	10%
6月	90%	90%	90%	20%	10%	0%	40%	20%
7月	10%	80%	100%	10%	60%	80%	0%	40%
8月	20%	70%	60%	20%	60%	100%	100%	60%
9月	10%	40%	90%	80%	20%	60%	60%	80%
10月	60%	70%	100%	20%	90%	100%	80%	60%
11月	80%	80%	10%	90%	70%	70%	30%	40%
12月	80%	60%	70%	30%	30%	40%	70%	70%

图 9-7　人员离职率数据统计表

（1）插入组合框窗体控件—点击右键—设置控件格式—数据源区域选择月份。

图 9-8　选择"月份"数据源区域

（2）选择单元格链接，在原始数据表的 SHEET 页面建立一张动态图的表格。

月份	人力资源部	研发部	市场部	视觉设计部	IT部	财务部	业务部	行政部
6								
月份	人力资源部	研发部	市场部	视觉设计部	IT部	财务部	业务部	行政部
1月	10%	70%	30%	80%	90%	60%	80%	40%
2月	60%	90%	90%	40%	10%	90%	60%	60%
3月	70%	80%	50%	0%	40%	0%	0%	30%
4月	80%	30%	40%	0%	10%	90%	10%	70%
5月	70%	90%	90%	70%	100%	70%	90%	10%
6月	90%	90%	90%	20%	10%	0%	40%	20%
7月	10%	80%	100%	10%	60%	0%	0%	40%
8月	20%	70%	60%	20%	60%	100%	100%	60%
9月	10%	40%	90%	80%	20%	60%	20%	80%
10月	60%	70%	100%	20%	90%	100%	80%	60%
11月	80%	80%	10%	90%	70%	70%	30%	40%
12月	80%	60%	70%	30%	30%	40%	70%	70%

图 9-9　建立动态图表格

（3）用 INDEX 函数来提取每个月的部门离职率数据，我们组合框控件的单元格链接代表的是每个月份在一年的月份中是第几个位置，比如上图用黄色标识的 6，代表的是月份中的第六个位置，就是 6 月，所以我们就用 INDEX 函数去月份中找到所有月份的第六个位置，并显示在月份这个单元格，所以 INDEX 函数如下：

=INDEX（D5：D16，C2）

D5：D6 代表的是 1~12 月的月份区域数据。

C2 代表的是组合框控件，单元格链接的数据，当组合框选择月份的时候，单元格链接的数据就显示月份的位置数据，INDEX 函数就去区域里寻找这个位置的数据，最后提取组合框控件月份的对应数据，这里需要注意的是，我们要对这个数据进行绝对的引用。

月份	人力资源部	研发部	市场部	视觉设计部	IT部	财务部	业务部	行政部
6 6月	90%	90%	90%	20%	10%	0%	40%	20%
月份	人力资源部	研发部	市场部	视觉设计部	IT部	财务部	业务部	行政部
1月	10%	70%	30%	80%	90%	60%	80%	40%
2月	60%	90%	90%	40%	10%	90%	60%	60%
3月	70%	80%	50%	0%	40%	0%	0%	30%
4月	80%	30%	40%	0%	10%	90%	10%	70%
5月	70%	90%	0%	70%	100%	70%	90%	10%
6月	90%	90%	90%	20%	10%	0%	40%	20%
7月	10%	80%	100%	10%	60%	0%	0%	40%
8月	20%	70%	60%	20%	60%	100%	100%	60%
9月	10%	40%	90%	80%	20%	60%	20%	80%
10月	60%	70%	100%	20%	90%	100%	80%	50%
11月	80%	80%	10%	90%	70%	70%	30%	40%
12月	80%	60%	70%	30%	30%	40%	70%	70%

图 9-10　提取组合框控件月份数据

（4）对数据表格进行数据可视化，我们用函数已经完成了月份数据的提取，然后选择做好的数据表格，插入折线图，生成如下数据图，我们可以通过组合框来选择月份，看到每个部门每个月的离职率数据。

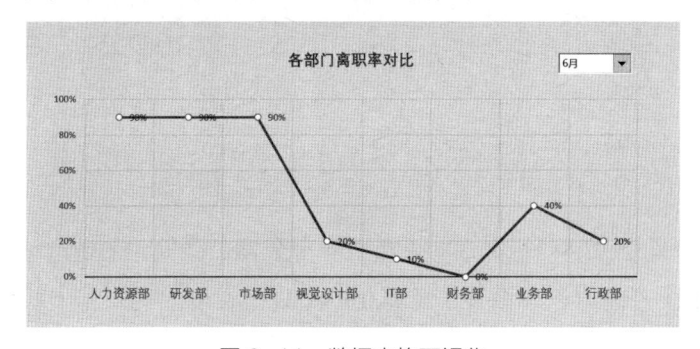

图 9-11　数据表格可视化

二、复选框

复选框是一个可以多选的窗体控件，在实际的动态图表设计过程中，复选框一般是作为组合控件出现。它和组合框、下拉框一起组合成组合控件。通过各个组合控件的交互来实现人力资源数据的分析。

复选框可以通过以下步骤来实现：

复选框点击右键—单元格链接—选择单元格，当选中复选框的时候，单元格链接会变成 TRUE，反之就是 FALSE。

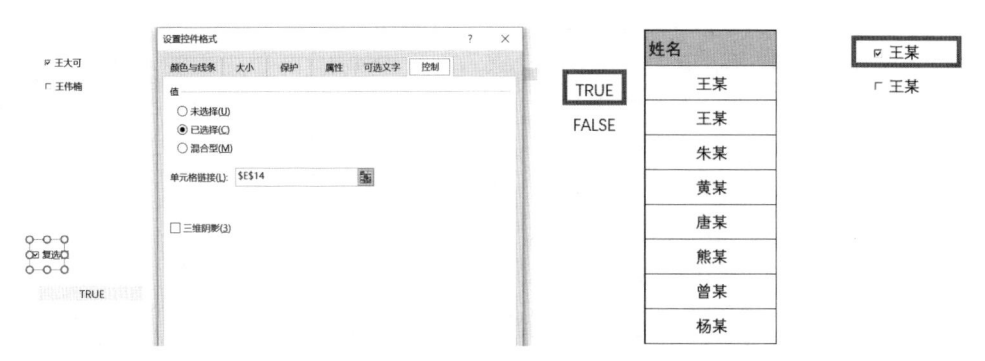

图 9-12　TRUE 与 FALSE 示例

复选框一般和 IF 函数配套使用，用 IF 函数来判断复选框是否被选中，如果复选框被选中，那就呈现需要提取的数据，如果没有被选中那就呈现 NA（ ）。

复选框应用实操演练：

	1月	2月	3月	4月	5月	6月	7月	8月	9月	10月	11月	12月
综合部	20.0%	72.0%	38.0%	95.0%	72.0%	38.0%	44.0%	5.0%	54.0%	75.0%	49.0%	28.0%
商品部	59.0%	15.0%	23.0%	59.0%	15.0%	23.0%	66.0%	75.0%	83.0%	93.0%	53.0%	45.0%
市场部	88.0%	26.0%	64.0%	88.0%	26.0%	64.0%	37.0%	20.0%	20.0%	55.0%	70.0%	66.0%
业务支持部	50.0%	72.0%	38.0%	22.0%	21.0%	8.0%	66.0%	99.0%	16.0%	8.0%	80.0%	56.0%
运营部	59.0%	15.0%	23.0%	85.0%	11.0%	25.0%	79.0%	12.0%	34.0%	19.0%	6.0%	80.0%
HR	88.0%	26.0%	64.0%	2.0%	13.0%	2.0%	56.0%	41.0%	1.0%	63.0%	85.0%	97.0%
客服部	3.0%	12.0%	48.0%	31.0%	36.0%	85.0%	5.0%	82.0%	15.0%	61.0%	64.0%	68.0%
财务部	20.0%	8.0%	40.0%	82.0%	93.0%	59.0%	29.0%	62.0%	52.0%	64.0%	11.0%	92.0%

图 9-13　各部门月度人员离职率数据

图 9-13 是每个部门每个月的人员离职率数据，我们希望通过动态图表来对每个部门每个月的离职率做一个可视化的呈现。在图表的形式上我们选择折线图，然后对部门做复选框，当我选中某个部门的时候，就出现该部门的离职率曲线，然后我想对比两个部门的月度离职率，这个时候我只需要选择想对比的部门即可。这个就是我们用窗体控件的动态图表实现的数据交互的功能。

接下来我们用实际的案例来演示如何用窗体控件结合 IF 函数来做数据分析模型。

（1）开发工具—插入—复选框。

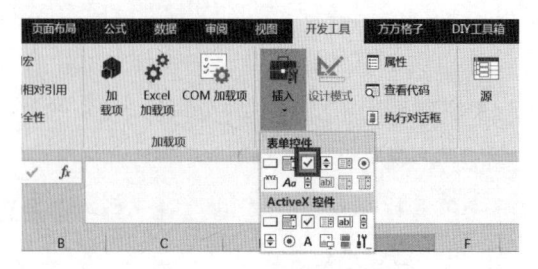

图 9-14　加入复选框示例

（2）右键点击复选框—设置控件格式—单元格链接，单元格链接的位置放在原始表格部门的前面。给每个复选框命名为部门名字，为了可以使各个部门的名字对齐，我们在单元格里输入各个部门的名字，然后把复选框放在每个部门的名字前面。

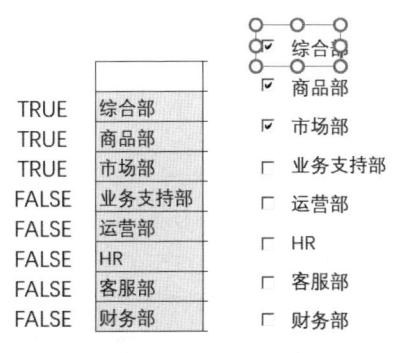

图9-15　加入单元格链接

（3）把原始表格的表头复制到已经命名好部门的复选框上方，在后期当我们选择复选框的时候，表头的字段下方就会自动地出现每个月份的人员离职率数据。

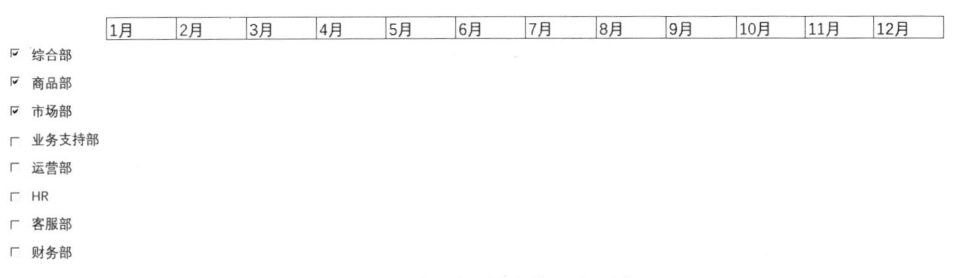

图9-16　复制原始表格至复选框

（4）选择综合部1月的单元格，开始来写IF函数，当复选框选中综合部的时候，单元格链接显示的是TRUE，显示的是综合部1月的离职率数据，当我们把选择取消，这个时候单元格链接显示FALSE，在综合部1月显示的是NA( )，要实现这个功能，函数如下 =IF［$B4=TRUE，D4，NA（）］。

这里需要注意的是要把单元格链接进行绝对引用，在写完第一个单元格的函数后，双击完成整张表的函数填充。

	B	C	D	E	F	G	H	I	J	K	L	M	N	O
			1月	2月	3月	4月	5月	6月	7月	8月	9月	10月	11月	12月
TRUE	综合部		20.0%	72.0%	38.0%	95.0%	72.0%	38.0%	44.0%	5.0%	54.0%	75.0%	49.0%	28.0%
TRUE	商品部		59.0%	15.0%	23.0%	59.0%	15.0%	23.0%	66.0%	75.0%	83.0%	93.0%	53.0%	45.0%
TRUE	市场部		88.0%	26.0%	64.0%	88.0%	26.0%	64.0%	37.0%	20.0%	20.0%	55.0%	70.0%	66.0%
FALSE	业务支持部		50.0%	72.0%	38.0%	22.0%	21.0%	8.0%	66.0%	99.0%	16.0%	8.0%	80.0%	56.0%
FALSE	运营部		59.0%	15.0%	23.0%	85.0%	11.0%	25.0%	79.0%	12.0%	34.0%	19.0%	6.0%	80.0%
FALSE	HR		88.0%	26.0%	64.0%	2.0%	13.0%	2.0%	56.0%	41.0%	1.0%	63.0%	85.0%	97.0%
FALSE	客服部		3.0%	12.0%	48.0%	31.0%	36.0%	85.0%	5.0%	82.0%	15.0%	61.0%	64.0%	68.0%
FALSE	财务部		20.0%	8.0%	40.0%	82.0%	93.0%	59.0%	29.0%	62.0%	52.0%	64.0%	11.0%	92.0%

图 9-17　原始表格

		1月	2月	3月	4月	5月	6月	7月	8月	9月	10月	11月	12月
☑	综合部	0.2	0.72	0.38	0.95	0.72	0.38	0.44	0.05	0.54	0.75	0.49	0.28
☑	商品部	0.59	0.15	0.23	0.59	0.15	0.23	0.66	0.75	0.83	0.93	0.53	0.45
☑	市场部	0.88	0.26	0.64	0.88	0.26	0.64	0.37	0.2	0.2	0.55	0.7	0.66
☐	业务支持部	#N/A	#N/A	#N/A	#N/A	#N/A	#N/A	#N/A	#N/A	#N/A	#N/A	#N/A	#N/A
☐	运营部	#N/A	#N/A	#N/A	#N/A	#N/A	#N/A	#N/A	#N/A	#N/A	#N/A	#N/A	#N/A
☐	HR	#N/A	#N/A	#N/A	#N/A	#N/A	#N/A	#N/A	#N/A	#N/A	#N/A	#N/A	#N/A
☐	客服部	#N/A	#N/A	#N/A	#N/A	#N/A	#N/A	#N/A	#N/A	#N/A	#N/A	#N/A	#N/A
☐	财务部	#N/A	#N/A	#N/A	#N/A	#N/A	#N/A	#N/A	#N/A	#N/A	#N/A	#N/A	#N/A

图 9-18　函数完成后的表格

（5）用函数完成了数据的提取之后，接下来我们需要对数据进行可视化的呈现，因为时间的关系，所以在图表上我们选择了折线图。最后动态图表的输出如下。

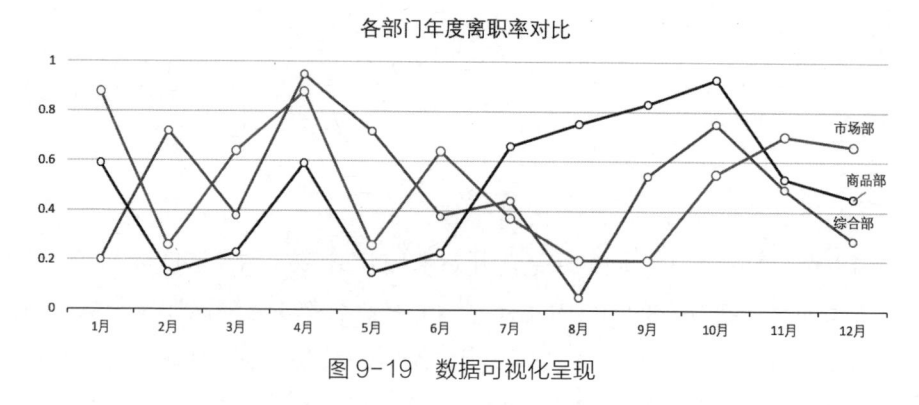

各部门年度离职率对比

图 9-19　数据可视化呈现

三、窗体控件组合建模

在窗体控件的建模中，一般都是多种窗体控件组合来做建模，这种组合建模的模式可以有更多数据交互的维度。在做数据分析的时候，可以进行数据的聚焦与筛选，和仪表盘模式相比起来，相对于原始数据表格的要求不高，并且可以利用函数来实现数据的交互。

窗体控件组合建模数据演示——人效数据分析

在人力资源的数据模块里，人效分析可以说是最重要也是最有价值的一个数据分析模块，因为人效的数据是和公司的财务数据相关联，而公司的管理层相对而言比较关心公司的财务数据，所以每到年底我们都会去分析公司的人效数据的关键指标，对这些指标进行内部的数据对比和外部市场的数据对标，在人效的数据分析中，我们希望能以人效的各个关键指标为维度，再结合指标关联字段作为复选框来对人效进行趋势分析，从而为明年的人力成本数据预算做决策支持。

要做人效的动态图表数据建模，我们先要有人效数据分析表，在人效数据分析表里我们把原始数据分成了4个类型：

（1）在岗人数：公司历年的人员数量；

（2）经济效益指标：公司的年度营收、净利润、营业成本等财务数据；

（3）人效指标：人力成本效率、人力成本利润效率、人力成本含量、人均人力成本、全员劳动生产率等；

（4）增长率指标：人数增长率、营业额增长率、人力成本增长率、净利润增长率。

我们根据人效的关键指标计算公式来完成下面表格中的关键指标的计算。

表9-1 公司人力效能分析表

项目	2011	2012	2013	2014	2015	2016	备注
一、在岗人数（计算周期内的期末人数+离职人数）	1200	1500	2000	3500	4500	5200	
二、经济效益指标							
1.营业收入（万）	178000	256000	383000	499000	590334	632037	
2.增加值（净利润）（万）	9200	10000	30000	43071	53301	42132	
3.成本/费用总额（万）	162000	243000	352000	439090	526463	587837	
4.人力成本总额（万）	22600	20328	23526	36692	46366	51320	
1.固定工资总额							
2.变动工资总额							

续表

项目	2011	2012	2013	2014	2015	2016	备注
3. 其他形式固定补贴（车贴、通信补贴）							
4. 社保费用（公司缴纳部分）							
5. 其他福利费（节假日、误餐、交通费分摊等）							
6. 培训费							
7. 招聘费							
8. 离职成本（经济补偿、代为通知金等）							
三、人效指标							
1. 人力成本效率（营业收入÷人力成本）	7.88	12.59	16.28	13.60	12.73	12.32	
2. 人力成本利润效率（净利润÷人力成本）	0.41	0.49	1.28	1.17	1.15	0.82	
3. 人均工资							
4. 人均人力成本（人力成本÷职工数）	18.83	13.55	11.76	10.48	10.30	9.87	
5. 人力成本含量［人力成本总额÷成本（费用）总额］	13.95%	8.37%	6.68%	8.36%	8.81%	8.73%	
6. 工资成本含量（工资总额/人力资源成本）							
7. 全员劳动生产率（营业收入÷职工数）	148.33	170.67	191.50	142.57	131.19	121.55	
四、增长率指标							
人数增长率		25.00%	33.33%	75.00%	28.57%	15.56%	
营业额增长率		43.82%	49.61%	30.29%	18.30%	7.06%	
人力成本增长率		10.05%	15.73%	55.96%	26.37%	10.68%	
净利润增长率		8.70%	200.00%	43.57%	23.75%	20.95%	

我们做人效的数据建模，就是要对人效的关键指标模块和这些模块关联的数据字段来做动态图表，所以我们选择了人效数据分析中的 4 个关键指标：

- 人力成本效率；
- 人力成本利润效率；
- 人力成本含量；
- 全员劳动生产率。

和这4个关键指标相关联的是5个计算字段，分别是以下几个：

- 人数；
- 营业收入；
- 净利润；
- 营业成本；
- 人力成本总额。

我们对人效的数据建模的思路是以2011~2016年的时间为维度来对人效的各个关键指标进行数据交互，同时对各个指标的计算字段以复选框的形式作为关键指标的数据参考来分析人效。

（1）对原始表格数据进行处理，建立人效动态图的数据表。

表9-2　人效动态图数据表

项目	2011	2012	2013	2014	2015	2016
人数（千）	1.2	1.5	2	3.5	4.5	5.2
营业收入（亿）	17.80	25.60	38.30	49.90	59.03	63.20
净利润（亿）	0.92	1.00	3.00	4.31	5.33	4.21
营业成本（亿）	16.20	24.30	35.20	43.91	52.65	58.78
人力成本总额（亿）	2.26	2.03	2.35	3.67	4.64	5.13
人力成本效率	7.88	12.59	16.28	13.60	12.73	12.32
人力成本利润效率	0.41	0.49	1.28	1.17	1.15	0.82
人力成本含量	0.14	0.08	0.07	0.08	0.09	0.09
全员劳动生产率	148.33	170.67	191.50	142.57	131.19	121.55

（2）开发工具—插入列表框—设置控件格式，列表框控件格式里数据源区域为人效的关键指标数据区域，这里需要大家注意的是区域的选择，因为我们做的是组合控件的建模，所以要区分列表框和复选框的区域选择。

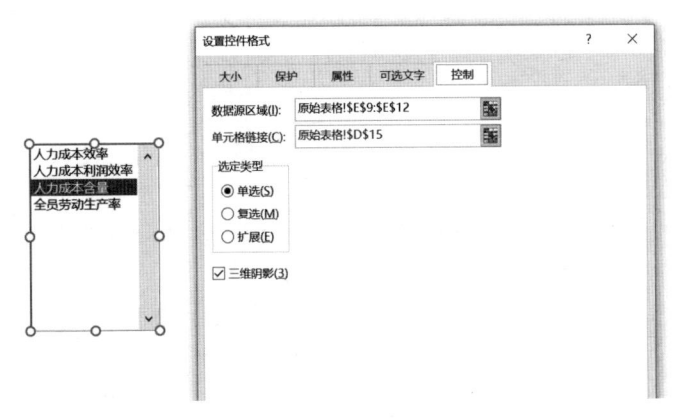

图 9-20 设置控件格式

项目	2011	2012	2013	2014	2015	2016
人数（千）	1.2	1.5	2	3.5	4.5	5.2
营业收入（亿）	17.80	25.60	38.30	49.90	59.03	63.20
净利润（亿）	0.92	1.00	3.00	4.31	5.33	4.21
营业成本（亿）	16.20	24.30	35.20	43.91	52.65	58.78
人力成本总额（亿）	2.26	2.03	2.35	3.67	4.64	5.13
人力成本效率	7.88	12.59	16.28	13.60	12.73	12.32
人力成本利润效率	0.41	0.49	1.28	1.17	1.15	0.82
人力成本含量	0.14	0.08	0.07	0.08	0.09	0.09
全员劳动生产率	148.33	170.67	191.50	142.57	131.19	121.55

图 9-21 进行区域选择

（3）在单元格链接的选择里，在动态图下面选择一个空的单元格，做单元格的链接，并且把动态图数据表的日期表头字段复制到单元格链接上面，如下图：

指标	11年	12年	13年	14年	15年	16年
3	人力成本含量					

图 9-22 复制表头字段至单元格链接

（4）用 INDEX 函数去数据源区域寻找单元格链接里的数字位置的数据，提取关键指标和每年的指标数据，函数如下，在 F9~F12 里选择 D15 的位置，比如用黄色标识的数字是 3，说明要去寻找第三个位置的数据，第三个位置是"人力成本含量"，在 D15 单元格显示，然后把公式往后拉，就自动生成了各个月份的关键指标数据。

=INDEX（F9：F12，D15）

	项目	2011	2012	2013	2014	2015	2016
	人数（千）	1.2	1.5	2	3.5	4.5	5.2
	营业收入（亿）	17.80	25.60	38.30	49.90	59.03	63.20
	净利润（亿）	0.92	1.00	3.00	4.31	5.33	4.21
	营业成本（亿）	16.20	24.30	35.20	43.91	52.65	58.78
	人力成本总额（亿）	2.26	2.03	2.35	3.67	4.64	5.13
	人力成本效率	7.88	12.59	16.28	13.60	12.73	12.32
	人力成本利润效率	0.41	0.49	1.28	1.17	1.15	0.82
	人力成本含量	0.14	0.08	0.07	0.08	0.09	0.09
	全员劳动生产率	148.33	170.67	191.50	142.57	131.19	121.55
	指标	2011年	2012年	2013年	2014年	2015年	2016年
3	人力成本含量	0.14	0.08	0.07	0.08	0.09	0.09

图 9-23　生成各月份关键指标数据

（5）有了关键指标的列表框数据后，我们还希望在动态图中出现这个关键指标的计算字段，并且可以单个出现，也可以多个出现，所以要对数据表的计算字段做一个复选框的动态图

开发工具—插入复选框—对复选框做命名，更改为关键指标的计算字段。

项目	2011	2012	2013	2014	2015	2016	
人数（千）	1.2	1.5	2	3.5	4.5	5.2	☐ 人数
营业收入（亿）	17.80	25.60	38.30	49.90	59.03	63.20	☐ 营业收入
净利润（亿）	0.92	1.00	3.00	4.31	5.33	4.21	☐ 净利润
营业成本（亿）	16.20	24.30	35.20	43.91	52.65	58.78	☑ 营业成本
人力成本总额（亿）	2.26	2.03	2.35	3.67	4.64	5.13	☑ 人力成本总额

图 9-24　插入复选框

（6）用 IF 函数对复选框进行判断，如果选中了计算字段的复选框，那复选框的单元格链接显示为"真"，在动态图的数据表中显示单元格数据，该函数如下：

=IF［D17，E4，NA（）］，如果 D17 的单元格链接为真，那么 E17 就显示计算字段数据，如果是假，那么该单元格就不显示数据。

	A	B	C	D	E	F	G	H	I	J	K	L
14				指标		11年	12年	13年	14年	15年	16年	
15			3	人力成本含量		0.14	0.08	0.07	0.08	0.09	0.09	
16												
17		FALSE			#N/A	#N/A	#N/A	#N/A	#N/A	#N/A	#N/A	
18		FALSE			#N/A	#N/A	#N/A	#N/A	#N/A	#N/A	#N/A	
19		FALSE			#N/A	#N/A	#N/A	#N/A	#N/A	#N/A	#N/A	
20		TRUE	营业成本（亿）			16.2	24.3	35.2	43.909	52.6463	58.7837	
21		TRUE	人力成本总额（亿）			2.26	2.0328	2.3526	3.6692	4.6366	5.132	

图 9-25　用 IF 函数对复选框进行判断

（7）利用表单控件和 INDEX 函数我们完成了动态图的组合数据表，接下来需要做数据的可视化，把数据表生成数据图，我们在图表的选择上选择了折线图，因为整个数据是以时间为维度，对每年的数据进行对比，最后数据建模如下：

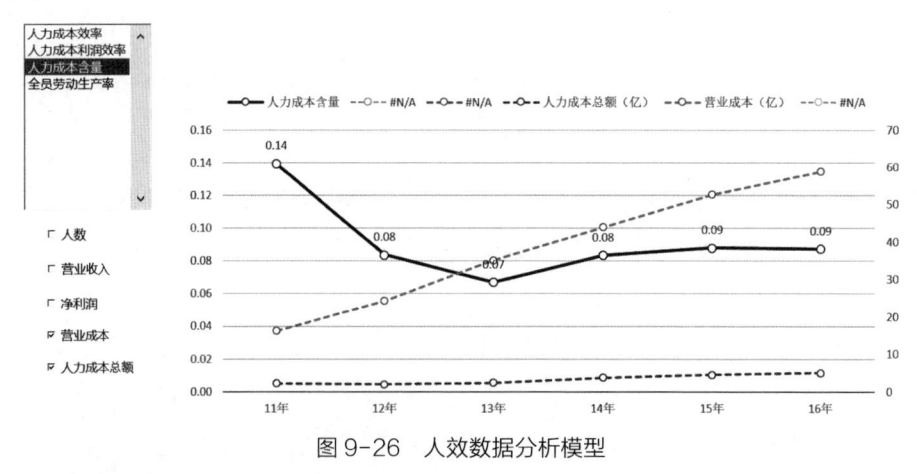

图 9-26　人效数据分析模型

在该模型中由两个表单控件组成，我们可以根据数据分析需求，然后随意地选择关键指标和表单控件进行数据的交互和选择，从而进行数据的分析。

第三节　章节复盘

- 表单控件需要在 Excel 的自定义功能区开启。
- 表单控件的使用需要和 INDEX 或者 IF 函数结合起来，实现数据的查询和交互功能。
- 动态图表更多的是单个数据图表结合多个表单控件实现数据的交互和分析。
- 相对比数据仪表盘，动态图表更关注数据的逻辑和数据的函数之间的关联。

第十章
人力资源数据分析方法

第一节 数据对比

数据对比常用指标如下:
- 同比:今年和去年进行对比;
- 环比:这个月和上个月进行对比;
- 数量变化 = 这期数据 – 上期数据;
- 倍数变化 = 本期数据 / 同期数据;
- 增长率 =(本期数据 – 上期数据)/ 上期数据。

同比、环比的数据对比在人力资源的数据分析中,一般在人员流动、人员离职还有人效数据分析中出现的比较多。特别是在人员流动的数据分析中,因为人员流动的数据分析主要是通过对历史数据的分析,来预判明年人员入离职的时间,从而提前为招聘培训做好准备,所以在流动模块中就需要进行数据的对比。

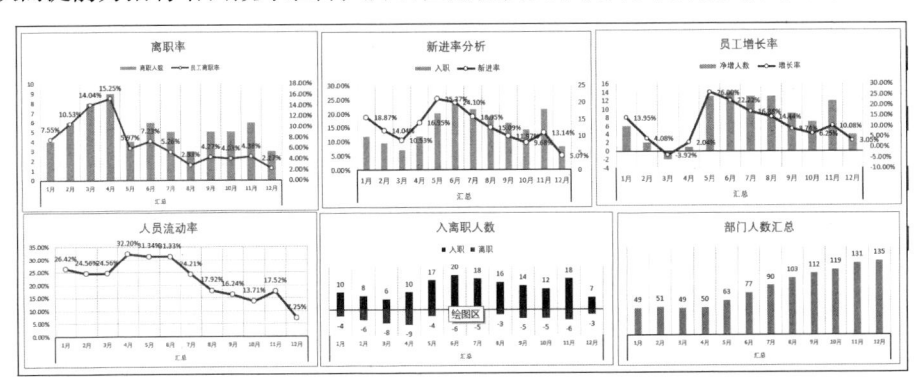

图 10-1 人员流动对比分析

在人效的数据分析中也会引入对比的概念，主要是因为人效分析会和财务数据相关联，而财务数据是需要进行历史数据的对比，所有人效的数据关键指标是需要进行对比的。

数量变化、倍数变化的数据对比在 KPI 的绩效设计中用的比较多，在 KPI 的关键指标绩效设计中，选择了 KPI 指标后，我们就需要对 KPI 指标进行量化，KPI 的量化就是由绝对值、差值和比值构成的。

如设计一个招聘专员的 KPI 绩效指标，有个绩效指标叫岗位发布—岗位信息编辑，那对这个指标进行量化的时候我们就会以编辑错误的次数作为考核指标，这个次数就是绝对值。差值和比值在销售的考核指标中出现的比较多，如分段的考核金额，超过了标准销售额给予不同的奖金提成。

A	绝对值
A−B	差值
(A−B)/A	比值

图 10-2　绩效 KPI 指标形式—量化指标

第二节　频率分析

频率分析是指在样本数据中某个区域里出现的数据个数和数据出现个数的占比。如果数据是做内部的参考，我们一般比较关注数据的值，也就是说在区域里数据出现的个数或者是值。如果数据是和外部进行对标，由于每个企业的数据基数不一样，所以在数据呈现的形式上，我们一般会选择该数据的占比。

在人员资源模块，一般在人员结构和薪酬分布中频率分布的数据分析会出现的比较多。在人员结构的数据分析中，工龄、年龄等都是要在一定的数据区间来汇总人员频率的数据，在薪酬的数据分析中，我们根据薪酬的数据区间来汇总正在每个薪酬区间的人数。

频率分析统计方法的优点是数据比较的直观，并且可以根据分析的需求来调整数据区间，但缺点是数据不够集中，所以在区间的选择上就至关重要，比如我们在做公司的工龄数据分组上，如果是创业型公司，我们在工龄上会以"月"为单位，对于公司年数比较久的，那我们就会选择以"年"为单位。

- 样本在某个区间范围内出现的次数，得出样本在某个范围区间的频率。
- 优点是数据更加直观，用数据图表可以呈现。缺点是数据不够集中。

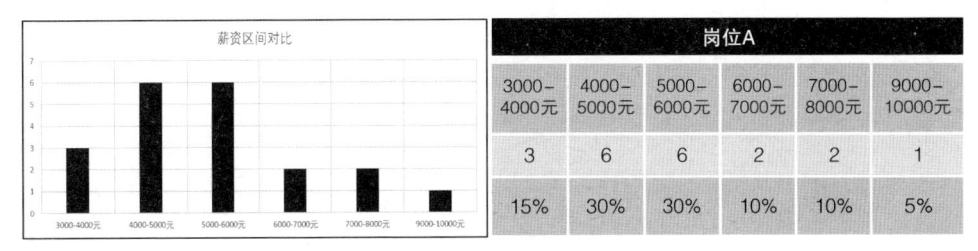

岗位A				
3000–4000元	4000–5000元	5000–6000元	6000–7000元	7000–8000元	9000–10000元
3	6	6	2	2	1
15%	30%	30%	10%	10%	5%

图 10-3　描述性数据分析—频率分析

在频率的数据可视化上我们可以用直方图和数据透视表分组来做呈现。

一、直方图

直方图是在 2013 版 Office 上出现的一种代表频率关系的图表，直方图可以一键生成各个分组数据的频率，但是在数据的显示上直方图只能显示数据的数值，不能显示数据的占比。

选中年龄数据—插入直方图—点击确定，直接生成年龄的直方图。

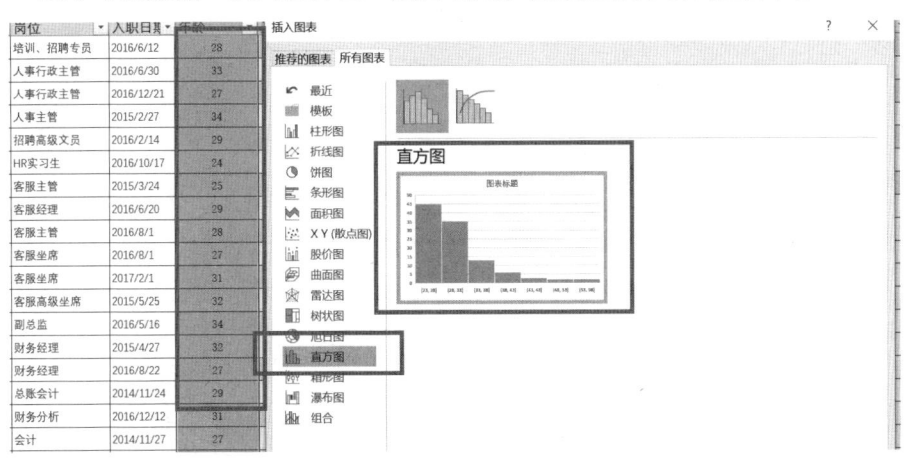

图 10-4　生成年龄直方图

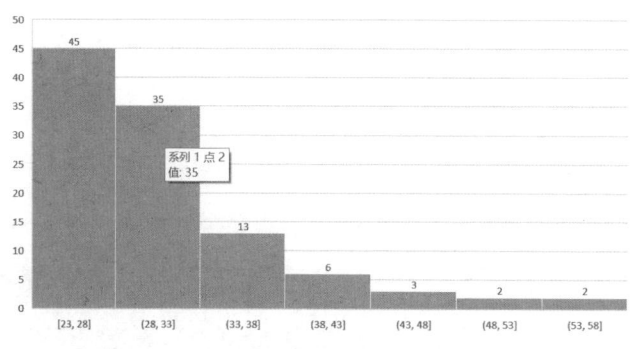

图 10-5　年龄频率数据分析

在直方图中 X 轴的数据区间可以通过坐标轴选项进行更改，如上图的坐标轴是以 5 岁为一个单位，你可以对这个区间进行调整，变成 10 岁一个区间。

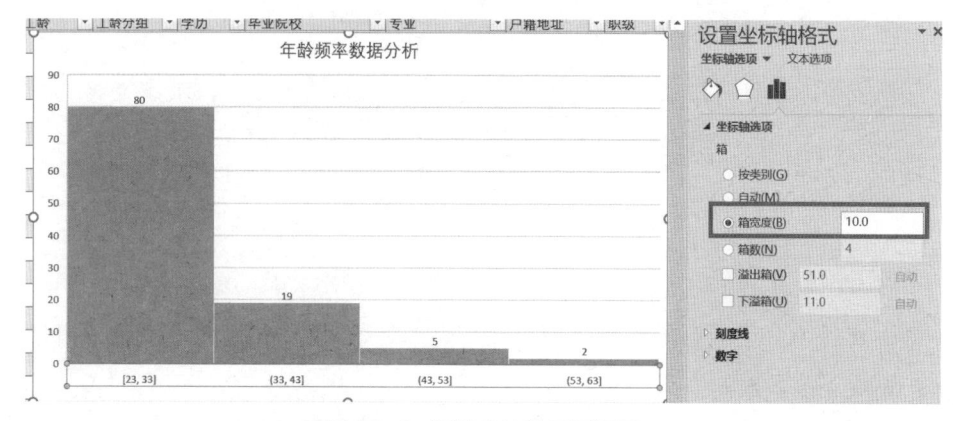

图 10-6　调整坐轴轴区间设置

二、数据透视表分组频率分析

数据透视表分组相比直方图需要在原始的数据表格上进行数据的透视，选择年龄的字段，然后对该字段进行分组，再进行数据的可视化。

相对直方图，数据透视表的操作步骤会多一点，但是在数据的呈现形式上更加的多样化，不单单是以数值的形式出现，还可以进行百分比的数据分析统计，在数据的区间分布上可以设置数据的最小值、最大值和区间的步长。同时数据透视表、透视图和数据表格进行关联，当数据表格进行更新的时候，数据透视表、透视图也会进行相应的数据更新，整个数据分析更加灵活。

第三节 数据聚焦：漏斗分析法

漏斗分析是指对一个数据价值链上的各个阶段的数据转换率进行数据分析，由于各个转换率的数据值是根据各个阶段逐级递减的，所以我们把数据图统称为漏斗图。

在人力资源的数据分析模块中，人员招聘阶段的数据转换率就是一个漏斗图，人员的招聘根据招聘的转换阶段分为：简历筛选—电话邀约—初试—复试—录用—到岗—试用。

图 10-7　招聘各阶段转换率数据指标

在每个阶段都有对应的招聘转换率，我们在做招聘阶段的数据分析时，就是去分析各个岗位的招聘转换率的数据，找出转换率最低的那个数据，然后进行原因分析，提升转换率。

- 简历筛选：简历有效率；
- 电话邀约：电话邀约率；
- 初试：初试通过率；
- 复试：复试通过率；
- 录用：录用率；
- 到岗：到岗率。

我们把招聘各个阶段的人数数值和转换率数据通过条形图的形式进行数据的可视化，在对人数进行条形图的设计的时候，我们需要依靠辅助线来进行漏斗图的设计。

业务员招聘漏斗		
阶段	辅助列	人数
收到简历数量	0	30
电话邀约数量	2	26
初试到场人数	5	20
初试通过人数	8	14
复试通过人数	10	10
录用人数	12	6
到岗人数	13	4

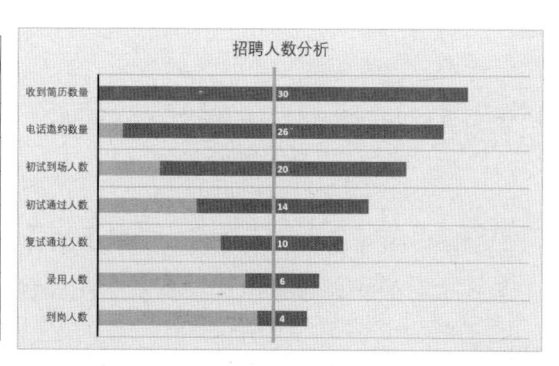

图 10-8

漏斗图的设计思路是辅助列和人数数据的条形图进行成分堆积，然后再隐藏辅助列的数据。我们先要计算出辅助列的数据，电话邀约人数是 26 人，对称一半就是 13 人，图表中黄色部门的数据计算是（收到简历数 /2- 电话邀约数量 /2）=2，以此类推算出初试到岗人数、复试到岗人数的辅助列数据。

（1）完成了漏斗图的数据表后，选择数据—插入条形堆积图，如下图所示：

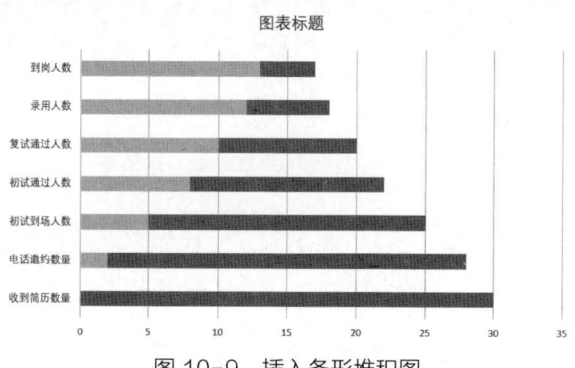

图 10-9　插入条形堆积图

（2）选中换色的辅助列数据—填充成白色。

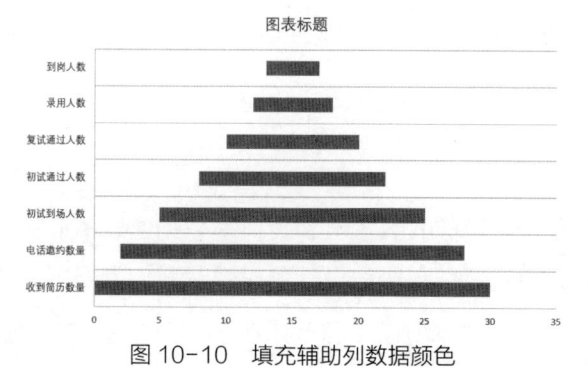

图 10-10　填充辅助列数据颜色

（3）选择 Y 轴的各个阶段的坐标—坐标轴选项—逆序类别，把 Y 轴的各阶段的顺序转换成和数据图表一样的顺序，这样我们就完成了招聘阶段人员数量转换率漏斗图。

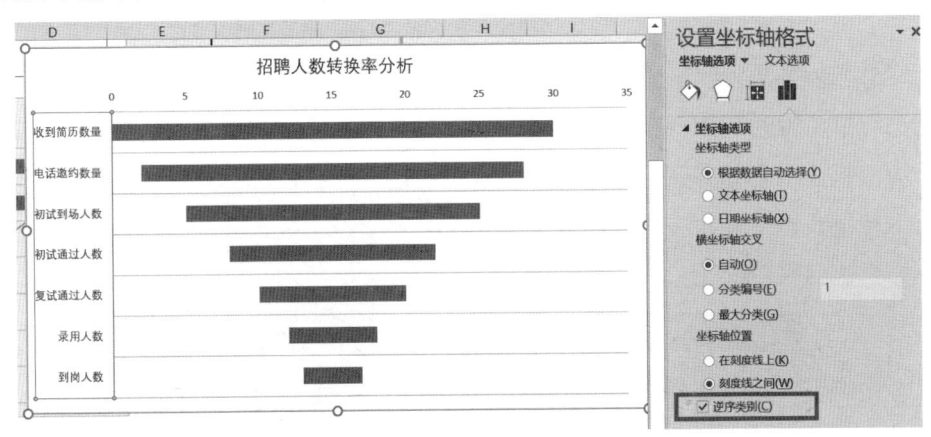

图 10-11　招聘阶段人员数量转换率漏斗图

在做招聘阶段的数据分析的时候，除了要去看各阶段的人数数量，关键还要看各阶段的数据转换率，因为每个岗位的人员数量都不一样，数据转换率可以更加客观地呈现招聘阶段的转换率情况。

（4）通过数据透视表算出各阶段的数据转换率，然后选择图表—插入数据条形图，生成转换率的数据条形图，我们可以通过对条形图中各个阶段的数据对比，来分析哪个阶段的数据转换率最低，从而给出解决方案提升转换率。

• 应运于数据的聚焦和数据转换

职位	收到简历数	人力资源部初选合格简历数	有效简历率	电话邀约到场人数	电话邀约率
董事长助理	78	50	64.10%	40	80.00%
工程经理	60	40	66.67%	30	75.00%
合同项目经理	56	33	58.93%	25	75.76%
售后服务	89	48	53.93%	30	62.50%
产品经理	75	46	61.33%	30	65.22%
研发工程师	90	60	66.67%	20	33.33%

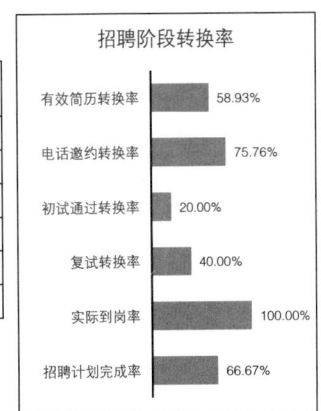

招聘阶段转换率

- 有效简历转换率　58.93%
- 电话邀约转换率　75.76%
- 初试通过转换率　20.00%
- 复试转换率　40.00%
- 实际到岗率　100.00%
- 招聘计划完成率　66.67%

图 10-12　描述性数据分析：漏斗分析

第四节　算数平均值

平均值算法是我们现在用的最多的一种数据分析的算法，主要是因为这种算法简单，容易理解，所以在大量的数据分析中都会用到平均值的算法，但是平均值算法也有其弊端，就是整个数据中的最大值和最小值对平均值的影响很大，就像我们平时在看跳水比赛一样，在跳水比赛中裁判都会去掉最大值和最小值，然后取平均值。

人力资源专员岗位						
A公司	B	C	D	E	F	G
3200	3000	3500	2700	3100	3700	3500

薪酬平均值=(3200+3000+…………3500) / 7= 2714.12元

图 10-13　描述性数据分析：算数平均值

在平均值的计算中我们需要注意的是，如果两组数据的平均值相同，我们还需要多做一步数据分析，就是去分析这两组数据的结构，因为平均值相同并不代表数据的结构也相同，我们来看下面这个案例：

表 10-1　两组平均值数据表

A 组					
34	54	46	47	52	55
48	40	28	67	39	33
51	66	24	44	32	19
平均值					43
B 组					
19	24	56	65	72	28
33	41	66	67	33	42
18	25	61	33	26	61
平均值					43

这里有两组数据，这两组数据的平均值都是43，如果只看两组数据的平均值我们可能认为两组数据应该差不多，但是如果我们对这两组数据进行结构分析，以 10 为一个步长对数据进行分组，做数据的频率分析，最后的结果如下：

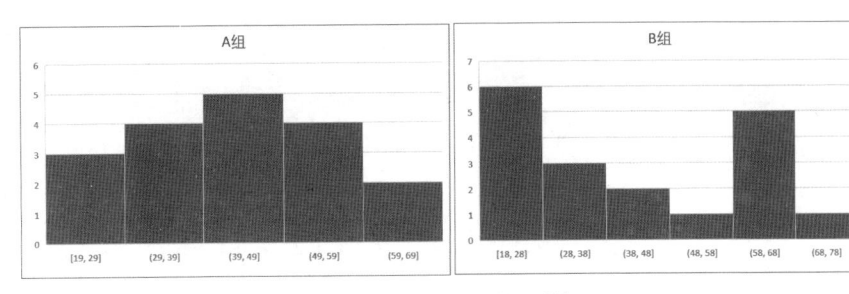

图 10-14 结构分析对比

如果这是一个年龄段的数据分析的话，那么 A 组的年龄结构明显优于 B 组的年龄结构，所以我们在做平均值数据分析的时候，也要对整个数据组做一个结构的分析。

第五节 加权平均值

加权平均值是指对数据给予不同的权重后进行加权平均值的计算，加权平均值一般出现在人力资源的绩效、能力测评、胜任力等模块的数据分析中，根据员工不同岗位的职责任务，制定不同的绩效权限，来做绩效考核。

我们先来理解什么是数据加权，如表 10-2 中的 4 次考试分数来计算考试的平均成绩，如果按照平均值的算法（季度考试+期中考试+期末考试）/4 次考试，就是 87.5 分的成绩，但是这种算法忽视了各次考试的重要性，在这几次考试中，首先期末考试是最重要的，其次是期中考试，最后是季度考试，那我们根据考试的重要程度给予不同的权重，给期末考试 50%，期中考试 30%，季度考试 10%，这里需要注意的是所有权重加起来必须是 100%。

（80×10%+85×10%+95×30%+90×50%）=90 分，这个分值算出来的就是加权平均值。

表 10-2　某生各种考试成绩加权表

季度考试（1）	季度考试（2）	期中考试	期末考试	平均值	加权平均值
80	85	95	90	87.5	
10%	10%	30%	50%		
8	8.5	28.5	45		90

- 对不同的分析数据赋予不同的权重值后，再计算平均值

季度测试（1）	季度测试（2）	期中考试	期末考试	平均值	加权平均值
80	85	95	90	87.5	
10%	10%	30%	50%		
8	8.5	28.5	45		90

招聘专员		
职级	薪资	人数
初级	2000	6
中级	4000	4
高级	6000	3
资深	8000	2
平均薪资	5000	
加权平均值	4133	

图 10-15　描述性数据分析：加权平均值

在 KPI 权重指标设计时会涉及如何定义各个指标的权重，一般权重的设计按照以下原则设计。

权重（%）
1. 部门绩效方向；
2. 岗位关键任务；
3. 指标方向的放大器；
4. 100%，5的倍数。

图 10-16　绩效 KPI 权重指标

我们在具体的岗位权重设计的时候首先对各个指标给予大的权重，然后在指标进行分解的时候再对分解的指标进行内部的权重分解，但是不管如何分解，权重的和一定是 100%，并且在最后的权重计算过程中也是根据各个分解指标的权重来计算。

那么在人力资源的绩效测评考核中也会用到加权平均值，我们在做绩效的时候，根据岗位的工作任务职责的重要性，需要对岗位任务做权重分析，对于岗位核心任务给予最大的权重。如下表中业务员的岗位，我们对岗位职责做分析，最后得出业务员推荐产品是其核心岗位职责，给予 40% 的权重，其次项目 ODM/OEM 给其 20% 的权重，然后其他的岗位任务给 10% 的权重，对于初级业务员来说他的绩效考核分值是 0~60 分，中级是 60~80 分，高级是 80~90 分，资深是 90~100 分，然后根据权重计算初级业务员的标准绩效分值。在年底的时候，我们对考核分数和标准分数进行数据对比，用雷达图的形式进行数据的呈现，对于低于标准分值的能力进行后续的人才发展。

表 10-3　单证员岗位年度绩效量化考评表

指标分类及权重	指标名称	指标权重	分值区间 0~60 分	分值区间 60~80 分	分值区间 80~90 分	分值区间 90~100 分	年度打分	权重计算后得分
综合素质 20%	责任心与理念	30%	理解公司文化和六大价值观，并和实际工作相关联；在岗位要求下尽心尽力主动承担完成本岗事务。	工作中践行公司文化及价值观，秉持主人翁精神，不敷衍了事，认真有效完成岗位职责；会主动承认、错误承担责任，尚无因责任心问题做有损公司的事情。	工作言行高度符合公司文化及价值观，主人翁精神较强，在本岗就业业地完成岗位职责；勇于承担责任有担当；遇到对公司、团队等存在不利的情况，能向相关人员和部门反馈。	工作言行高度符合公司文化及价值观，具备高度的职业化素养，优良工作态度得到他人一致认可。有高度主人翁精神、爱岗敬业，勇于承担责任，同时感染影响团队成员成长，对发现的工作潜在隐患总能积极反馈且提出假设性建议。	A1	A
	主动意识	30%	基本能完成当日工作任务，主动完成其他跟进性工作，能力待提高	保质保量完成当日工作任务外，能较主动梳理与跟进其他工作。具备一定主动分享意识，对于临时安排的任务也能欣然接受，严禁事不关己高高挂起。	积极主动完成本岗事务，定期梳理出运进度与同事反馈并提出有效解决方案。具备较高分享意识，对于临时安排的任务，能有效完成取得较好结果。	积极主动完成本岗事务，且积极主动协助上级及同事完成本职工作范畴内外的工作，办事可靠尽责，在部门内起到榜样作用。善于总结个人经验教训并主动分享，提升团队协作与融洽员工关系。	A2	

续表

指标分类及权重	指标名称	指标权重	分值区间 0~60 分	分值区间 60~80 分	分值区间 80~90 分	分值区间 90~100 分	年度打分	权重计算后得分
	抗压能力	20%	具备基本的抗压能力，面对困难和问题在上级的协助下能坦然面对，冷静处理。	基本能独立面对处理突发性或高强度工作，对于工作中的压力能自我调节，合理应对。面对他人指正，基本能以开放心态虚心接受并改进。	积极主动乐观的面对工作困难和压力并冷静处理，理性分析乐于正视自我不足；面对重任不推脱，面对重压不逃避；具备自我调节自我释放压力的方法，向部门他人散发正能量。	善于找到工作和生活的平衡点，调节好自身的工作状态，乐于正视自己的不足和失误并积极改进，并且用积极向上的正能量感染他人；勇于挑承担重压重任，不畏惧，冷静处理性专业地处理，得到大家认可。	A3	
	大局观	20%	团队意识一般，团队协作力认识不够深入，在他人要求下能提供帮助。尚无有损集体利益的言行。	有一定集体荣誉感，能经常主动优先考虑集体利益，给他人提供帮助，维护团队形象，较无有损集体利益的少怨言；尚利益的言行。	有较强集体荣誉感；遇事热情主动优先考虑集体利益，且热情的帮助他人解决问题，顾全大局，较的帮助其他同事，赢得团队内其他人员信任。	有高度集体荣誉感；总能热情主动地帮助他人解决问题，无保留地将自己所掌握技能传授给他人，帮助团队共成长，激励团队内人员高度信任；能牺牲小我顾全大局，集体利益高于个人利益。	A4	

续表

指标分类及权重	指标名称	指标权重	分值区间 0~60 分	分值区间 60~80 分	分值区间 80~90 分	分值区间 90~100 分	年度打分	权重计算后得分
业务素质 40%	执行能力	30%	执行力待提高，需经他人指出后进行跟进与改正；有意识主动跟进超期任务，单证考核表和未完结出运。	能做到按照制度规范执行，经提醒能较好改正，超期任务和单证考核表主动跟进及能力；抽查发现每年情况跟进明显不及时等于总抽查次数的 30%。	能严格遵守公司各项制度及部门操作规范，起榜样作用；具备一定发现问题和解决问题的意识和能力；超期任务和单证考核表跟进到位，抽查发现跟进明显不及时等于小于总抽查次数的 20%。	有高度的服从意识，支持团队决定并贯彻执行；不仅熟知并遵守公司各项制度及部门操作规范，能敏锐发现制度规范的优缺点，积极提出自己的见解；超期任务和单证考核表跟进到位，抽查发现每年情况跟进明显不及时等于小于总抽查次数的 10%。	B1	B
	岗位知识储备专业度	20%	单证知识与技能基本掌握，遇到突发事情，对贸易专业术语不够专业，需要他人从旁协助开展工作。	单证知识与技能掌握良好，遇突发事情与专业的应变度有待提高，同时会自主学习外贸单证相关知识，漏补缺。具备基本的教导能力，在他人需要时，能主动给予专业知识上的指导。	熟练掌握单证知识与技能，能根据现有的知识储备很好的开展日常单证制单工作，同时独立解答各类单证问题与突发情况。具备较好的教导能力，同时具备辅导好低职级同事的专业知识和技能。	熟练掌握单证知识与技能，灵活运用各类技能指导实操，善于举一反三，在不断自我增值进行知识拓展的同时。乐于主动分享个人经验与相关岗位新知识，同时具备辅导高度的教导能力，耐心辅导好低职级同事，得到同事与领导高度的认同，成为学习榜样。	B2	

续表

指标分类及权重	指标名称	指标权重	分值区间 0~60分	分值区间 60~80分	分值区间 80~90分	分值区间 90~100分	年度打分	权重计算后得分
	创新优化能力	30%	主动创新优化意识尚弱，但在被动要求下，有一定创新优化的想法和意识。	从实际工作案例中有总结成败的意识，且遇到问题会质疑会提出自我微小改进的想法建议；日常有价值的优化提议与被采纳IT建议占部门同岗整体提议量的30%及以上。	创新优化意识强，能对现有资源利用整合且通过自身不断的新知识学习，主动提出公司或部门的改善和优化想法；平时积极反馈，日常有价值的优化提议与被采纳IT建议占部门同岗整体提议量的60%及以上。	视野广，思考问题深度深，能居安思危主动学习，结合自己专业能力不断主动提出建设性优化建议，为公司改革献计献策，同时影响和鼓励团队成员微创新；平时积极反馈，日常有价值的优化提议与被采纳IT建议占部门同岗整体提议量的80%及以上。	B3	
	沟通协调解决问题能力	20%	沟通和谈判能力有待提高，在他人指导下能解决问题，独立解决问题能力一般。	有较好的沟通和谈判能力，并融入工作中实现部曲有效解决。沟通的较好结果；中能理解并较好做到对人，以解决问题为落脚点。	具备优秀的沟通和谈判能力，并结合解决工作中问题四部曲有效解决；沟通得到满意结果；能先思后行，换位思考，提高沟通效率。多人沟通时，能较好协调并且使得沟通有效进行。	善于沟通且具备高超谈判技能，灵活运用发现根源本质；善于开放心态，换位思考，冷静沉着对事不对人，多人沟通，善于组织协调，确保沟通有效进行并实现共赢。	B4	

续表

指标分类及权重	指标名称	指标权重	分值区间 0~60分	分值区间 60~80分	分值区间 80~90分	分值区间 90~100分	年度打分	权重计算后得分
业务技能 40%	操作规范性	20%	了解公司的操作流程和规范，在上级指导下能正确执行，但规范程度上有待提高。	熟练掌握公司操作流程和岗位工作规范，并在操作细节中较好执行，有较好的时效性把控，能发现单证操作中一般的问题并及时反馈。	熟练掌握公司的流程和岗位工作规范，制单操作细节中能够执行，符合度强，且能够发现本专业领域单证流程中存在的重大问题，并提出合理有效的解决方案。	全面熟悉并且掌握公司的流程和岗位工作规范，在制单操作细节中严格执行，规范性和时效性把控程度高，给部门同岗人员树立示范与榜样作用，同时能洞察单证流程其深层次问题，给出相关的反馈意见与解决方案。	C1	C
	业绩指标	30%	维护跟进好公司客户的出运操作与制单事宜。	个人绩效调整平均比在年度部门同岗排名中位于前60%，且比值大于等于100%。	个人绩效调整平均比在年度部门同岗排名中位于前45%，且比值大于等于110%。	个人绩效调整平均比在年度部门同岗排名中位于前30%，且比值大于等于120%，业绩产出优，配合部门认可。	C2	
	制单准确性	30%	单据制作准确度和规范性把握较好一般，在错误指出后，会出现再次频发的情况，自审准确度一般，无主观错误。	制单操作自审主动性和规范性把握较好，审核单据较为仔细负责，要点明确，无主观错误。年度制单准确率在部门同岗位排名中位于前60%。	出运单据准确性高，仔细排查错无，出错少，基本不出现重复性错误，自律性高，无主观错误。年度制单正确率在部门同岗位排名中位于前45%。	出运单据准确度高，重复错误频发错无，对于偶发错误能很好地进行自省总结，并分享给部门他人，无主观错误。年度制单正确率在部门同岗位排名中位于前30%，为部门同岗人员树立学习进步的榜样作用。	C3	

续表

指标分类及权重	指标名称	指标权重	分值区间 0~60 分	分值区间 60~80 分	分值区间 80~90 分	分值区间 90~100 分	年度打分	权重计算后得分
	客户服务意识及满意度	20%	本职工作基本能顺利运转；基本能按照公司要求做好配合服务与制单工作，面对单据要求具备必要的服务意识。	能根据业务（客户）需求质保量地做好货物出运与服务对待，因个人疏忽或投诉导致公司绩效考核中同岗排名位于前60%。单据制作工作，不根据业务出运难易频度做区分致减分数不超过个人接单总数的4‰，在年度	不仅根据业务（客户）需求质保量的做好货物出运工作，同时能根据自我经验专业度给予业务端更好的服务建议，具备强烈的服务意识，因个人疏忽或客户方投诉致公司绩效导致公司绩效减分年度不超过3‰，在年度配合部门评价考核中同岗排名位于前45%。	不仅根据业务（客户）需求质保量的做好货物出运与单据制作工强端正的服务态度，因个人疏忽导致的客户方投诉或公司绩效减分年度不超过个人接单总数的2‰，在年度配合部门评价考核中同岗排名位于前30%。	C4	
						最终考核分	A+B+C	

比如表 10-3 的岗位权重设计，我们先对岗位进行指标分类，分成了 3 个大的指标，对大的指标给予不同的权重，然后对大的指标再进行拆解，分成了若干小指标，这些小指标的权重是在大的指标的范围内进行拆解，比如综合素质的权重是 20%，对综合素质再进行指标拆解，分成主动意识、抗压能力、大局观等，并且给予不同的权重，最后我们从小的指标进行打分，根据不同的权重进行计分，最后生成最终的绩效考核分。

第六节　分位值算法

分位值在薪酬分析中是一个非常重要的数据方法，不管是内部的薪酬结构分析，还是和外部市场的薪酬数据的对标，都会用到分位值的计算。

分位值是一组数据从大到小排序，最中间的那个位置反映的是一组数据的中间水平。假如某类岗位有同性质工作者 100 人，这 100 人的工资各不相同。把这 100 人的工资按照由小到大的顺序排列，75 分位就是在 100 个人的工资中按照由小到大的顺序排在第 75 位的人员工资数据。所以分位值取的是这个位置上的数据的值。

一般来说，算分位值都是在同一行业、不同公司、同一部门，甚至是同一岗位来比较的。

需要注意的是，我们要区分中位值和平均值的不同，中位值就是 50 分位，是找到数据组中中间位置的那个数据，平均值是把数据组中的所有数据相加，然后除以数据组的个数。平均值我们讲到过，整个数据中的最大值和最小值对平均值的影响会比较大，所以我们在做薪酬计算的时候一般都会用中位值来进行计算。

表 10-4　两组薪资数据表

1月	2月	3月	4月	5月	6月	平均值	中位值
A 薪资							
1200	1800	1000	1500	1399	800	1283.167	1299.5
B 薪资							
1200	1100	1400	1200	1300	1200	1233.333	1200

我们根据分位值的理解来算一下数据组的分位值。

表 10-5　一组分位值数据表

1	2	3	4	5	6	7	8	9	10	11	12
12	21	24	32	43	45	50	53	55	56	58	60

表 10-5 是一组分位值的数据，总共由 12 个数字构成，我们想求这组数据的 25 分位，根据对分位值的概念理解，我们需要找出 25 分位的位置，然后根据位置来计算这个位置的数据，计算方式如下：

11/4=2.75–12 个数据，有 11 个空格，25 分位就是 11 个空格的 1/4；

1+2.75=3.75- 找到 25 分位的位置，空格位置+1，得到 25 分位的位置为 3.35；

24+（32-24）×0.75=30- 找到 3.35 的位置，第四个位置数据减去第三个位置数据 ×0.75。

用上面的公式我们可以计算出任意的数组里的分位值的数据，但是在 Excel 里，我们不需要用复杂的工具，在 Excel 里可以直接用工具来完成各个分位值的数据计算。

表 10-6　招聘专员各分位值数据表

	年薪	职级	10 分位	25 分位	50 分位	75 分位	90 分位
招聘专员	256,349	1	101114	1200	1450	1625	1730
	221,697	1					
	218,636	1					
	206,468	1					
	196,473	1					
	196,468	1					
	149,357	1					
	143,654	1					
	106,659	1					
	106,659	1					
	103,886	1					
	100,421	1					
	97,023	1					

如这个专员的岗位，我想计算其各个分位值的数据，我只需要写函数就可

以实现，并且对数据进行排序。具体的函数如下所示：

10 分位 =PERCENTILE（Q55：Q67，0.1）

0.1 代表的是 10 分位，25 分位就是 0，50 分位就是 0.5。

第七节　相关数据分析

相关性的数据分析是指不同现象之间相互影响的关系，叫作相关数据分析，相关数据分析是对两组数据 X 和 Y 进行分析，用建立相关模型、相关系数来判断两组数据的相关强度。

我们通过一个案例来阐述相关系数和相关关系的概念，比如下面这组数据，这组数据代表的是公司的营业额和公司加班时间的关系，我们首先全选表，然后对该表做一个散点图，具体图表如下：

表 10-7　某公司营业额与加班时间数据

时间	1月	2月	3月	4月	5月	6月	7月	8月	9月	10月	11月	12月
营业额（万元）	1339	2791	1457	1439	1732	2035	1541	1193	2227	1307	1965	1142
加班时间（小时）	389	326	154	131	224	206	349	283	288	169	147	158

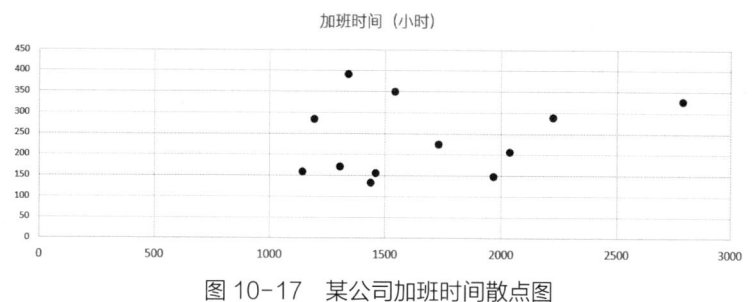

图 10-17　某公司加班时间散点图

对两组数据做相关性的线性函数，插入趋势线—线性函数，具体如下：

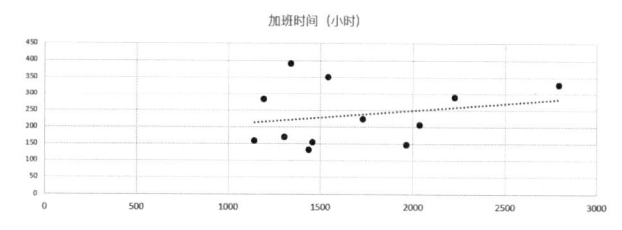

图 10-18　某公司加班时间线性函数

插入了线性函数后，我们需要知道这个函数的相关系数，我们就用相关系数的公式来进行计算，具体计算公式如下：

=CORREL（C20：N20，C21：N21）

这个是求相关系数函数，选择你要相关的两组数据就可以求出系数。

最后用函数算出的相关系数是 0.2329，那我们如何通过这个相关系数来判断相关性是强还是弱，在相关性里有 4 种相关的关系，根据相关系数的不同我们可以判断数据的相关性。

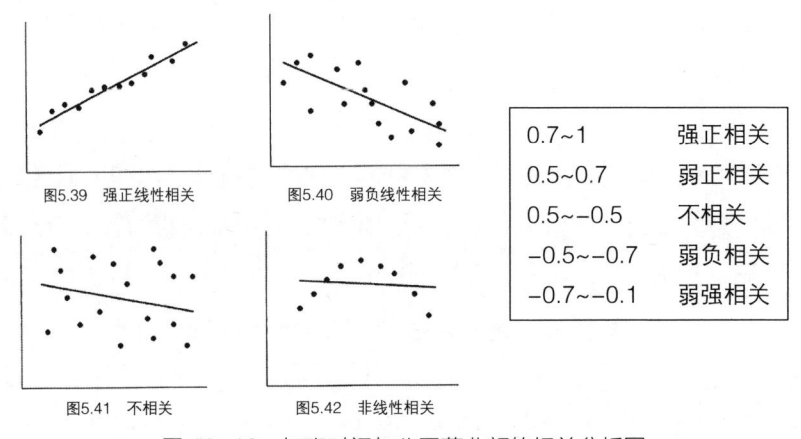

区间	相关性
0.7~1	强正相关
0.5~0.7	弱正相关
0.5~-0.5	不相关
-0.5~-0.7	弱负相关
-0.7~-0.1	弱强相关

图5.39 强正线性相关
图5.40 弱负线性相关
图5.41 不相关
图5.42 非线性相关

图 10-19　加班时间与公司营业额的相关分析图

正相关是指 Y 轴数据随着 X 轴的增加而增加，如小孩的升高和体重就是正相关的关系，在幼儿阶段孩子身高和体重呈正相关。

年龄	身高（CM）	体重（KG）
1岁	76.5	10.05
2岁	88.5	12.54
3岁	96.8	14.65
4岁	104.1	16.64
5岁	111.3	18.98
6岁	117.7	21.26
7岁	124	24.06
8岁	130	27.33
9岁	135.4	30.46
10岁	140.2	33.74
11岁	145.3	37.69
12岁	151.9	42.49

图 10-20　正相关关系示例

负相关是指 Y 轴的数据随着 X 轴的数据增加而降低，如车速和油耗的关系就是一个负相关的关系，油耗随着车速的增加而降低。

在人力资源模块我们也可以应用数据的相关性来寻找关键指标的相关要素，如在做内训师培养项目的时候，我们想知道一个优秀的内训师和哪些能力相关，这个时候我们就需要对内训的综合量化的评价数据和内训师各个能力的数据进行相关性的分析，找出能影响内训师绩效的最关键能力，从而去做人才的发展。

我们先来看原始的数据表格。

表 10-8　内训师各项能力量化评分表

评估项目	对课程主题和重点的把握程度	充分了解和掌握课程的有关知识	语言表达清晰易于理解	对学员反应的关注程度	与学员之间有交流和互动	对学员提问答复的清楚性和完整性	对课堂气氛的调动和掌控能力	对授课的热情与责任心	授课方式是否适合课程内容	综合评价
小王	5	4	5	5	5	4	5	5	5	5
小刘	4	4	4	4	4	4	5	4	5	4
小张	3	4	3	4	4	4	4	4	4	4
小李	5	5	3	4	3	3	3	4	3	4
小全	4	5	4	5	5	5	5	3	3	5
小包	4	3	4	5	4	5	5	5	4	5
小秋	5	3	4	4	3	4	3	2	4	4
小凡	4	3	2	3	4	3	4	3	4	3
小孙	4	3	2	3	4	2	4	3	4	5
小严	4	4	4	4	4	4	3	2	4	4
平均值	4.2	3.8	3.5	4.1	4	3.8	3.9	3.5	4	4.2

表 10-8 是对各个内训师各项能力的一个量化的评分，在表的最后一列是综合评分，我们需要通过相关性的数据分析来找出哪些能力和内训师的综合评分相关性最大。

在做相关性数据分析的时候，我们需要运用 Excel 的一个数据分析插件，这个插件包含了现在数据统计里的各种数据分析的方法，在 Excel 默认的功能里是没有的，我们需要在加载项中把数据分析插件打开。

（1）文件—选项—加载项—转到—选择分析工具库，点击确定。

图 10-21　打开数据分析插件

（2）然后在 Excel 的数据菜单里就会出现数据分析的插件，有了这个插件后，我们就要对内训师的评估考核表进行相关性的数据分析。

图 10-22　出现数据分析插件

（3）点击数据分析，选择相关系数—点击确定。

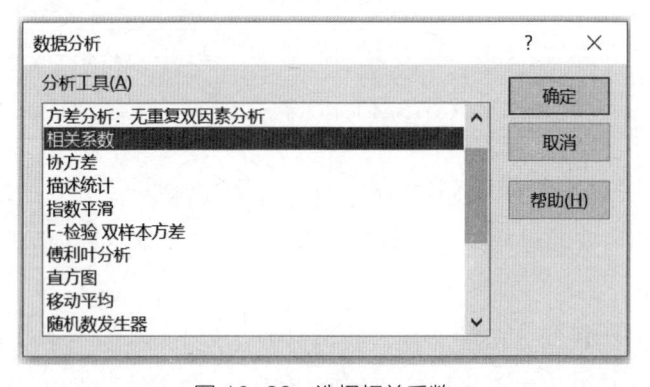

图 10-23　选择相关系数

（4）出现下面的对话框，在输入区域的选择上，我们要选择各个能力和综合评价的分值数据。

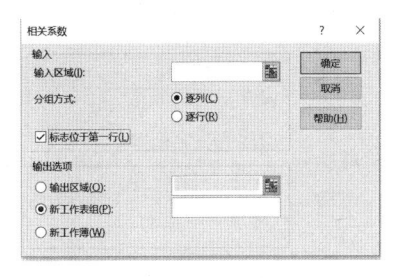

评估项目	对课程主题和重点的把握程度	充分了解和掌握课程的有关知识	语言表达清晰易于理解	对学员反应的关注程度	与学员之间有交流和互动	对学员提问答复的清楚性和完整性	对课堂气氛的调动和掌控能力	对授课的热情与责任心	授课方式是否适合课程内容	综合评价
小王	5	4	5	5	4	4	4	5	5	5
小刘	4	4	4	4	4	4	4	4	4	4
小张	3	4	3	4	4	4	4	4	4	4
小李	5	5	3	5	3	3	3	4	3	4
小全	4	5	4	5	5	5	3	3	3	4
小包	4	3	4	5	4	5	5	5	4	4
小秋	5	3	4	4	3	3	2	3	4	4
小凡	4	3	2	3	4	3	4	3	3	4
小孙	4	3	2	3	4	2	4	3	4	5
小严	4	4	4	3	4	4	4	4	4	4
平均值	4.2	3.8	3.5	4.1	3.9	3.7	3.7	3.8	3.8	4.2

图 10-24 选择各个能力和综合评分的分值数据

（5）点击确定，会新建一个 SHEET，如下表所示，这个就是内训师综合评价和内训师各个能力之间的相关性数据分析，我们需要关注的就是各个能力和综合评价之间的相关系数，我们在上一个章节有讲到，相关系数越接近 1，意味着这个能力和综合评价的分值关系越大。

表 10-9 内训师综合评价与各能力之间相关性数据分析表

	对课程主题和重点的把握程度	充分了解和掌握课程的有关知识	语言表达清晰易于理解	对学员反应的关注程度	与学员之间有交流和互动	对学员提问答复的清楚性和完整性	对课堂气氛的调动和掌控能力	对授课的热情与责任心	授课方式是否适合课程内容	综合评价
对课程主题和重点的把握程度	1									
充分了解和掌握课程的有关知识	0.089087	1								

续表

	对课程主题和重点的把握程度	充分了解和掌握课程的有关知识	语言表达清晰易于理解	对学员反应的关注程度	与学员之间有交流和互动	对学员提问答复的清楚性和完整性	对课堂气氛的调动和掌控能力	对授课的热情与责任心	授课方式是否适合课程内容	综合评价
语言表达清晰易于理解	0.361551	0.289886	1							
对学员反应的关注程度	0.190476	0.419982	0.852227	1						
与学员之间有交流和互动	−0.26352	0.211289	0.342997	0.451754	1					
对学员提问答复的清楚性和完整性	−0.11471	0.245256	0.746509	0.852116	0.362738	1				
对课堂气氛的调动和掌控能力	−0.16051	−0.35392	0.195865	0.189178	0.380693	0.110474	1			
对授课的热情与责任心	0	0.13041	0.264628	0.48795	0.308607	0.223887	0.76365	1		
授课方式是否适合课程内容	0	−0.42258	0.342997	0	0.25	0	0.761387	0.308607	1	
综合评价	0.166667	−0.13363	0.361551	0.428571	0.263523	0.076472	0.441415	0.48795	0.263523	1

用灰色标示的就是相关系数最接近1的能力，所以在内训师的培养上要重点关注这几个能力的培养发展。

我们结合综合评价的相关系数和能力的平均分值，可以做一个员工的能力矩阵，通过这个矩阵我们可以分析相关性和能力分值的关系，为各项能力做规划。

表 10-10　员工能力矩阵

	对课程主题把握程度	充分了解和掌握课程的有关知识	语言表达清晰易于理解	对学员反应的关注程度	与学员之间有交流和互动	对提问答复的清楚性和完整性	对课堂气氛的调动和掌控	对授课的热情与责任心	授课方式是否适合课程内容	平均值
平均评分	4.2	3.8	3.5	4.1	4	3.8	3.9	3.5	4	3.87
相关系数	0.17	−0.13	0.36	0.43	0.26	0.08	0.44	0.49	0.26	0.26

（6）数据的两个维度：能力的平均评分和相关系数的值，我们把这两个维度的分值，分别作为 X 轴和 Y 轴的坐标数据，以散点图的形式分布到图中。Y 轴代表的是数据相关性，X 轴代表的是能力。

以能力平均值和相关性平均值作为矩阵的划分曲线，建立相关性和能力的分析矩阵，并建立四个矩阵的象限，我们来分析一下每个象限的能力数据。

第一象限：相关性强，能力分高，这个象限的能力需要保持。

第二象限：相关性强，但是能力分值低，所以对于这个象限的能力，一定是重点关注的。

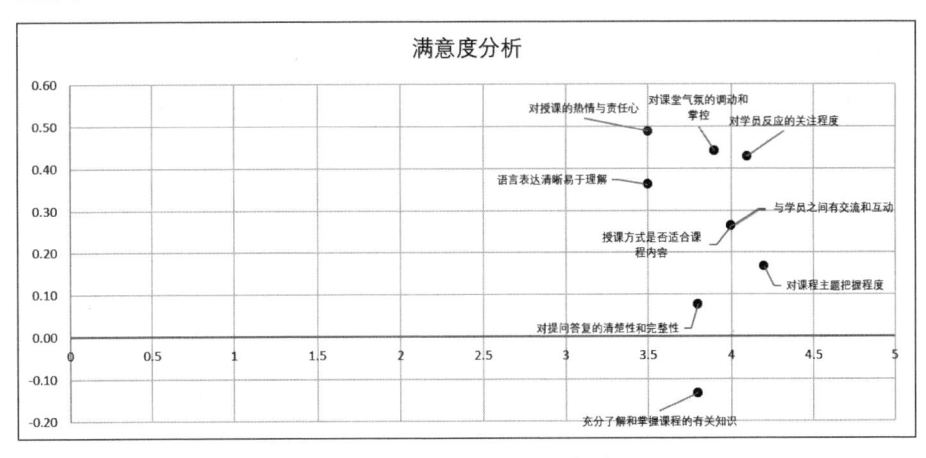

图 10-25　满意度分析（1）

第三象限：相关性低，能力分值也低，对于这个象限的能力，不需要投入太多的资源去进行提升和关注，因为这个象限的能力和综合评价的相关性很低。

第四象限：相关性低，能力分值高，这个象限的能力持续保持即可。

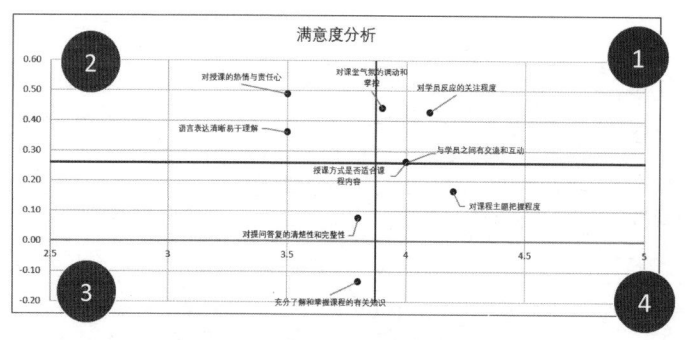

图 10-26　满意度分析（2）

我们用了相关性的数据分析，通过相关系数建立了相关矩阵，就可以通过矩阵来进行数据分析和给予相关的解决方案，这种相关性的分析还可以应用在绩效的数据分析中，特别是在年底进行人才盘点的数据分析时，我们结合绩效和能力/潜力/价值观，建立相关矩阵和人才九宫格，就可以通过这种模型来进行人才发展的规划。

第八节　数据标准差分析

标准差是反映数据离散程度的一种量化的形式，通过标准差的数据我们可以分析判断整个数据组的稳定性，如我们要分析一位篮球运动员的得分稳定性，可以取其一个赛季的每场球赛的得分，然后对这组数据求标准差，就可以分析判断他的得分稳定性。

在产品验货的时候也可以用标准差来分析判断产品的合格性，如对产品的重点进行检验，来分析判断产品的重点是否合格，我们可以取 100 个产品，产后分批进行称重，然后对这 100 个产品进行标准差的计算，最后通过标准差的数据来判断产品的质量是否合格。

在标准差的计算中有几个概念我们需要知晓。

1. 极差

极差是指确定数组的最大值和最小值，然后求差值，差值的分布数据叫极差，极差数据可以反映数据的离散度，极差越大数据的离散度越大，如下表：

表 10-11　两组薪资数据表

A 薪资							
1月	2月	3月	4月	5月	6月	平均值	中位值
1200	1800	900	1500	1000	800	1200	1200
B 薪资							
1月	2月	3月	4月	5月	6月	平均值	中位值
1000	1100	1300	1200	1400	1200	1200	1200

这组数据的平均值和中位值都是一样的，那哪组的离散度比较大呢？我们用函数找出 A 和 B 组数据的最大值和最小值然后求差值 =MAX（）–MIN（），最后得出 A 的离散度为 1000，B 的离散度为 400，所以 A 的离散度大于 B 的离散度，B 相对于 A 来说数据更加稳定。

2. 方差

方差也是反映数据离散度的指标之一，方差可以将平均数相同的两个数据组放在同一个指标下进行对比，来分析判断数据的离散稳定性。计算标准差必须先计算方差，方差的计算公式如下：

$$s^2 = \frac{(M-x_1)^2 + (M-x_2)^2 + (M-x_3)^2 + \cdots + (M-x_n)^2}{n}$$

数据组的平均值减去该数据组的数据，然后对差值进行平方计算，再对计算的结果进行相加除以数据组的数据个数，算出来的结果就是方差数据。

表 10-12　两组产品重量数据表

A 产品重量（毫克）								
1月	2月	3月	4月	5月	6月	平均值	中位值	方差
1200	1800	900	1500	1000	800	1200	1200	123333
B 产品重量（毫克）								
1月	2月	3月	4月	5月	6月	平均值	中位值	方差
1000	1100	1300	1200	1400	1200	1200	1200	25000

A

$$\frac{(1200-1200)^2 + (1200-1800)^2 + (1200-900)^2 + (1200-1500)^2 + (1200-1000)^2 + (1200-800)^2}{6} = 123333.3$$

B

$$\frac{(1200-1000)^2+(1200-1100)^2+(1200-1300)^2+(1200-1200)^2+(1400-1000)^2+(1200-1200)^2}{6}=25000$$

3. 标准差

标准差是对方差的数据开平方根，在概率统计中最常使用作为统计分布程度的测量。标准差是方差的算术平方根。标准差能反映一个数据集的离散程度。平均数相同的两组数据在标准差上未必一样，以表10-12中的数据为例。

$$\sigma = \sqrt{\frac{1}{N}\sum_{i=1}^{N}(x_i-\mu)^2}$$

A 标准差 = $\sqrt[2]{123333}$ =351.18

B 标准差 = $\sqrt[2]{25000}$ =158.11

从标准差的数据上，B产品的稳定性和产品质量是优于A产品的，在上个表中我们通过公式的方式来计算标准差，但是在Excel中我们可以用函数一键计算标准差的数据。

标准差计算函数：STDEV

比如，下表是某公司上半年和下半年的营业额，我们想看两个时间段的营业额的稳定性，那就需要对两组数据求标准差，我们用函数来计算。

=SDEV.P（C47:H47），选择求标准差的函数，然后选择数据组就可以求出标准差，最后我们得到的标准差数据如下，相对而言下半年的营业额更加稳定。

表10-13 某公司上半年和下半年营业额数据表

时间	1月	2月	3月	4月	5月	6月	数据标准差
营业额（万元）	1339	2791	1457	1439	1732	2035	500.40

时间	7月	8月	9月	10月	11月	12月	
营业额（万元）	1541	1193	2227	1307	1965	1142	404.69

在人力资源领域标准差的数据一般在能力测评和绩效的数据分析中会应用，

我们在做能力测评分析的时候除了从能力分值的维度进行分析，也要去看能力的稳定性，也就是能力的标准差数据，这样通过能力分值和标准差数据分析就可以对员工进行能力测评分析。

我们通过案例来做讲解，下表是员工能力测评和标准差数据表，标准包含各个能力的测评分数，然后对测评分值做平均值的汇总，再计算能力标准差和能力均值，做标准差的目的是分析能力的稳定性。

表 10-14 员工能力测评和标准差数据表

姓名	责任心	主动意识	抗压能力	大局观	执行能力	岗位知识	创新能力	协调沟通	问题解决	能力均值	能力标准差
能力标准差	5.22	5.50	5.59	4.90	3.74	5.94	4.90	5.39	4.00		4.75
能力平均值	84.5	83.5	82.5	84	84	86.5	84	86	88	84.78	
田某	90	85	80	80	90	95	80	85	90	86.11	5.15
张某	85	85	80	90	90	85	85	95	90	87.22	4.16
杨某	80	90	75	85	85	95	80	85	85	84.44	5.50
周某	90	80	90	80	80	85	85	80	95	85.00	5.27
方某	90	80	90	85	80	75	90	85	90	85.00	5.27
孙某	85	80	85	90	85	85	90	80	80	84.44	3.69
赵某	80	75	80	85	80	80	75	85	90	81.11	4.58
吕某	75	85	80	75	80	90	90	80	85	82.22	5.33
谢某	80	80	75	80	85	85	85	90	85	82.78	4.16
王某	90	95	90	90	85	90	80	95	90	89.44	4.37

在这个表的基础上，我们提取出员工的能力均值和能力标准差两组数据，以散点图的形式做可视化的数据图表，并且计算能力均值的平均值和能力标准差的平均值，以这两个数据作为平均值做两条能力均值和标准差的平均线，这样我们就建立了一个能力均值和标准差的矩阵。

表 10-15　员工能力测评均值和标准差矩阵

	Y 轴	X 轴
员工	能力均值	标准差
田某	86.11	5.15
张某	87.22	4.16
杨某	84.44	5.50
周某	85.00	5.27
方某	85.00	5.27
孙某	84.44	3.69
赵某	81.11	4.58
吕某	82.22	5.33
谢某	82.78	4.16
王某	89.44	4.37
平均值	84.78	4.75

有了这组数据后，我们需要对这组数据做散点图，再用平均值建立矩阵模型。

（1）选择姓名和能力分析—插入散点图。

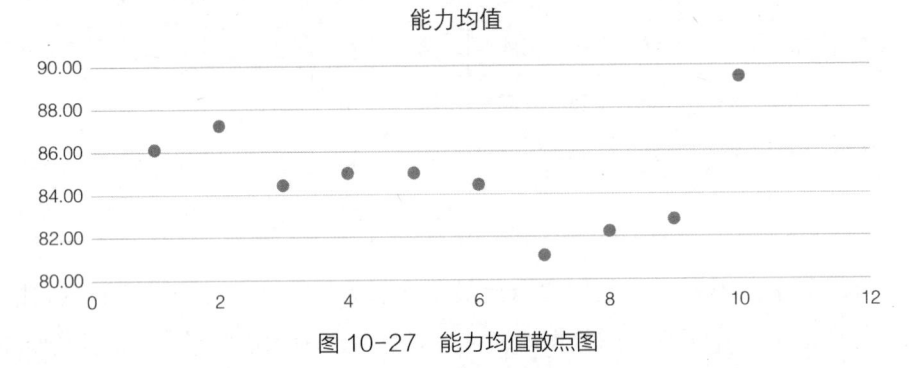

图 10-27　能力均值散点图

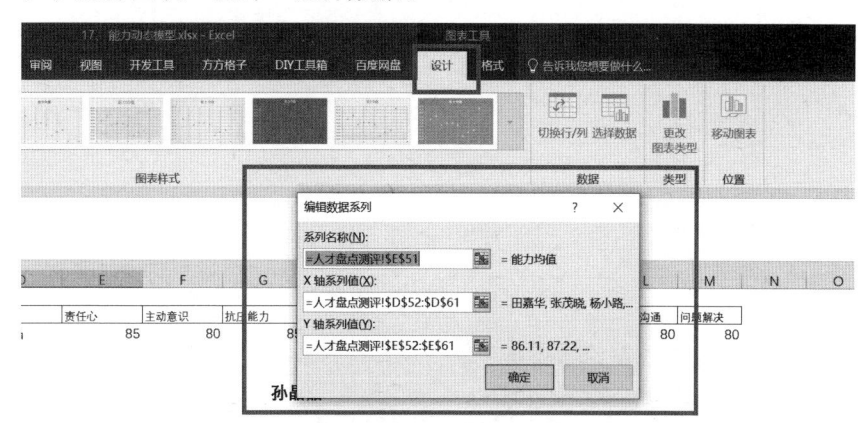

（2）选择图表—设计—选择数据。

图 10-28　选择数据

（3）点击 X 轴—选择标准差数据。

图 10-29　选择标准差数据

（4）点击确定以后是下图的散点图，我们还需要添加能力均值的平均值和标准差的平均值，从而建立一个矩阵，我们先做一个辅助列，因为平均值是一条直线，所以两条平均值的直线我们就用两个坐标来表示。

竖的直线的 X 轴坐标是 4.75，Y 轴坐标是 70-80-100

横的直线的 Y 轴坐标是 84.78，X 轴坐标是 0-4-6

表 10-16　能力标准差平均值辅助列

Y	X	Y	X
70	4.75	84.78	0
80	4.75	84.78	4
100	4.75	84.78	6

能力均值

图 10-30　能力标准差矩阵

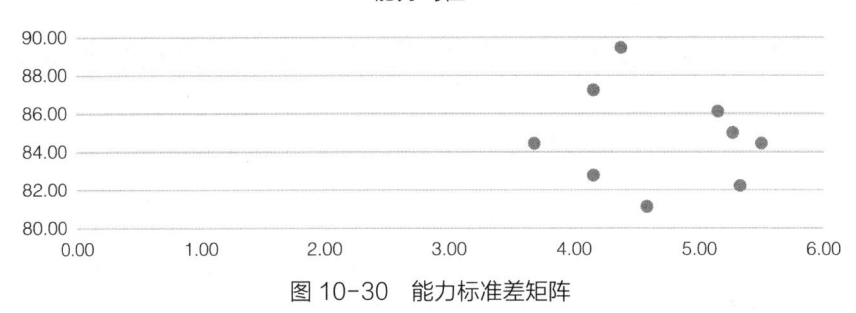

（5）设计—选择数据源—添加。

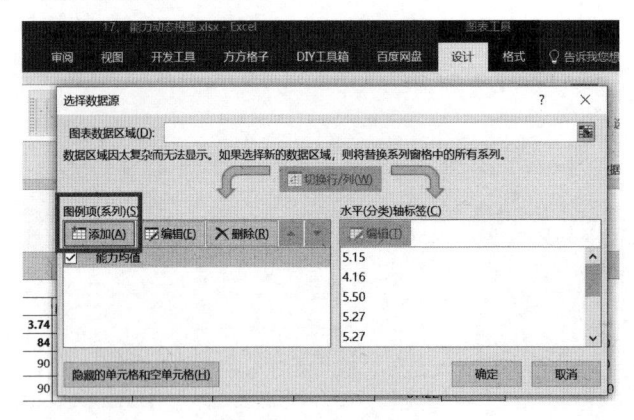

图 10-31　添加数据

（6）系列名称：标准差—选择 X 轴数据—选择 Y 轴数据—确定，如图 10-32 所示。

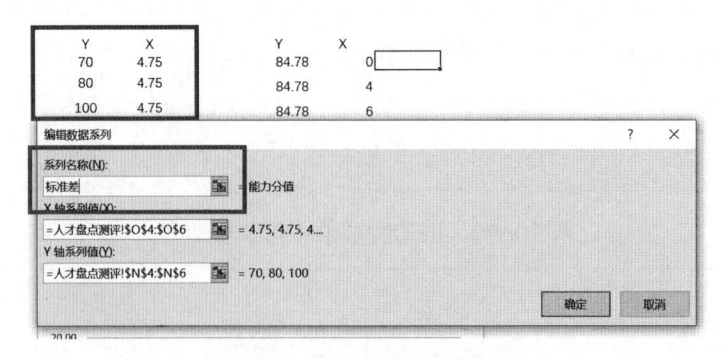

图 10-32　设置系列名称

（7）选择平均值的换色散点图—点击右键—更改图表类型—带直线的散点图，如图 10-33 所示。

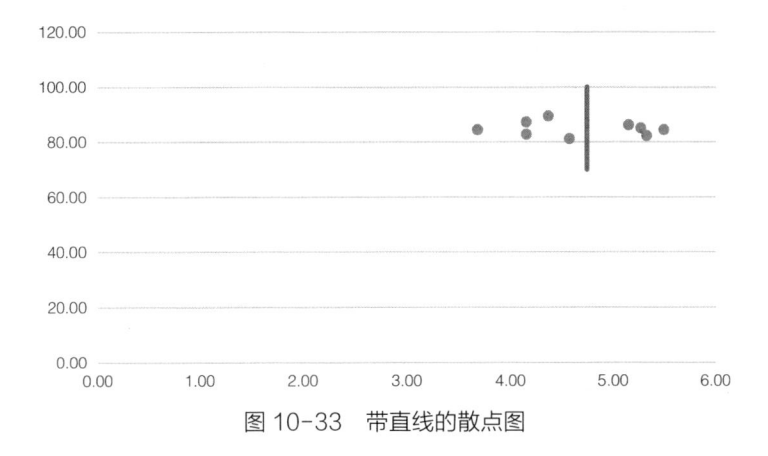

图 10-33　带直线的散点图

（8）重复上面的操作，我们再做一条代表能力的横向散点图，如图 10-34 所示。

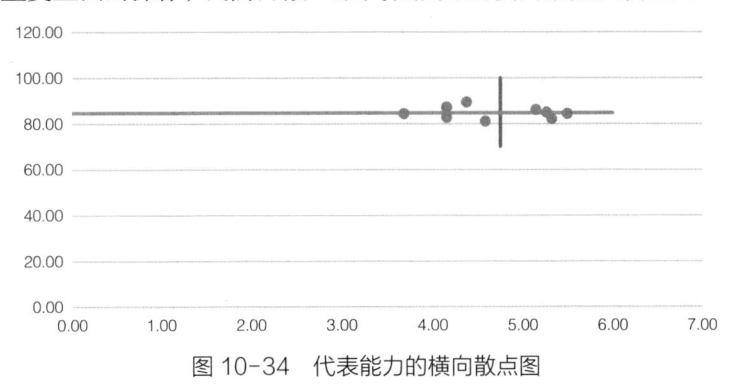

图 10-34　代表能力的横向散点图

（9）上图我们看到的数据都集中在一个区域，然后两边的空白区域比较大，所以我们需要调整 X 轴和 Y 轴的坐标，我们先看数据组中标准差的最小值是 3.69，所以 X 轴的最小值设置为 3。标准差的最大值为 5.5，所以 X 轴的最大值为 6，如图 10-35、图 10-36 所示。

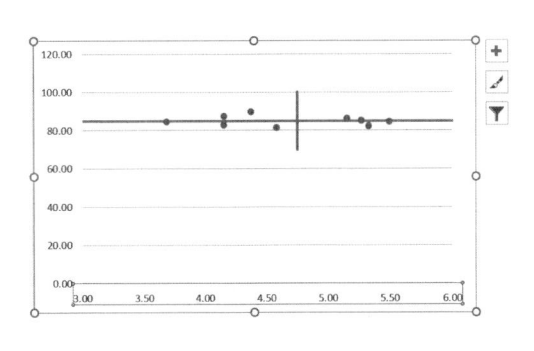

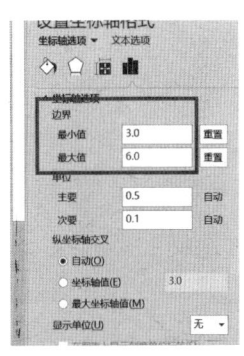

图 10-35　设置 X 轴坐标轴格式

能力的最小值为 81.11，所以 Y 轴的最小值为 75，Y 轴的最大值为 89.44，最大值设置为 95。

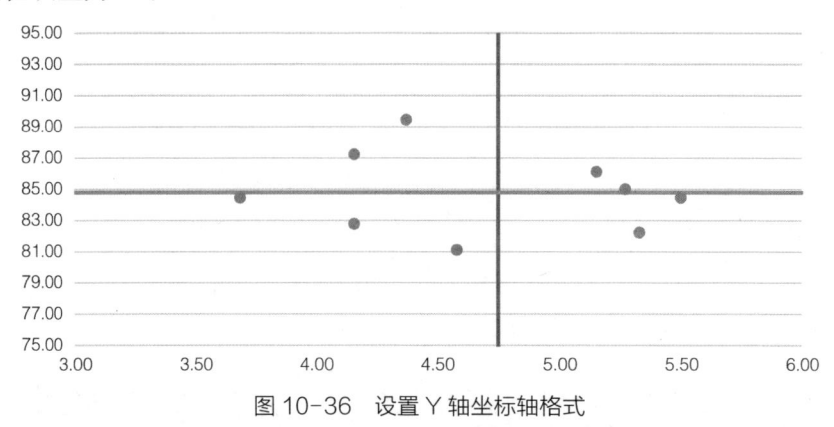

图 10-36　设置 Y 轴坐标轴格式

我们对图表进行美化，加上标题后的数据矩阵如下图，我们对矩阵进行数据分析，以右上角为第一象限，以逆时针顺序依次为第二、第三、第四象限。

第一象限：能力分高于平均值，标准差分值也高，意味着离散度大，能力分值不稳定，所以对于这类人我们要找到分值特别低的人员，然后对这些能力进行提升。

第二象限：能力分值大于平均值，标准差小于平均值，离散度小，能力稳定，这类人属于能力分值很稳定的一类人，所以不需要太多时间管理，这类人本身的自驱力就很强。

第三象限：能力分低于平均值，离散度小，能力稳定，这类人属于能力低并且持续稳定的能力低，这类是属于要被优化的人员。

第四象限：能力分值低于平均值，离散度分值大并且不稳定，这类员工属于整体能力均低于平均值，也是有可能被优化的人员。

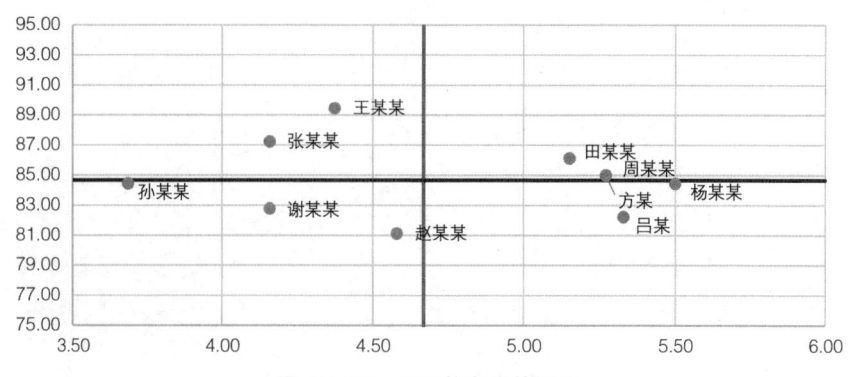

图 10-37　员工能力评估矩阵

我们用标准差的维度来进行员工的能力测评，通过能力分值和离散度稳定性指标数据可以从更多的维度来对能力做测评分析。

第九节 回归数据分析

回归的数据分析是已知 X 和 Y 数据之间的关系，然后未来发生的 X 来预测 Y 值数据的这样一种关系，这种以过去数据为依据来预测未来数据的方式叫作回归分析。

比如，我们上一个章节在讲数据相关性的时候讲到的孩子身高和体重的数据，孩子的身高和体重是一个正相关的关系，表 10-17 记录了 1~9 岁孩子的身高和体重，如果我们对这组数据做一个回归分析，我们就可以预测出 9 岁以后任意一个身高所对应的体重数据，如我想知道 160cm 对应的标准体重，我就可以根据回归函数计算出对应的体重。

（1）选择身高、体重数据—插入散点图。

表 10-17 儿童身高、体重数据表

年龄	身高（cm）	体重（kg）
1 岁	76.5	10.05
2 岁	88.5	12.54
3 岁	96.8	14.65
4 岁	104.1	16.64
5 岁	111.3	18.98
6 岁	117.7	21.26
7 岁	124	24.06
8 岁	130	27.33
9 岁	135.4	30.46

图 10-38 插入散点图

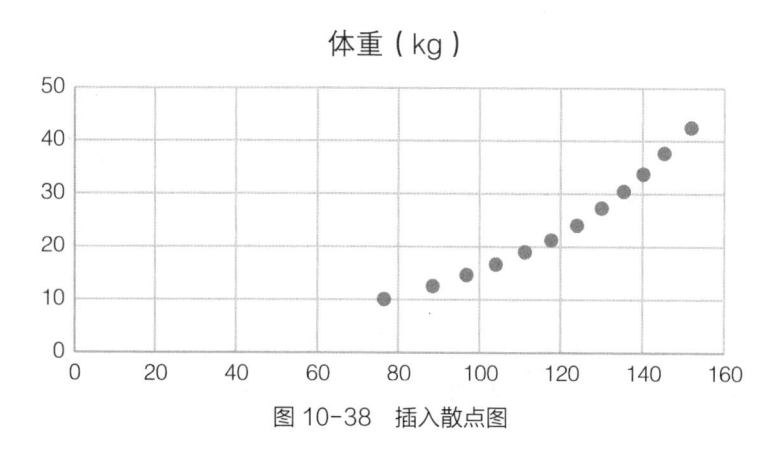

（2）单击图表—图表元素—趋势线—指数。

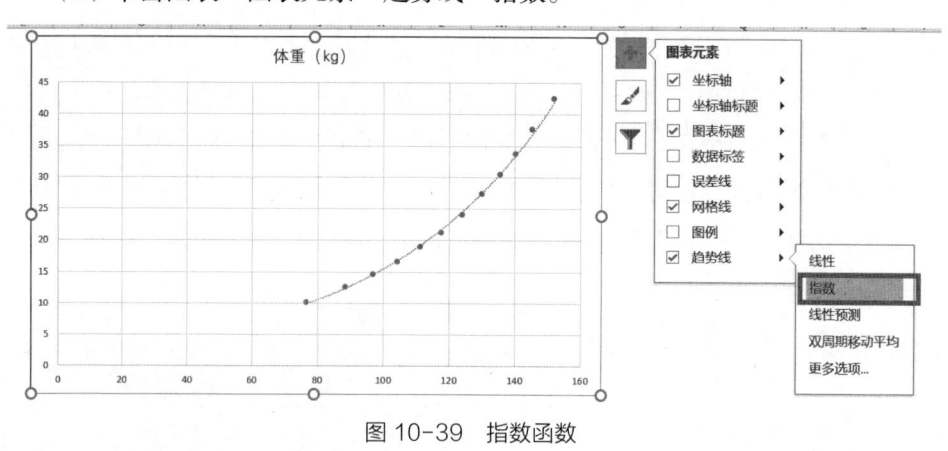

图 10-39 指数函数

（3）点击趋势线—选择"显示公式""显示 R 平方"，在回归函数的线上会出现回归函数和 R 平方值，回归函数是一个指数函数，在 Excel 里我们可以通过函数来输入 X 值预测计算 Y 值。如果我想计算 160cm 对应的体重，我们就可以用以下函数：

Y=EXP（0.0192*160）*2.27=47.45kg

R^2 决定系数，衡量的是回归直线在多大程度上准确呈现了数据的走向。数据范围为 0~1，越接近 1，数据的拟合度精准度越高。比如，我们看到的下图的这组数据，拟合度达到了 0.999，说明这组数据里的身高和体重是一个标准的数据值。

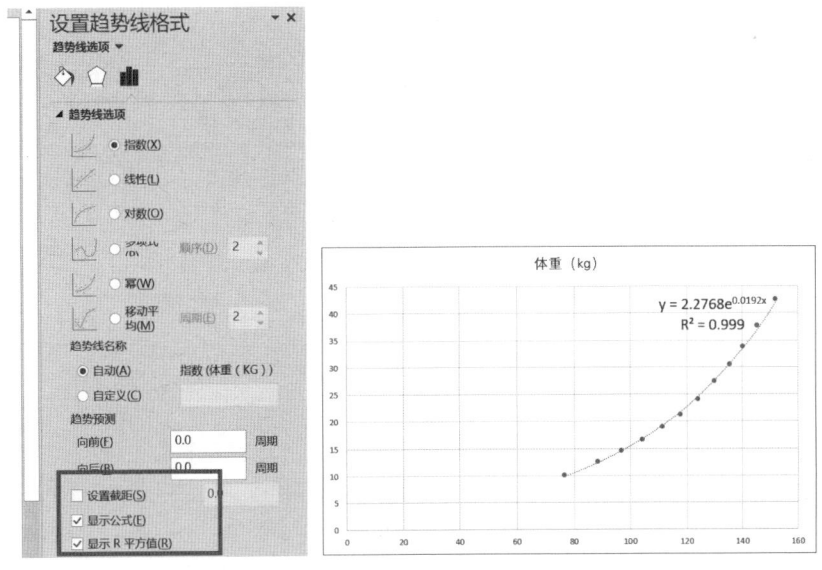

图 10-40　身高、体重理性分析

再看下面这个案例，这是历年来双十一的营业额数据，然后我们做了一个回归分析，发现每年的数据都神奇地落在了回归函数上，拟合度有 0.99，我们根据这条回归函数做了 2020 年的双十一的营业额预测为 3284.94 亿元，最后实际的双十一成交的数据为 3724 亿元左右。

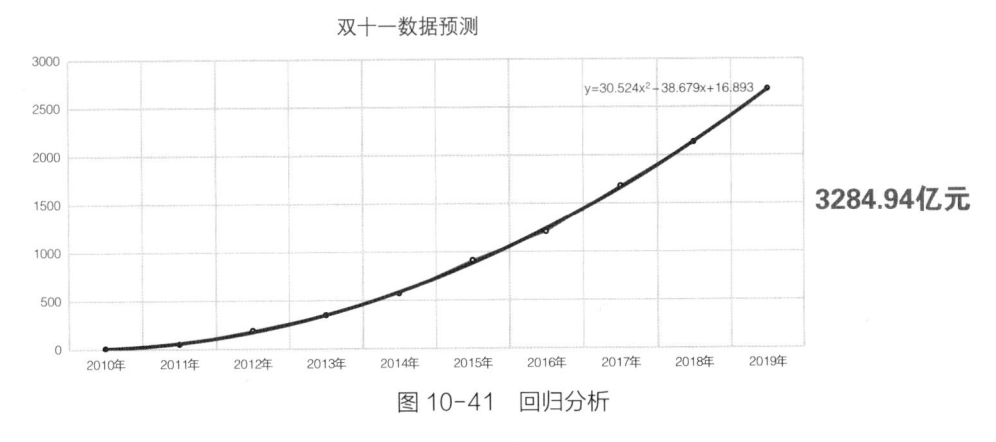

图 10-41　回归分析

在人力资源模块里回归函数被大量地应用在薪酬数据分析中，在薪酬的数据分析里我们需要对各个层级进行薪酬曲线的绘制，再对薪酬曲线进行数据的分析，判断职级和薪酬的拟合度，对各个职级进行薪酬的预测，都是可以通过回归函数来进行数据分析的。

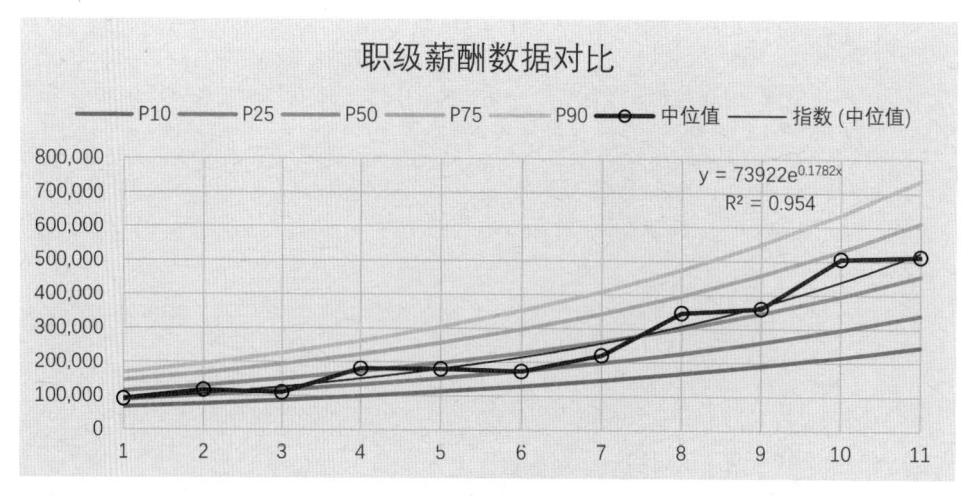

图 10-42　职级薪酬数据对比

第十节　章节复盘

- 根据每个模块特点选择不同的数据分析方法，招聘的用漏斗分析，薪酬的用分位值、回归分析，人员结构用频率分析，绩效用加权平均值法，能力测评用相关性数据分析、数据标准差。
- 漏斗分析分为数值的漏斗和转换率的漏斗，我们在做招聘阶段数据分析的时候，以转换率的漏斗数据为基础。
- 算数平均最科学的算法是去掉最大值和最小值取平均值。
- 加权平均值的权重加起来要是 100%。
- 分位值算法在 Excel 里面用函数的时候，不需要对数据进行重新的排列。
- 标准差数据越大说明数据离散度越大，数据越不稳定。
- 回归分析是用回归函数来实现的，在回归函数中 R^2 越接近 1，说明数据的拟合度越高。

第十一章
数据分析报告设计

第一节　数据分析报告的形式

人力资源数据分析最后的输出就是数据分析报告的形式展示，相对于 Excel 的数据表格形式，数据分析报告通过对数据图表的排版可以更好地进行数据可视化的呈现，并且以文字化的形式进行数据分析，对数据进行详细的数据描述、问题原因的分析，最终进行数据的预测，给决策提供支持。

数据展示　　　　问题原因分析　　　　数据预测，提供决策

图 11-1　数据报告的作用

在职场中数据分析报告根据展示对象和用途不同，可以分为 PPT、Word、Excel 三种形式的版本。

PPT 的数据分析报告主要以数据展示演讲为主，这类的分析报告除要做数据图表外，还要关注数据的展示和演讲，所以要更加注重如何把你的分析结论讲出来。

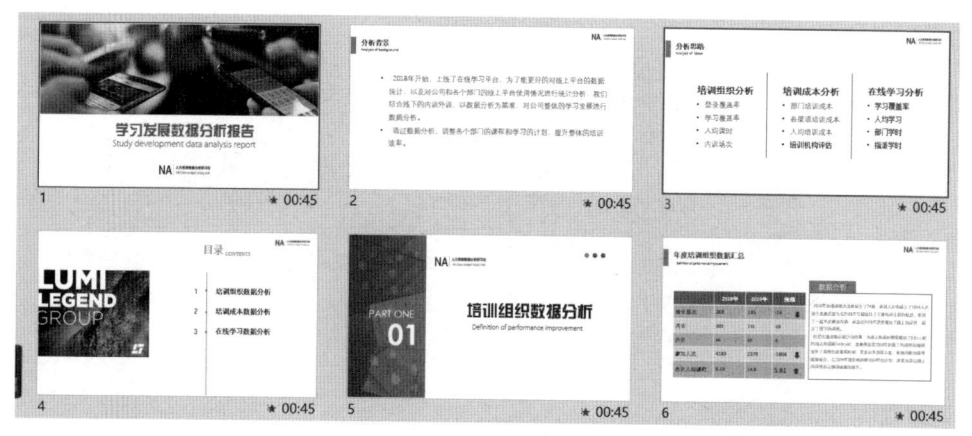

图 11-2 PPT 数据分析报告展示

Excel 的数据分析报告主要还是以数据为主，更多的是做数据的呈现，包含各种数据表格和数据图标，更加注重图表设计和数据处理能力，一般作为数据分析报告的辅助材料使用。

图 11-3 Excel 数据分析报告展示

Word 版本的数据分析报告主要是以阅读型为主，所以更多关注数据分析的结果，数据分析报告需要进行详细的数据描述、诊断以及最后的解决方案和结果。

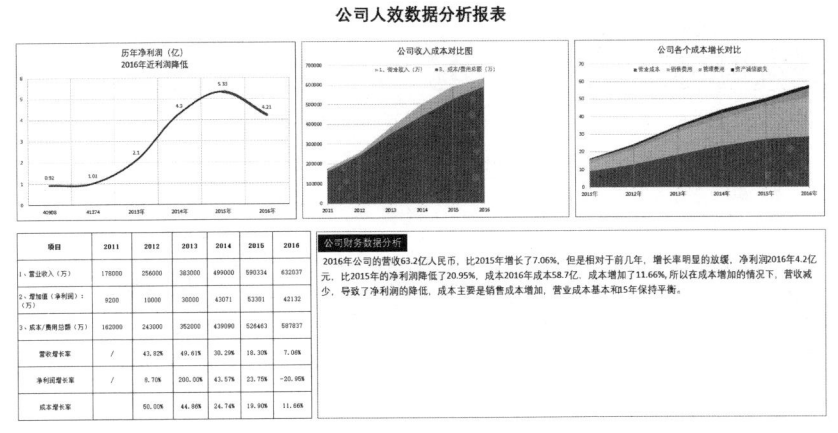

图 11-4　Word 数据分析报告展示

第二节　数据分析报告：PPT

数据分析的 PPT 报告，并不只是单纯的一个 PPT 文件，你可能会在台上做 PPT 的演示，来向各个部门的管理者做人力资源的工作汇报，所以除了在电脑上做 PPT，你还要分析听众，还要设计 PPT 的演示，所以数据分析 PPT 报告由下面"五关"构成。

图 11-5　PPT 报告"五关"构成

一、目标关

在做数据分析报告的时候，我们首先需要考虑的是这个报告是给谁看的，因为对象不同，数据分析报告的侧重点就会不一样，如果你的这份人力资源数据分析报告是给老板看的，那报告的侧重点就是宏观的数据，如在做薪酬数据模块，侧重点就是今年的整体薪酬是多少，和去年比增幅怎么样，人力成本是多少，人效数据是多少，至于一些薪酬类别的占比、部门占比可能就没有那么重要了。

2019 年度薪酬数据分析					
年度总计支出	年度总计支出增幅	2019年人均工资	2019年人均工资增幅	2019年度实发工资
9437508.08	24.59%	12865.10	-3.75%	7178724.08

图 11-6 宏观薪酬数据分析

如果你的对象是各个部门的负责人，如经理、主管，那数据的侧重点上就是以部门维度为主的部门数据分析，你要呈现的是各个部门的薪酬数据占比，各个岗位的薪酬数据，各个部门薪酬类别的数据，整体来说数据分析就会比较细。

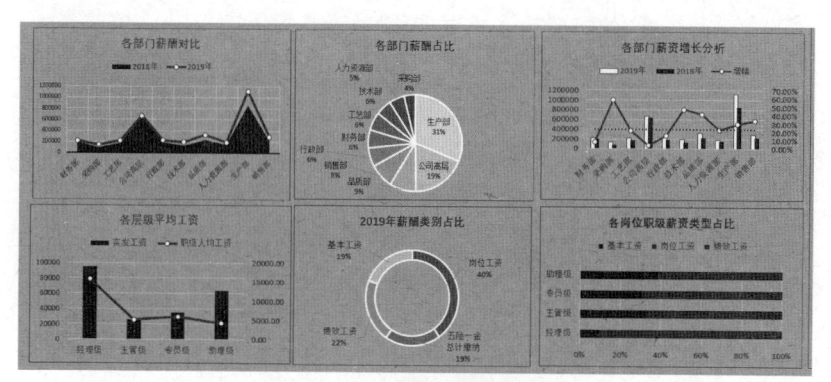

图 11-7 微观薪酬数据分析

因为PPT形式的数据分析报告并不是单纯的阅读形式的PPT，还要做数据的现场分析，所以在具体做数据分析的PPT之前你要做听众的分析，考虑以下几个问题：

- 他们是谁？来听你分析的台下听众都是哪些人？是什么职级的，什么岗位的？
- 他们为什么会来？他们来这里的目的是什么？他们想听到什么？
- 他们关注什么？了解什么？他们想从你的数据分析报告中了解什么？他们关注哪些模块？关注哪些数据关键指标？

- 你的 PPT 演示的重点是什么？根据你对人群的分析，哪些是你的演示重点。
- 什么样的演示形式？对你的 PPT 数据模块的重点内容，你的演示形式是什么样，是数据图表还是视频多媒体，还是交互的仪表盘的形式？
- 他们会问什么问题？在数据分析报告演示中，你要提前预测现场听众会问哪些问题，针对这些问题你有解决方案吗？

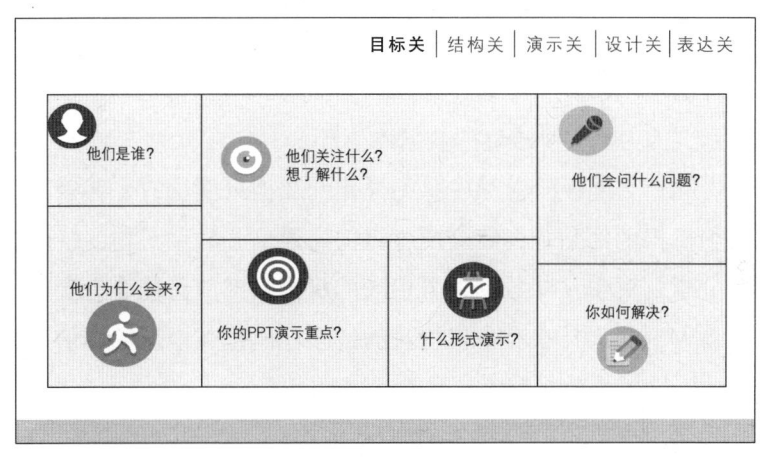

图 11-8　听众分析

因为是现场的 PPT 的数据分析展示，所以你还要关注现场的一些元素，比如场地的大小、屏幕的尺寸、电脑的版本等，都是在做 PPT 版本的数据分析报告时需要注意的。

分析内容		策略
人数	大型会议，小型会议	
会场	大小，形状，布局	
设备	讲台，黑板，投影仪	
时间	上午，下午	
流程	活动环节	

图 11-9　场景分析

案例描述：下周我要做一个关于人才发展的数据分析报告，并且需要在公司的年度会上进行讲解，首先我要做听众的分析：

- 他们是谁？以各个部门的经理为主，还有公司的总经理。
- 他们关注什么？了解什么？他们比较关注年度的学习成本，培训的投资回报，近期线上学习的员工活跃度，还有线上学习的人数，各个部门的学习人数覆盖率和平均学时。
- 你的 PPT 的演示重点是什么？演示的重点应放在培训成本和各个机构的评估上，还有今年的几个培训项目的投资回报率。
- 什么样的演示形式？形式还是以数据图表的形式为主，穿插一些仪表盘的演示，因为有多个维度的数据要分析。
- 他们会问什么问题？对于一些差异化的数据可能会有一些疑问，特别是在各个机构的评估上，我会用各机构的评估分数和机构的平均成本费用来做分析，对于一些数据差异很大的机构，部门可能会有疑问，我要提前准备好，如为什么有些机构花的钱多，但是在最后的评估分数上却是最低的？这个是公司管理层需要关注的问题。

二、结构关

对于数据分析报告你必须要有一个清晰的逻辑结构，在打开 PPT 做分析报告之前，你要梳理清楚数据分析报告的结构，推荐用思维导图的形式把报告的所有模块做一个呈现。

做思维导图最好的方式不是用软件，而是用笔在纸上画，用笔才能更好地开拓你的思维，后期的思维导图可以用软件来形成电子化。

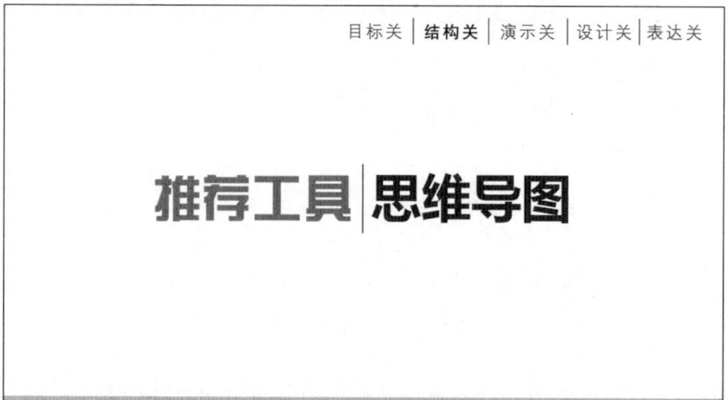

图 11-10　结构工具

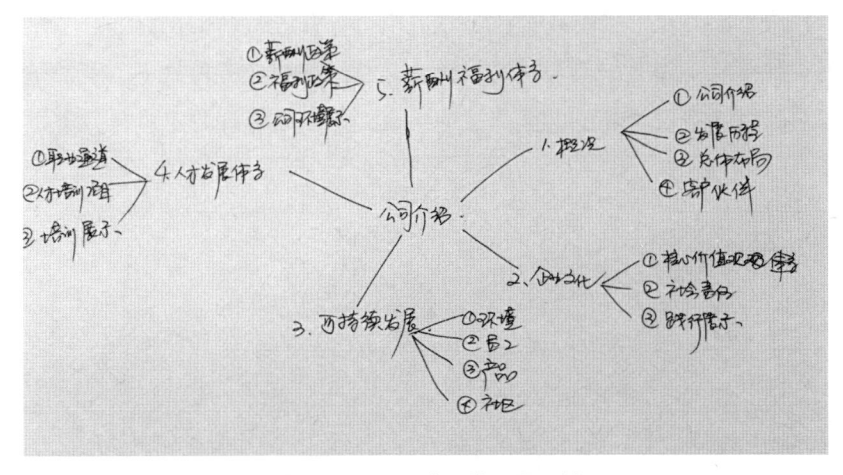

图 11-11　手绘思维导图示例

一般的数据分析报告用的都是总—分—总的形式，这种金字塔式的经典结构被大量地运用在报告中，你先要确定主题，然后再对数据分析分模块进行分析，如你的数据分析报告分为人员结构、招聘、薪酬、培训、人力成本这 5 个模块进行讲解，可以在封面后插入一页目录，当子模块确定后，再对子模快进行拆解，如人员结构根据分析维度又可以分 3 个点来进行阐述，分别是公司人员结构分析、部门人员结构分析、关键岗位人员结构分析。这样再对每个模块做要点拆解，最终建立一个人力资源数据分析报告结构。

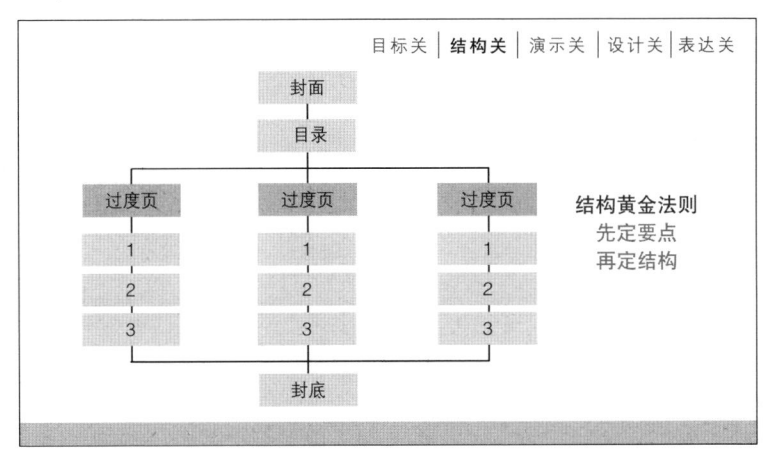

图 11-12　结构要点

在做结构梳理的时候根据对业务的熟悉程度，我们会有两种结构梳理模式：一种是从上到下的模式，这种模式是基于你对业务很熟悉的情况下，你知道这个模块下面有几个维度或者几个点可以拆分并进行结构化。

另一种是从下到上的模式,这种模式是基于你对业务模式不了解的情况下,你可以头脑风暴把模块的要点全部梳理出来,然后再梳理要点进行分类组合。

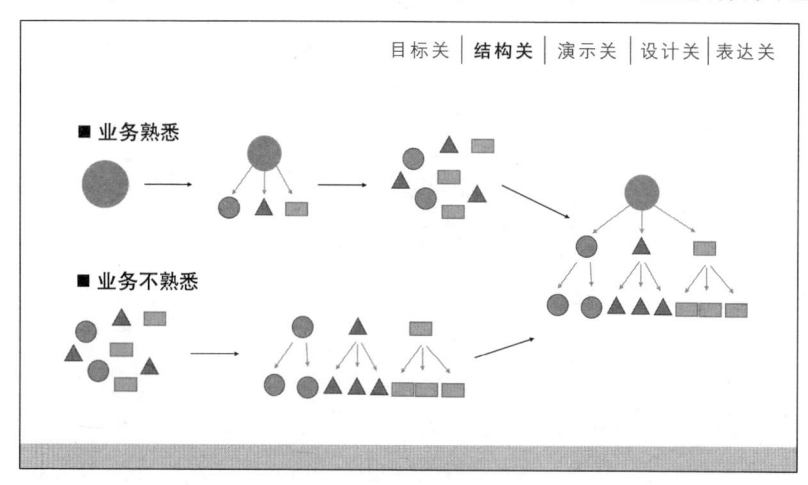

图 11-13 结构建立

在主流的逻辑结构中,主要有以下几种,我们在日常的 PPT 报告的结构设计中,选择其中几种即可。

1. 时间结构

时间结构是指以时间为逻辑结构维度进行 PPT 的结构设计,一般在行业发展、个人介绍、自我展示等模块中,以时间线为逻辑贯穿整个 PPT。

图 11-14 时间轴

2. 流程结构

流程结构一般是应用在某项技能操作上，对技能的操作步骤进行分解，然后按照技能的操作顺序进行结构的梳理。

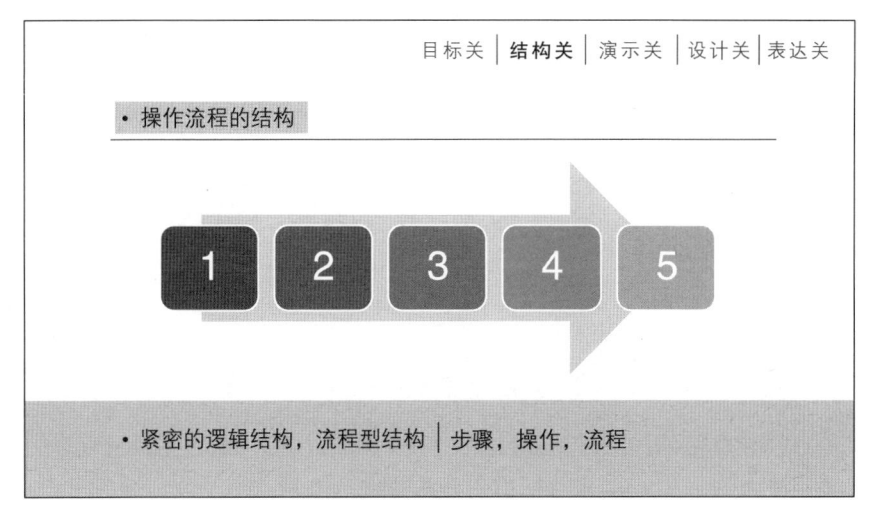

图 11-15 流程轴

3. 地点结构

地点结构一般是结合地理位置来进行结构的梳理，比如我们在进行公司介绍、路线规划、国家城市介绍等时都可以以地点作为结构搭建。

图 11-16 地点型

4. 现状—危机—解决方案

这类演示的结构一般是放在演讲的开场，或者是产品发布、解决方案等

PPT 的设计中，先做整个行业的背景分析描述，然后引导出在这样一个大背景下的危机，制造矛盾点，最后给出解决方案，很多的产品发布会都用这个逻辑。

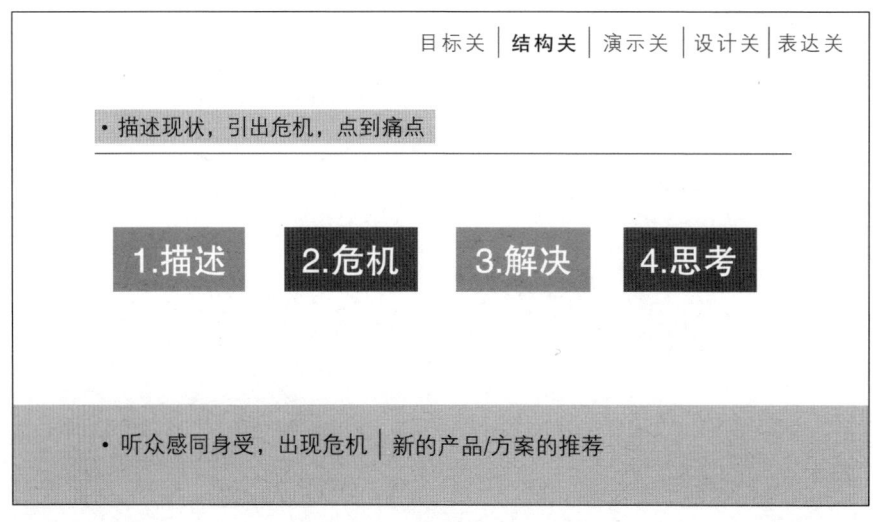

图 11-17　现状—危机—解决

5. 技术—功能—利益

在做产品或者新技术的演示时，我们会用这种思维结构，对于消费者来说技术对于他们是陌生的，他们不关注你是什么技术，他们关注的是这个技术对他们的利益。

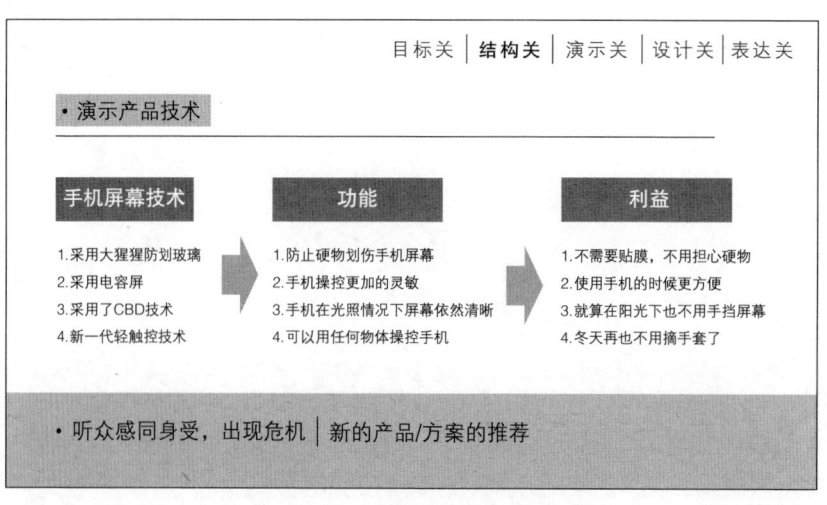

图 11-18　技术—功能—利益

案例描述：我做完了人才发展培训数据分析报告的听众分析，由于我对人才发展培训模块很了解，所以可以从上而下地进行人员结构思维导图的绘制，在纸上画出该分析报告的思维导图。

整个分析报告分成 3 个维度：

- 培训组织分析；
- 培训成本数据分析；
- 在线学习数据分析。

再根据每个模块的分析维度拆解成各个模块的要点，具体的思维导图如下：

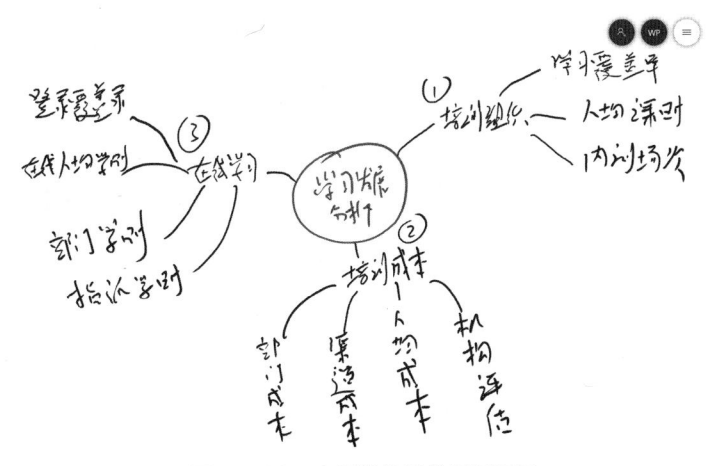

图 11-19　人员结构思维导图展示

三、演示关

PPT 数据分析报告的结构确定以后，我们要根据结构进行 PPT 数据分析报告的演示设计，在此，通过一个数据分析报告的案例和大家来做分享。

1. 数据分析报告封面

封面主要是以大图 + 文字组合为主，需要注意的是，你在图片上的选择一定要符合所在行业或者主题，如在零售行业，你在图片的选择上应该选择卖场、产品等这种大图，再配上和主题相符的文字，突出数据分析报告主题。

在封面的图文搭配上主要有以下几种，你可以根据你的 PPT 的选题、图片来选择封面的类型。

图 11-20　数据分析报告封面

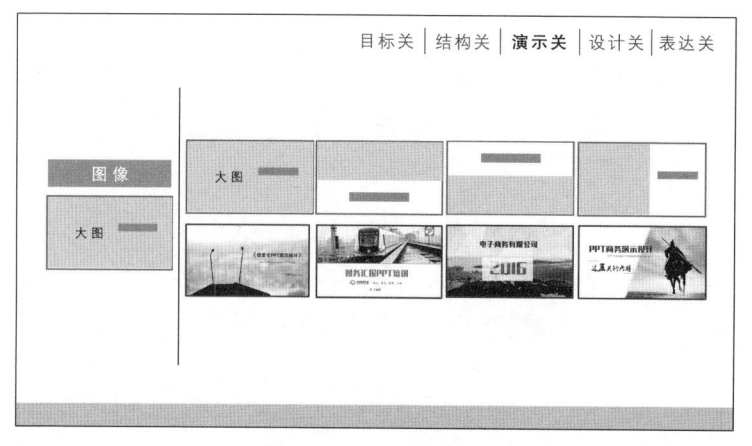

图 11-21　大图演示类型

2. 分析背景

这页内容主要是来描述你的这个数据分析报告的背景，为什么做这个报告，做这个报告的目的是什么，如我们做的人才发展培训的数据分析报告，背景是因为 2018 年公司上线了在线学习平台，并且开始做全年的培训规划，在年终我们想通过数据来分析学习系统的有效性，以及一年的培训成本，培训学习的效率。

3. 分析思路和目录

这是我们整个数据分析报告的逻辑结构，其来源于我们的结构思维导图，我们把人才发展培训的数据分析报告分为 3 个维度，培训组织分析、培训成本分析、在线学习分析。然后再梳理每个维度的关键数据指标，再对关键指标进行数据的呈现和分析。

- 2018年开始，上线了在线学习平台，为了能更好地对线上平台的数据进行统计，以及对公司和各个部门的线上平台使用情况进行统计分析，我们结合线下的内训和外训，以数据分析为基准，对公司整体的学习发展进行数据分析
- 通过数据分析，调整各个部门的课程和学习计划，提升整体的培训效率

图 11-22　分析背景

培训组织分析
- 年度培训数据
- 人均课时
- 内训场次
- 培训总结

培训成本分析
- 年度成本汇总
- 部门培训成本
- 各渠道培训成本
- 培训机构评估

在线学习分析
- 学习覆盖率
- 人均学习
- 部门学时
- 指派学时

图 11-23　分析思路

目录 CONTENTS

1　培训组织数据分析

2　培训成本数据分析

3　在线学习数据分析

图 11-24　分析目录

4. 过渡页

为各个子主题设计过渡页，在具体地讲述各个子主题之前，我们需要在各个模块的关键指标数据分析页面之前加插过渡页，目的是有更加清晰的逻辑结构，并且起到了承上启下的过渡作用。

图 11-25

5. 总结页

在每个子主题分析结束后，我们都要为每个子主题进行的数据分析做一个总结，总结页的主要内容是根据上述几页的数据分析结果，来制订相应的解决方案以及未来的规划。

	2018年	2019年	涨幅
培训场次	269	195	-74 ↓
内训	203	135	-68
外训	66	60	-6
参加人次	4183	2379	-1804 ↓
内训人均课时	9.19	14.8	5.61 ↑

数据分析

2019 年的培训场次总体减少了 74 场，参训人次也减少了 1804 人次，主要原因是在 2019 年年初进行了年度内训计划的规划，取消了一些不必要的内训，并且在 2019 年增加了更多线上的课程，减少了线下的课程。

但是在培训场次减少的同时，内训人均课时确实增加了 5.61 小时，2019 年人均课时 14.8 小时，主要原因是 2019 年加强了内训师的培训，提升了课程的质量和时间，更多以系列课为主，单独的、散的课程逐渐减少，在 2020 年我们将持续 2019 年的计划，并更加关注线上的课程和培训效率的提升。

图 11-26 年度培训组织数据汇总

6. 数据分析页面

数据分析页面主要包含了关键数据指标的数据表，基于数据表生成的数据图，以及根据数据可视化做出的数据分析，数据分析又包含对数据的描述、数据的诊断和数据的解决方案。

图 11-27　年度培训成本数据分析

由于 PPT 是一个 16∶9 的画面，所以在对这些元素的排版上，我们按照横向排版的原则，依次对齐，但是由于受 PPT 版面的限制，我们不能把所有的数据分析结果进行呈现，所以在选择上，尽量以关键元素为重点。

如图 11-27 这页数据分析页面，包含了数据表格、环形图和数据分析结果。表格和图表进行对齐，数据分析的结果放在下面，做到数据的突出和整齐。

四、设计关

图 11-28　设计关基本要求

PPT 的数据分析报告的设计必须要做到整体的设计统一，这里的设计统一包含整体主题色彩的统一、文字类型的统一、PPT 背景色的统一。这样你的 PPT 数据分析报告在职场上才会显得职业化、专业化。比如，我们做的人才发展培训的数据分析报告，在颜色上我们统一主色为黄色，辅助色为灰色，在字体上以等线字体为主，PPT 的背景以白色背景为主，整体追求 PPT 的简洁。

在整体的 PPT 设计上，你也可以引入 PPT 的模板，因为 PPT 的模板已经帮你做到了整个 PPT 的颜色、字体、背景、布局的统一，但是在模板的选择上就需要根据公司的 LOGO 颜色，或者行业的主题色来选择模板。

五、表达关

PPT 的数据分析报告在多数场景下要做数据分析报告的阐述和演讲，所以除了要做好 PPT，你也需要思考如何来讲好你的数据分析报告，这就要求你要有优秀的表达能力和台上的演讲能力。

1. 演讲者模式

这个模式是 2013 版以后的 PPT 增加的新功能，主要是针对在台上做报告的演讲者，在 PPT 播放模式下，点击右键就可以切换成演讲者模式，在演讲者模式下 PPT 右侧会出来下一个 PPT 的画面和备注，但是台下的听众看到的还是你当前页的画面，对于那些忘记下一页要讲什么内容的演讲者来说，这个功能非常的实用。

图 11-29　PPT 演示放映

2. 幻灯片切换

在 2013 版以后的 PPT 里增加了很多幻灯片切换的模式，增加了很多的特效模式，在演示的时候使用切换动画，可以使我们的演示更加有特色。但是需要注意的是切换的动画不要喧宾夺主，我们关注的还是 PPT 里的内容。

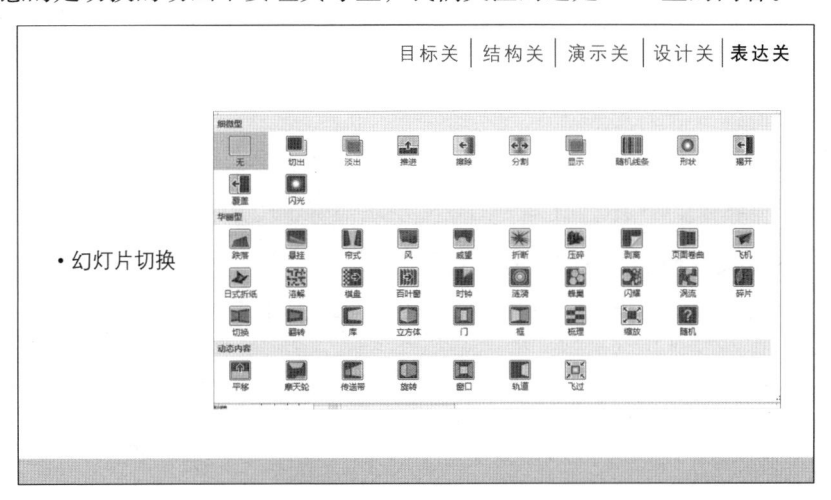

图 11-30　PPT 演示放映

3. PPT 的翻页笔

在做 PPT 演示的时候，硬件设备除了电脑，必不可少的是翻页笔，你需要翻页笔来切换你的 PPT 页面。

第三节　数据分析报告：Excel

Excel 的数据分析报告更加关注数据的本身，一般作为 PPT 版本的辅助资料使用，在 Excel 的数据分析报告里主要内容包含数据表格以及数据表格生成的数据图表，在做 PPT 数据分析报告的时候，当涉及具体数据的时候，我们就会提供 Excel 的数据报表来支持 PPT 版本的数据分析报告。

图 11-31 是一个人力成本的 Excel 数据分析报表，统计汇总了 1~12 月的人力成本的各类数据，并对 2017 年和 2016 年的数据进行了对比。在数据图表的呈现形式上，用了面积图和折线图来对比每个月的人力成本数据，用饼图来呈现人力成本各个类别的数占比。

图 11-31　人力成本 Excel 数据分析报表

再从部门的维度来对人力成本进行数据的呈现和分析，每个部门每类人力成本的数据，对关键的数据与 2016 年进行对比，算出增幅。然后用折线图、面积图来对两年的部门人力成本的数据进行对比分析。

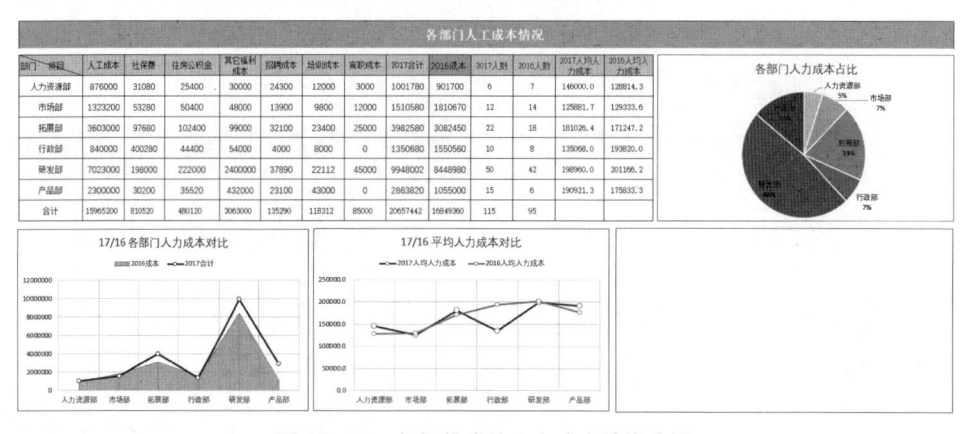

图 11-32　部门维度的人力成本数据分析

这个就是 Excel 版本的一个数据分析报表，它没有像 PPT 那样做详细的数据描述和数据解读，但是它有详细的数据来支撑数据分析。

第四节　数据分析报告：Word

Word 版本的数据分析报告相对 PPT 来说，报告展示的内容更加多，因为

PPT 的报告主要是做数据分析演示用的，所以在 PPT 上都是一些关键的数据和图表。Word 的数据分析报告是阅读型的数据分析报告，所以应尽可能地把详细的数据图表和数据诊断显示出来。

在 Word 的数据分析报告的排版上，我们一般从左往右依次是数据表、数据图和数据分析结果。排版的原则是表格图表和分析结果模块对齐统一。

比如，下面是一个在线学习平台的数据分析报告，在这个数据分析报告上包含了数据透视表、数据透视图，还有数据分析结果，在数据分析结果上我们对每个模块、每个关键指标都做了详细的数据分析。

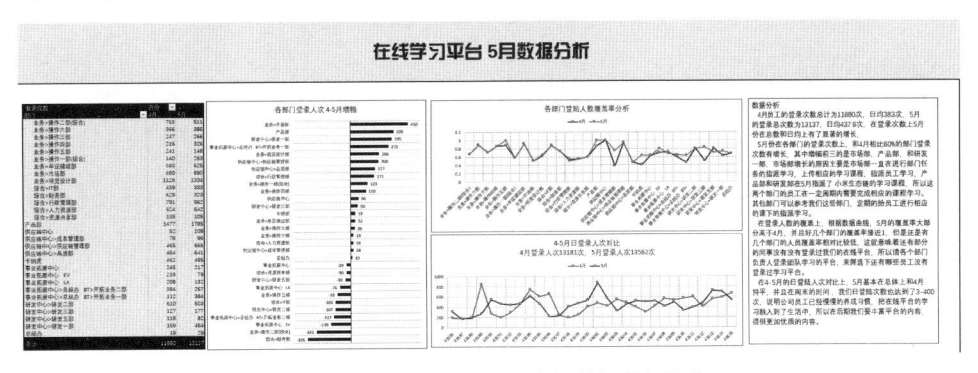

图 11-33　某在线学习平台的数据分析报告

第五节　章节复盘

- 数据分析报告的形式有 PPT、Word、Excel 几种形式，一般 PPT 形式相对会多一些，应用于数据分析汇报演示。
- 数据分析报告分为：目标、结构、演示、设计、表达 5 个层面的设计。
- 不同的汇报对象，数据分析报告的侧重点不一样，管理层更倾向于数据的宏观性，部门的主管、经理更关注数据的细节。
- 在 PPT 上做数据报告之前，你需要在纸上用思维导图的模式梳理数据报告的结构。

第十二章
人力资源数据分析报告思维

第一节　数据分析报告的描述—诊断—解决方案

在人力资源的数据分析报告设计中，最关键的不是报表的形式也不是报表做得多好看，最关键的是数据分析的思维，你能从数据表格、数据图表中分析出哪些人力资源模块的问题，对于这些问题产生的关键原因是什么，你的解决方案又是什么。

在对数据模型的数据分析中，我们按照数据描述、数据诊断、数据解决方案三个维度，层层递进地来做数据的分析。

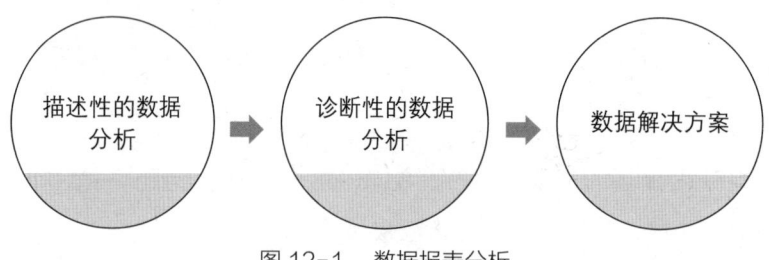

图 12-1　数据报表分析

1. 数据描述

数据描述是指对关键数据指标设计好的数据图表和数据模型中的数据进行客观的描述，主要是针对数据做描述，在做描述的时候需要找到数据的差异值，所谓的数据差异值是指在关键数据指标中数据最大值、最小值，或者增幅最大的值。

2. 数据诊断

数据诊断是指对数据描述里的差异数据做数据分析，寻找关键原因。在做原因分析的时候我们要大胆假设，小心求证，找到关键原因，在一个差异化数据的背后可能会有很多原因构成，但是我们要找的是产生这个问题的关键原因。所以在做数据分析维度的时候我们会做数据分聚焦，从公司、部门、岗位、层级等层面层层递进聚焦来找到问题的关键原因。

在分析原因的时候一定是透过现象看本质，从公司的运营模式、业务层面出发，不能只局限在人力资源的角度，所以这个对于 HR 的要求就会更高。HR 需要了解公司的发展战略、业务的盈利模式、公司的运营模式、产品等一系列和业务相关的信息，这样才能结合业务进行人力资源的数据分析。

公司工龄占比分析	公司管理层人数占比分析
在公司的工龄分布上，公司平均工龄是4年，2年的占5%，3年的49%，4年的34%，相对来说公司的人员处于稳定状态。工龄比较长的相对来说是后勤支持部门，综合、人力资源、财务、总裁办等。这些部门属于相对比较稳定的部门。工龄比较短的销售、市场采购属于人员流动相对大的部门，在后期的招聘和人员离职率控制上，要关注这些部门	在公司的管理层和员工人数上，管理层人数40人，员工68人，比例是1.25，从数据上来看这个数据不是很合理，管理层人数占比太大。但是由于公司的职级架构特殊性，并不是所有M级别的人都要团队，还有一些M级别的特别是M3的主管级别的，下面的团队人数比较少，都是分布在地推团队，并且有40%的M级别的是单独的岗位，所以抛开这些因素在管理占比的数据趋向于合理性。但是在后期我们需要重新进行架构的调整

- 大胆假设，小心求证，找到关键原因；
- 透过现象看本质，一定要从公司层面、业务角度出发；
- 了解公司战略、盈利模式、商业模式、业务团队的一切。

图 12-2　数据诊断：找原因

3. 数据解决方案

人力资源数据分析最后的输出是数据分析的解决方案，在做数据分析解决方案的时候我们需要注意的是要做数据的对标，要验证这个方案有没有效果，就需要通过量化的数据对标来实现，在进行数据分析之前我们要有该关键指标现有的数据，在解决方案实施了一定的周期后，重新对该模块的关键数据指标进行评估，然后对两个指标进行对标，这样通过指标的数据差异化，就能体现你的解决方案的有效性，最终体现人力资源的价值。

图 12-3　出结论——数据分析报表

第二节　实操演练：人才发展数据分析报告

从 2018 年开始，上线了在线学习平台，为了能更好地对线上平台的数据进行统计，以及对公司和各个部门的线上平台使用情况进行统计分析，我们结合线下的内训、外训，以数据分析为基准，对公司整体的学习发展进行数据分析。通过数据分析，调整各个部门的课程和学习计划，提升整体的培训效率。

整个数据分析报告分为 3 个大的模块进行分析，分别是培训组织数据分析、培训成本数据分析、在线学习数据分析。

图 12-4　分析报告目录

一、培训组织数据分析

培训组织数据分析由年度培训数据、人均课时、内训场次、培训总结 4 个子主题构成。

培训组织数据分析	培训成本数据分析	在线学习数据分析
• 年度培训数据 • 人均课时 • 内训场次 • 培训总结	• 年度成本汇总 • 部门培训成本 • 各渠道培训成本 • 培训机构评估	• 学习覆盖率 • 人均学习 • 部门学时 • 指派学时

图 12-5　分析思路

1. 年度培训组织数据

年度培训组织数据是对一年的培训数据做汇总和对比，年度的数据一般都是宏观的数据，所以在分析指标选取上我们会选择整体的数据来进行分析，除做今年的培训组织数据回顾外，我们还和去年做了数据的对比，并用了条件格式的小图表来显示各类数据的变化。如果我们仅看今年的数据无法来对数据进行判断，所以就必须有个数据来做对标内训，在对标的数据选择上有两类数据可以选择，一类是历史数据，这类数据如果是多年的历史数据的对标，更多的则是做趋势分析。另一类是市场的对标数据，这类指标受时间的影响比较小，比如人员结构的数据分析、薪酬数据，这类数据更多的是和外部的市场数据进行对标。

在培训组织数据分析年度汇总中，我们选择了培训场次、参训人次、内训人均课时三个指标来做分析，相对来说，培训场次和参训人次仅仅是一个参考的指标，我们更关注的是人均课时，因为人均课时可以反映出一家公司的培训效率，而且这个指标也是一个和外部对标的数据指标，你可以参考行业市场的培训人均课时，来分析判断公司的培训效率。

在 PPT 里插入了 2018 年和 2019 年的培训指标数据，进行数据涨幅对标，在 PPT 的布局中，我们采取的是横向的部门，因为 PPT 本身就是 16∶9 的一个布局，左边是数据图表，右边是数据分析的结果，这样就形成了一个布局的平衡和统一。

2019 年的培训场次总体减少了 74 场，参训人次也减少了 1804 人次（数据描述），主要原因是 2019 年年初进行了年度内训计划的规划，取消了一些不必要的内训（数据诊断），并且在 2019 年增加了更多的线上课程，减少了线下课程。（解决方案）

但是在培训场次减少的同时，内训人均课时确实增加了 5.61 小时，2019 年人均课时 14.8 小时（数据描述），主要原因是 2019 年加强了内训师的培训，提升了课程的质量和时间，更多以系列课为主，单独的、散的课程逐渐减少（数据诊断），在 2020 年我们将持续 2019 年的计划，并更加关注线上课程和培训效率的提升。（数据解决方案）

在数据上我们从数据描述—诊断—解决方案三个维度来做数据分析，先对培训场次和人均课时的数据做了描述，发现参训人次减少了，但是人均课时增加了，这个数据就是一个差异化的数据，接下来我们分析原因为什么在人次减少的情况下，人均课时却增加了，最后再给予解决方案。

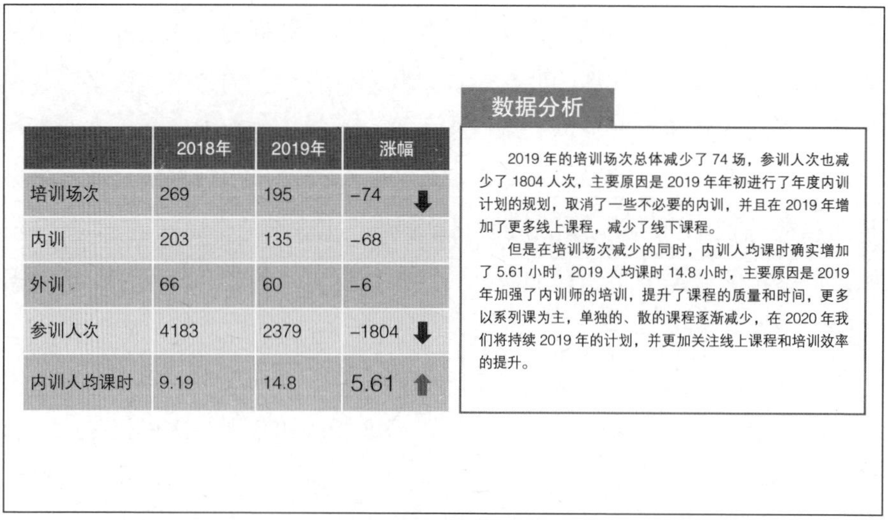

	2018年	2019年	涨幅
培训场次	269	195	-74 ↓
内训	203	135	-68
外训	66	60	-6
参训人次	4183	2379	-1804 ↓
内训人均课时	9.19	14.8	5.61 ↑

数据分析

2019 年的培训场次总体减少了 74 场，参训人次也减少了 1804 人次，主要原因是 2019 年年初进行了年度内训计划的规划，取消了一些不必要的内训，并且在 2019 年增加了更多线上课程，减少了线下课程。

但是在培训场次减少的同时，内训人均课时确实增加了 5.61 小时，2019 人均课时 14.8 小时，主要原因是 2019 年加强了内训师的培训，提升了课程的质量和时间，更多以系列课为主，单独的、散的课程逐渐减少，在 2020 年我们将持续 2019 年的计划，并更加关注线上课程和培训效率的提升。

图 12-6　年度培训组织数据汇总

2. 内训场次

在培训的场次数据分析上，我们是对每个部门的年度培训场次数据和去年的数据进行对比，所以在数据图的选择上，我们选择了面积图和折线图，同时对面积图的填充进行半透明化的设置，这样在折线图的显示对比上就可以更加的明显。

在内训场次上 2019 年的内训场次少于 2018 年，在部门的场次数量上业务部门的场次 2019 年比 2018 年减少了 30 场，降幅比较大（数据描述），主要原因是业务部门改变了以往的内训模式，采用了案例分享会的方式，更加地贴近实际的业务场景，其他部门的内训场次均比 2018 年有所减少（数据诊断），2020 年在部门的内训规划上，我们会以业务、产品、研发为重点，采用多形式的内训形式，减少没有必要的内训，提升培训效率。（数据解决方案）

在内训场次的数据描述上，我们寻找的是两年间数据差异最大的部门而不是横向地去对比每个部门的培训场次数据，因为每个部门的人数不一样，所以不能单纯地去对比哪个部门做的培训场次多，通过面积图与折线图的数据差异我们发现业务部和视觉设计部的培训场次数据差异是最大的，所以我们要从部门的人员、业务模式等角度去分析为什么这两个部门的培训场次数据差异这么大，再根据原因的分析给予针对性的解决方案。

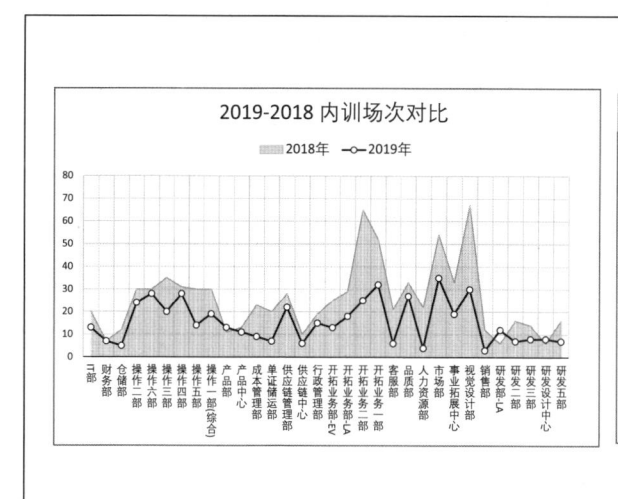

图 12-7　年度培训组织数据汇总——内训场次

- 人均课时

人均课时是培训组织数据分析最关键的一个数据指标，这个数据指标能反映公司培训的效率。我们除了要计算公司的人均课时的数据以外，也要细分地计算每个部门的人均课时的数据，人均课时是可以来做横向的每个部门的对比，因为人均课时的计算方式是部门总课时除以部门总人数，所以是个相对的数据，不会因为部门人数多而数据增大。

我们在做部门的人均课时数据分析时，用面积图代表 2018 年的数据，折线图代表 2019 年的数据，汇总组合图，然后做两个维度的对比。

• 部门维度对比：各个部门人均课时对比

在横向对比的时候，我们要找出数据最低和最高的 3 个部门，然后去分析为什么这几个部门的人均课时最低，找出主要原因，在做原因分析的时候需要注意，这个原因是客观的还是主观的，如果原因是客观的，是我们无法改变的，那就更多关注主观的原因，尽可能地解决主观的原因。

• 各部门人均课时环比：2018 年与 2019 年各部门人均课时对比

在纵向地对各个部门做数据差异对比的时候，需要找出差异最大的 3 个部门数据，比如在下图差异最大的是产品、研发和供应链，那我们分析的维度是从这几个部门学习的场次、人数等数据字段入手，找出数据差异的原因，并且给出解决方案。

在部门的内训人均课对比上，产品部和研发部在 2019 年的涨幅是最大的（数据描述），主要原因是在 2019 年我们制订了产品和研发的年度线上学习计划，每月进行学习课程的推送。产品部在培训的场次上是 24 场，但是人均学习课时确是最高的（数据诊断），相对而言，供应链部门的人均课时略有下降，主要原因是供应链系列的课程针对行业的相对比较少，所以供应链主要还是以线下的分享为主，另外 QC 是驻外的，线下的聚集学习数量比较少（数据描述／诊断），线上学习是 2020 年的重点，我们将重点进行课程的规划和资源的获取，特别是一些特殊部门的课程，我们将借助第三方的资源进行课程的扩充。（数据解决方案）

大家关注数据诊断中的分析思维，在对供应链的数据诊断过程中，我们更多的是对行业岗位进行数据分析，由于行业的相对课程比较少，并且供应链中的 QC 岗位，因为工作地点不在公司，而且 QC 岗位人数占据了供应链部门的 70%，所以导致供应链部门的数据差异很大，所以在分析上我们都不是只关注人力资源部门本身，我们更多的是要去深入地了解各个部门的实际情况，从一个 BP 的角度去分析各个部门的问题，我们只有把原因找准了，后面的解决方案才可以更加的有针对性、更加的落地。

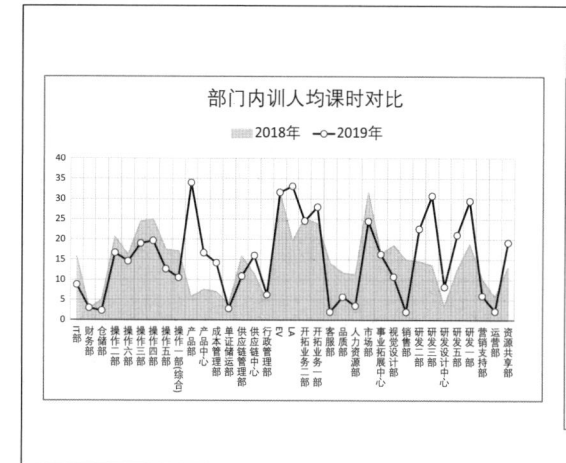

图 12-8　年度培训组织数据汇总——人均课时

- s 年度培训数据汇总

在每个模块分析完结后，我们都需要对该模块进行一个数据分析的总结，数据分析的总结目的是汇总前面几个关键指标的数据解决方案，为下一个周期的人力资源规划做参考依据。

图 12-9　年度培训组织数据汇总

二、培训成本数据分析

培训成本的数据分析可以从年度培训成本汇总、部门培训成本分析、各渠道培训成本、培训机构评估 4 个维度来进行分析。

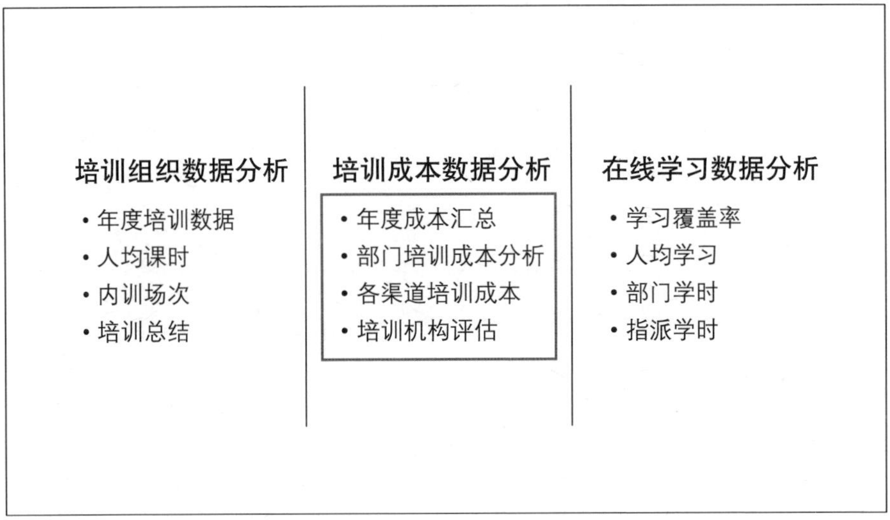

```
培训组织数据分析          培训成本数据分析          在线学习数据分析
• 年度培训数据           • 年度成本汇总            • 学习覆盖率
• 人均课时              • 部门培训成本分析         • 人均学习
• 内训场次              • 各渠道培训成本           • 部门学时
• 培训总结              • 培训机构评估             • 指派学时
```

图 12-10　分析思路

1. 年度培训成本数据分析

这里我们主要对培训成本的费用做分析，把费用拆分成内训、外训和差旅的费用，从宏观数据上分析一年的各个培训成本费用，并且和 2018 年进行数据分析对比。

在数据图表右侧上，我们选择了环形图，对两年的差旅和培训费用做了一个占比的可视化呈现，因为在培训成本上，我们能优化的是差旅费用，所以我们要来分析每年的差旅费用的占比，并且差旅费用的占比数据也可以和外部的市场数据对比，来分析判断所定的差旅成本占比是否是一个合理的数据指标。

<u>在总的培训费用上，2019 年的培训费用为 401814 元，比 2018 年增加了 30130 元，在外训费用上 2019 年比 2018 年减少了 23046 元，主要增长的费用是在内训老师的引入上，在 2019 年，组织了 2 场外部老师课程，总计费用 106780 元，如果不考虑老师引入的课程，基本上 2019 年的培训费用和 2018</u>

年保持一致（数据描述/诊断）。

在差旅费用上，2019 年的差旅费用减少了 16321 元，主要原因是 2019 年我们更多地考虑了宁波的课程，减少了差旅的支出。

在 2020 年我们要更多地关注各个机构部门的外训课程的场次安排，尽量地选择在当地参加，也可以参加或者购买线上课程，从而降低培训成本。（数据解决方案）

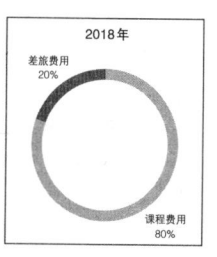

	2018年	2019年	涨幅
培训总费用	371683	401814	30131
内训费用	54500	107677	53177
外训费用	317143	294137	-23046
差旅费用	72803	56481	-16322

在总的培训费用上，2019 年的培训费用为 401814 元，比 2018 年增加了 30131 元，在外训费用上 2019 年比 2018 年减少了 23046 元，主要增长的费用是在内训老师的引入上，在 2019 年，组织了 2 场外部老师课程，总计费用 107677 元，如果不考虑老师引入的课程，基本上 2019 年的培训费用和 2018 年保持一致。

在差旅费用上，2019 年的差旅费用减少了 16322 元，主要原因是 2019 年我们更多地考虑了宁波的课程，减少了差旅的支出。

在 2020 年我们要更多地关注各个机构部门的外训课程的场次安排，尽量地选择在当地参加，也可以参加或者购买线上课程，从而降低培训成本。

图 12-11　年度培训成本数据分析

2. 各部门的培训成本数据

分析各个部门一年的总培训成本数据，在这个数据分析维度上，横向地关注每个部门的培训成本对比，在培训资源的分配上会向公司的核心部门进行倾斜，所以我们根据这个数据来判断公司的核心部门是否得到了充足的培训资源。

在数据的环比上，我们通过和 2018 年的数据对比，来分析每个部门培训成本增长是否合理，如果不合理，问题在哪里，明年我们要如何优化。

各部门的培训费用对比，财务部、总经办、开拓费用占了前三，财务部的外训因为财务的课程都比较贵，没有折扣，所以费用比较高，开拓部门，因为今年有比较多的新的开拓员工，所以在 2019 年安排了比较多的针对开拓业务的课程，所以费用相对会高。

明年的财务课程考虑线上课程，开拓的课程我们将外部课程转为内训，优化课程费用。

在数据分析思维上我们首先描述了成本最高的几个部门，然后分析这几个部门为什么培训成本比较高？费用合理吗？如果不合理那我们的解决方案是什么？最后我们给出的方案是财务部明年安排更多的线上课程，对于开拓业务部外训转为内训，更多地培养内部讲师，最终优化培训成本。

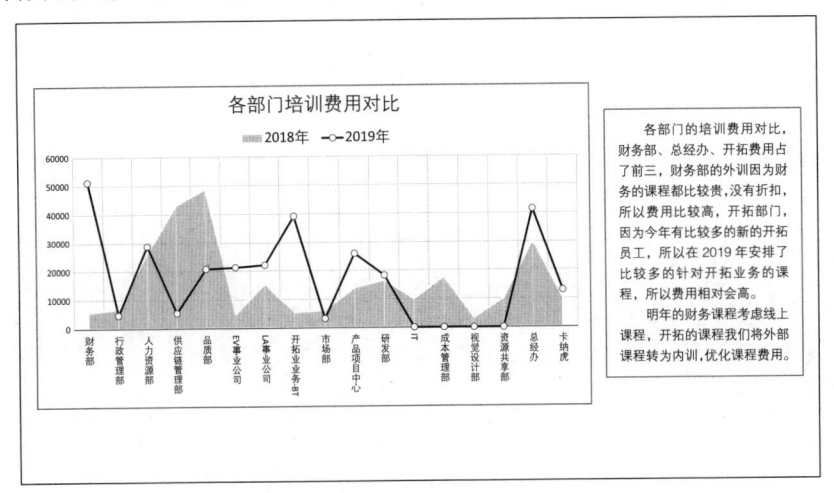

图 12-12　年度培训成本数据分析

3. 各机构培训成本和评估

在机构的培训评估上选择的关键数据指标为各机构外训评估分数和机构的人均课程费用，以及培训课程数。对机构数据进行分析主要目的是为明年选择机构合作做参考，所以我们选择的机构是评估分数比较高、相对培训成本比较低的性价比比较高的机构。

在数据图表的选择上我们选择了柱状图和折线图的组合图，柱状图代表的是外训课程的培训课程数，折线图代表的是机构的平均评估分数和人均课程费用，我们对培训平均分数做一个从小到大的排序，从图表中我们可以看出用红色框标识的两个机构，其中第一个机构评估分数最高，但是平均课程费用却是最低的，所以这个机构明年还可以继续合作。第二个机构是课程费用很高，但是对机构的评估分数却很低，所以这个机构明年是要取消合作的。

在人力资源的决策中用数据化的图表作为决策的支持，在和管理层沟通的过程中，可以用数据说话，更好地说服管理层支持你的决策，也显示出你作为 HR 的专业性。

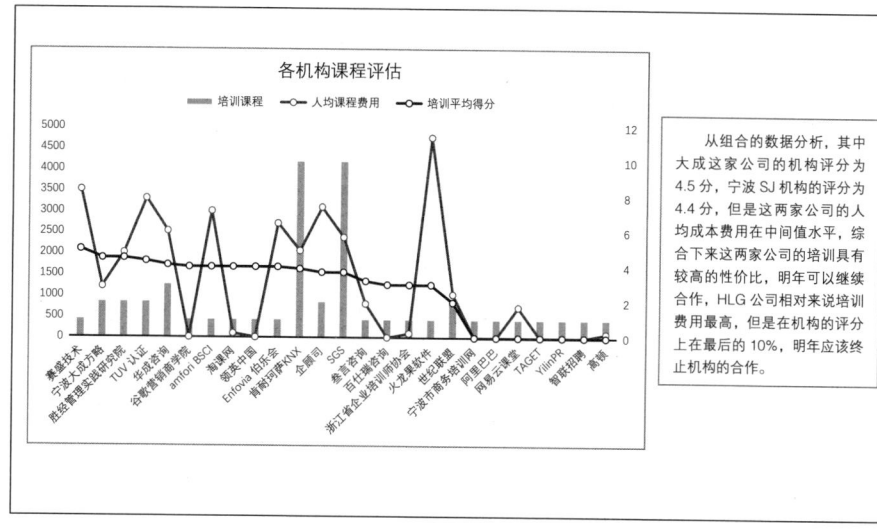

图 12-13　年度培训成本数据分析

4. 年度培训成本数据汇总

（1）在总的费用不变的情况下，优化外训的课程费用，加大在线学习的课程资源投入，减少不必要的差旅费用。

（2）在各部门的培训费用上，资源向核心部门倾斜，加大部门内训和外训课程转化的力度。

（3）在机构的管理上，统一对接几个优质的供应商，对一些通用的、难度低的课程向内训和在线课程转移，同时做好课程跟踪和转化的工作。

图 12-14　年度培训成本数据汇总

第三节　实操演练：在线学习数据分析报告

随着人力资源数据化的转型，人才发展也开始数字化、平台化。在人才发展模块中在线学习是一个很重要的学习平台。学员在在线学习平台进行岗位技能的学习，在平台的后台会产生很多的学习数据，我们通过学习数据的分析来调整在线学习课程，调整课程的上线时间、运营在线学习的项目等。

学习平台的后台关键数据指标包含：

- 各部门的登录人次；
- 各部门登录人次覆盖率；
- 每日登录人数（活跃度）；
- 部门学习人数；
- 部门学习人数覆盖率；
- 部门人均学习课时；
- 部门指派学习时长。

我们根据这些在线学习平台的数据分析关键指标，来设计月度的在线学习平台数据分析报表。虽然在线学习平台的后台有数据表格和数据信息图，但是都是比较通用的一些数据指标，而且包含的指标比较多，没有进行数据的筛选汇总。所以我们需要导出平台的数据，进行数据的处理和数据的透视，再根据数据透视表来做数据分析报告。

表 12-1　在线学习后台数据

部门	启用人数	登录人数	登录次数	登录覆盖率	PC登录人数	PC登录次数	PC登录天数	App登录人数	App登录次数	App登录天数	移动端使用人数
KNH	22	17	315	0.773	8	64	8	16	249	16	16
事业拓展中心	5	4	126	0.5	0	0	0	4	126	4	4
事业拓展中心>总经办 BT>开拓业务一部	9	9	254	0.6	2	10	2	9	238	9	9

续表

部门	启用人数	登录人数	登录次数	登录覆盖率	PC登录人数	PC登录次数	PC登录天数	App登录人数	App登录次数	App登录天数	移动端使用人数
事业拓展中心>总经办 BT>开拓业务二部	14	12	278	0.67	2	10	2	11	259	11	12
事业拓展中心 EV	5	5	92	1	1	3	1	4	84	4	5
事业拓展中心 LA	8	8	224	1	1	2	1	4	211	4	8
产品部	19	18	862	0.9	2	6	2	18	844	18	18
供应链中心	2	2	76	1	1	8	1	2	68	2	2
供应链中心>供应链管理部	15	16	304	0.94	4	27	4	15	254	15	16
供应链中心>品质部	33	19	917	0.39	1	7	1	19	910	19	19
供应链中心>成本管理部	7	6	266	0.75	0	0	0	6	266	6	6
单证储运部	12	12	433	0.92	4	20	4	11	410	11	11
市场部	12	12	399	0.52	7	59	7	10	316	10	12
操作一部（综合）	9	4	73	0.33	0	0	0	4	73	4	4
操作三部	5	5	186	0.71	0	0	0	5	184	5	5
操作二部（综合）	10	10	285	0.67	1	1	1	8	259	8	10
操作五部	7	7	185	1	1	1	1	7	182	7	7
操作六部	8	8	236	0.89	1	23	1	8	211	8	8
操作四部	6	6	341	0.86	3	9	3	5	300	5	6
视觉设计部	38	36	1101	0.65	29	116	29	34	977	34	34
IT部	15	15	333	0.88	2	8	2	15	325	15	15
人力资源部	6	6	425	0.55	3	10	3	6	415	6	6
行政管理部	14	13	410	0.54	2	8	2	13	401	13	13
财务部	12	10	209	0.63	4	35	4	6	169	6	7
资源共享部	6	6	264	0.6	0	0	0	5	262	5	6

一、各部门登录人次分析

我们分析的 3 个关键指标分别为登录人次增幅、登录人次覆盖率、每天的登录人次。

我们对后台的数据用数据透视表进行汇总分析,在数据透视表中选择 5 月、6 月的数据,对两个月的数据做时间和结构的对比。

表 12-2　各部门登录人次统计表

部门	登录次数 5月	登录次数 6月
业务 > 操作二部(综合)	511	285
业务 > 操作六部	395	236
业务 > 操作三部	266	186
业务 > 操作四部	326	341
业务 > 操作五部	148	185
业务 > 操作一部(综合)	263	73
业务 > 单证储运部	625	433
业务 > 市场部	890	399
业务 > 视觉设计部	1334	1101
综合 > IT 部	333	333
综合 > 财务部	323	209
综合 > 行政管理部	962	410
综合 > 人力资源部	542	425
综合 > 资源共享部	105	264
产品部	1785	862
供应链中心	108	76
供应链中心 > 成本管理部	96	266
供应链中心 > 供应链管理部	665	304
供应链中心 > 品质部	641	917
KNH	495	315
事业拓展中心	217	126

续表

部门	登录次数	
	5月	6月
事业拓展中心 EV	79	92
事业拓展中心 LA	132	224
事业拓展中心 > 总经办 BT> 开拓业务二部	267	278
事业拓展中心 > 总经办 BT> 开拓业务一部	384	254
研发中心 > 研发二部	503	636
研发中心 > 研发三部	177	79
研发中心 > 研发五部	82	45
研发中心 > 研发一部	454	475
总经办	29	16
总计	13137	9845

在分析的时候对两个月份的人数增幅做一个计算，并且用条形图来做数据的呈现。对每个部门的5~6月的人数登录次数进行对比，选择用折线图来做数据对比。一般在做两个相同数据对比的时候，为了能更好地显示数据之间的增幅对比，我们一般会选择用折线图或者面积图并配合折线图来标识。

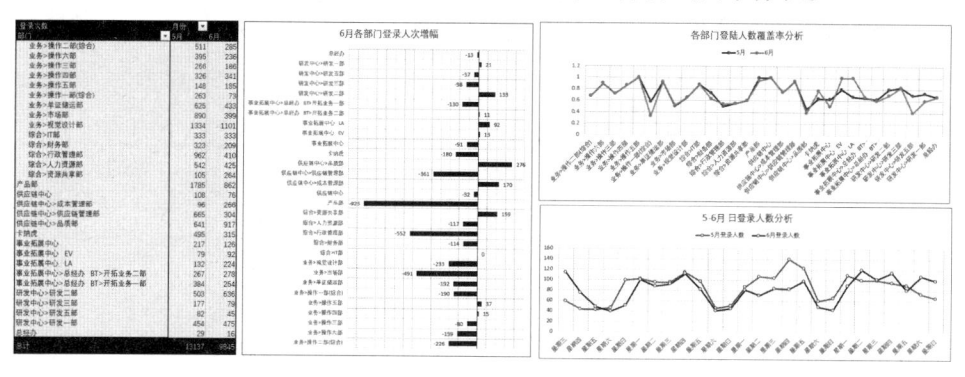

图12-15 登录人次数据分析示例

6月员工的登录次数总计为10003次，日均334次，5月的登录总次数为13137，日均437.9次，在登录次数上6月在总数和日均上相对5月有所减缓，但是在登录的人数上基本保持平衡（数据描述）。

6月在各部门的登录次数上，和5月相比产品部和市场部、行政部，在登录的人次上相对有所减少，在登录的人数上，5月和6月各个部门基本持平，主要原因是我们在6月发布了一个通知，就是禁止员工在上班时间学习课程，所以在登录的次数上，6月会明显的比5月少（数据诊断）。

在7月我们会更加关注学习的时间，追求线上的学习质量，同时和各个部门沟通，更多地进行线上的项目安排。（数据解决方案）

首先我们对总的登录次数做了描述，然后再对5月、6月的具体登录次数和增幅的差异数据进行了描述，在找到了差异的增幅数据后，我们分析差异数据产生的原因，最后我们得出的结果是6月发了一个上班禁止看学习视频的通知，导致了6月的数据明显下降，在最后我们给出了解决方案即在7月如何进行线上学习的规划。

在做分析的时候一定要注意在最后我们给出解决方案后，一定要去追踪解决方案，提取解决方案实施后的数据，把这个数据和数据关键指标的原始数据进行对标，这样才能验证数据解决方案的有效性。

二、学习覆盖率

在学习覆盖率的数据分析上，同样我们提取后台的5~6月各个部门的学习人数和学习覆盖率，然后对这两个指标做数据信息图和数据分析。

表12-3 学习覆盖率统计表

学习覆盖率	学习覆盖率		学习人数	
部门	5月	6月	5月	6月
业务＞操作二部（综合）	70.00%	80.00%	9	7
业务＞操作六部	75.00%	75.00%	3	6
业务＞操作三部	100.00%	80.00%	6	5
业务＞操作四部	100.00%	83.33%	7	6
业务＞操作五部	42.86%	85.71%	2	3
业务＞操作一部（综合）	44.44%	44.44%	4	4
业务＞单证储运部	90.91%	100.00%	16	10
业务＞市场部	90.91%	100.00%	2	10

续表

学习覆盖率	学习覆盖率		学习人数	
业务 > 视觉设计部	78.95%	71.05%	11	30
综合 >IT 部	60.00%	66.67%	14	9
综合 > 财务部	100.00%	66.67%	5	11
综合 > 行政管理部	85.71%	85.71%	12	12
综合 > 人力资源部	83.33%	100.00%	12	5
综合 > 资源共享部	100.00%	83.33%	4	6
产品部	89.47%	84.21%	4	17
供应链中心	100.00%	100.00%	8	2
供应链中心 > 成本管理部	42.86%	71.43%	6	3
供应链中心 > 供应链管理部	100.00%	73.33%	6	16
供应链中心 > 品质部	45.71%	42.42%	5	16
KNH	59.09%	40.91%	27	13
事业拓展中心	80.00%	60.00%	10	4
事业拓展中心 EV	60.00%	40.00%	6	3
事业拓展中心 LA	83.33%	50.00%	12	5
事业拓展中心 > 总经办 BT> 开拓业务二部	69.23%	50.00%	8	9
事业拓展中心 > 总经办 BT> 开拓业务一部	80.00%	66.67%	5	8
研发中心 > 研发二部	77.78%	77.78%	1	7
研发中心 > 研发三部	66.67%	50.00%	7	4
研发中心 > 研发五部	62.50%	37.50%	3	5
研发中心 > 研发一部	81.82%	63.64%	7	9
总经办	33.33%	33.33%	3	1

后台的数据表里主要有各个部门的学习覆盖率和学习人数对比，我们对这两个指标做两个数据图表。学习覆盖率的对比我们用折线图来呈现，在这个数据图标上需要注意的是 X 轴的各个部门的文字，因为部门比较多，所以横向是放不下各个部门的数据的，在部门的排列上我们选择"竖排"。

在折线图的设计上，要加上数据标记，就是每个数据的小圆点，加了数据标记我们就可以很清楚地看到每个数据点，并且对比数据会看得很清楚。

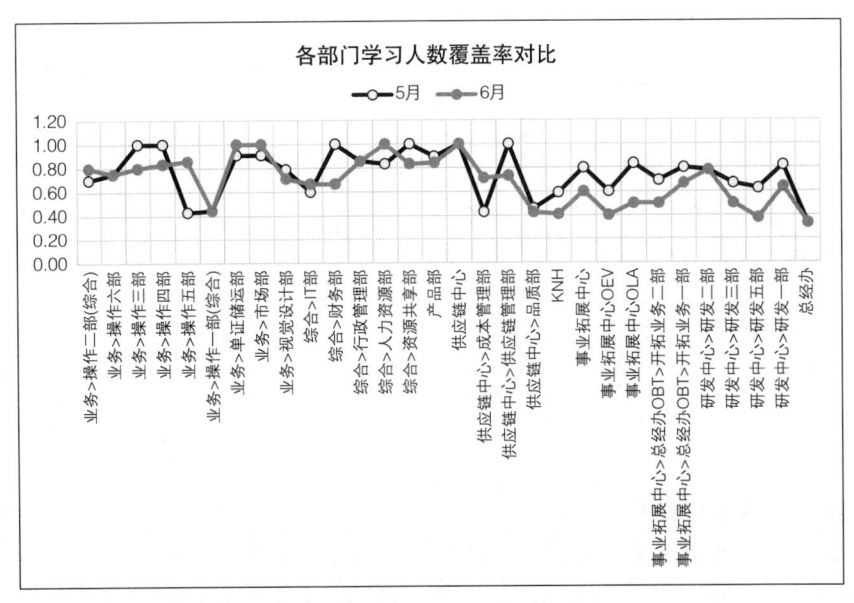

图 12-16　各部门学习人数覆盖率对比

在学习人数上我们用条形图来展现每个部门 5~6 月的学习人数的对比。用条形图可以更直观地分析判断出每个部门学习人数的对比。

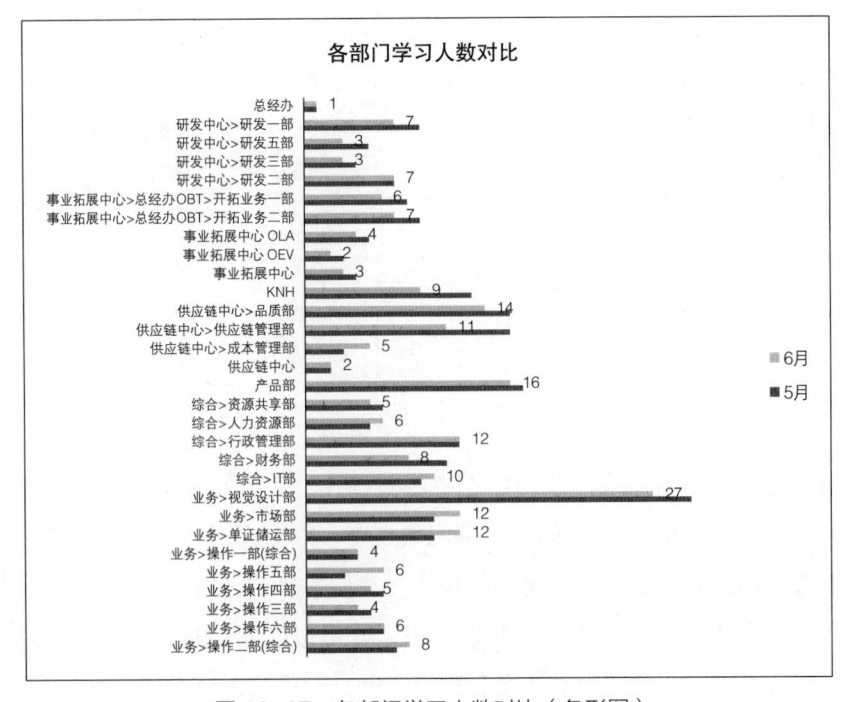

图 12-17　各部门学习人数对比（条形图）

6月的总学习人数为225人，占据公司员工的比例为65%，这个数据基本和5月持平，那说明还有35%的人员没有参与到线上的学习中（数据描述）。

我们观察了各部门的学习覆盖数据，覆盖率比较低的部门都是一些对专业课程要求比较高的部门，比如研发，因为现在市场上针对研发的课程比较少，所以覆盖人群比较低（数据诊断）。

在7月我们会更多地寻找专业类的课程，比如研发、业务等，在外部采购的同时，我们会组织内部的分享和线上课程的设计。（数据解决方案）

三、人均学习课时

人均学习课时是一个很关键的数据指标，我们提取每个部门两个月的人均学习课时进行数据对比。人均课时的计算方式：月度累计（培训课时 × 部门参加人数）/部门总人数，在计算的时候需要注意我们算人均的时候除以的是部门的人数，并不是参加的人数。

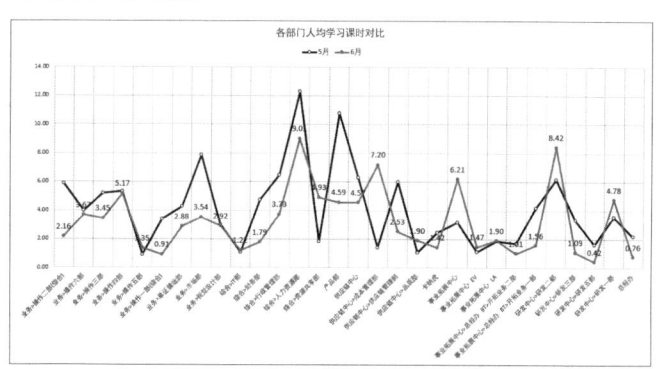

图12-18 各部门人均学习课时对比

人均学习课时是反映一个部门线上学习情况的关键指标，通过这个数据可以看出每个部门的线上学习的效率，5月的人均课时为4.1小时，6月的人均课时为3.2小时，公司的人均课时降低了50分钟（数据描述）。

在部门的数据上，人均课时降低幅度比较大的是产品部、市场部等部门，我们观察了5月和6月的数据，主要原因是5月是学分项目刚启动的月份，所以在学习的时间上，各个部门的学时人数都会比较高，同时6月我们限制了学习时间，所以会导致6月的数据普遍地低于5月的数据（数据诊断）。

市场部根据员工的学习情况，积极地上传各项学习资料，组织员工的线上学习，我觉得这个是值得各个部门参考借鉴的。（数据解决方案）

四、各部门指派课时

指派课时是指每月指派给各个部门必须完成的学习课程，比如新员工的在线学习项目、管理层每月的学习项目等，是数据必修课程。

我们选择每个部门 5~6 月的指派课时进行数据可视化的呈现，选择折线图来分析每个部门在两个月之间指派课时的增幅。我们在做数据描述的时候寻找数据增幅最大的部门，通过下图我们发现市场部和事业拓展中心的数据增幅是最大的，所以我们要针对这两个部门进行数据的诊断，并给出解决方案。

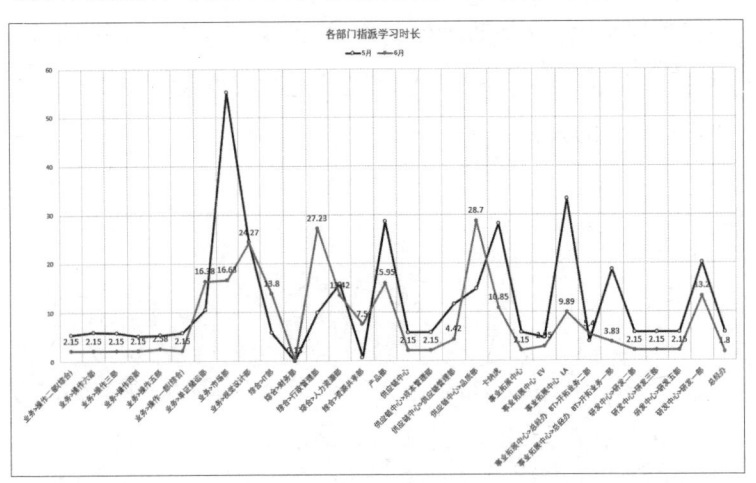

图 12-19　各部门指派学习时长

指派时长是指部门安排员工进行必修的课程，里面还包含了新员工线上学习的时长和人力资源部制定管理层学习的时长，所以在这个数据上，新员工的时长会影响到部门的指派时长数据（数据描述）。

但是每个部门制定的课程学习时长，均可以通过这个折线图来做呈现，相对幅度变化比较大的是市场、产品和 LA 部门，我们查看了这几个部门的指派数据，LA 是因为新员工的入职，5 月增加了指派的课程，产品部是因为在 5 月有一个指派的课程，市场部的增幅是由于 6 月指派的人数和频率相对于 5 月有所减少，但是在公司横向的部门比较里，还是做得比较好的（数据诊断）。

相对于 6 月增幅比较大的是行政管理部和品质、视觉设计部。行政管理部在 6 月有员工指派的课程，所以在总的学时上会比 5 月有所增加，并且行政部负责人每月做了线上学习的指派计划（数据诊断）。

在指派学习上，重点还是在部门负责人，因为这个学时是负责人指派课程的学习，所以我们建议各个部门负责人可以根据部门的员工情况进行相应课程的制定和学习（数据解决方案）。

第四节　实操演练：人员结构数据分析报告

人员结构数据分析报告是基于人员结构数据仪表盘模型做的一个数据分析报告，通过数据仪表盘上的各个维度的切换，来聚焦各个维度的人员结构数据，对各个关键指标的数据进行数据诊断，最终给出解决方案。

人员结构数据分析的目的分为两个层面：

- 在现阶段通过对人员结构关键指标的数据与市场数据对标，优化各项人员结构数据指标，从而搭建更适应于现阶段企业文化、价值观的团队。在这个过程中和外部的数据对标比较关键，人员结构数据指标的对比不是从时间上做对标，而是从外部数据上做对标。
- 在未来，公司的人员结构要支持公司战略的发展和运营模式的转变，作为 HR 是否可以根据公司未来的发展模式，提前分析预测公司的人员结构，提前做到人员结构的转型。

在目的明确后，我们就需要选择人员结构的关键数据指标，我们在前面几章专门讲了人员结构关键数据指标的选择和分析，最终我们选择的人员结构关键指标如下：

- 公司各部门 / 岗位人员数量；
- 人员学历分布；
- 人员年龄分布；
- 人员工龄分布；
- 人员户籍分析。

1. 公司人数/各部门人数
- 指报告期企业实有人数，属时间指标，如月、季、年初人数

2. 人员岗位分布
- 是指按照特定的岗位划分，（部门）各岗位上实有人员的数量

3. 人员学历分布
- 是指按照学历划分，企业（部门）所有在岗员工的最高学历情况统计。包括各学历层次相应的人数以及相应的比重

4. 人员年龄分布
- 年龄区间划分为25岁以下、26－35岁、36－45岁、45岁以上四个区间

5. 人员工龄分布
- 工龄指标为员工在某公司工作工龄，工龄超过半年按一年计算，半年以下按半年计算

6. 人员户籍
- 人员户籍指标为员工的实际户籍地址

图 12-20　人员结构分析数据指标

根据人员结构的关键数据指标，选择相应的数据指标字段，然后设计符合数据透视表的数据录入表。这个表格是一个可以更新的数据表格，也就是说，当我有新的数据录入的时候，表格会把我录入的数据包含到数据透视表里去，你只需要刷新数据透视表，你录入的数据就会自动地出现在数据透视表和数据透视图中。但是需要注意的是，你在选择做数据透视表的时候，一定要用"插入"来做透视表，而不是选择表格来做透视表。

在数据录入表的基础上，我们根据关键数据指标做数据透视表、数据透视图和数据仪表盘，最终通过数据仪表盘做数据的诊断分析。

在数据仪表盘上我们插入了数据切片器，可以根据我们想要的数据维度来做数据的交叉分析，时间和空间结构维度的交叉可以获取你想要的任意人员机构的数据图表。

在数据分析的交互维度上，选择了部门和岗位来做数据的交叉分析，可以选择任意的部门来分析各部门的人员结构数据，也可以选择人员类型来分析管理层和普通员工的人员结构，当然这两个数据分析维度也可以进行数据的交叉，我们可以分析每个部门的管理层的人员结构。

根据你的数据分析需求，你也可以添加另外的数据分析维度切片器，比如你可以添加关键岗位的切片器，也可以添加管理层各个职级的切片器，这样数据将分析得更加精准。

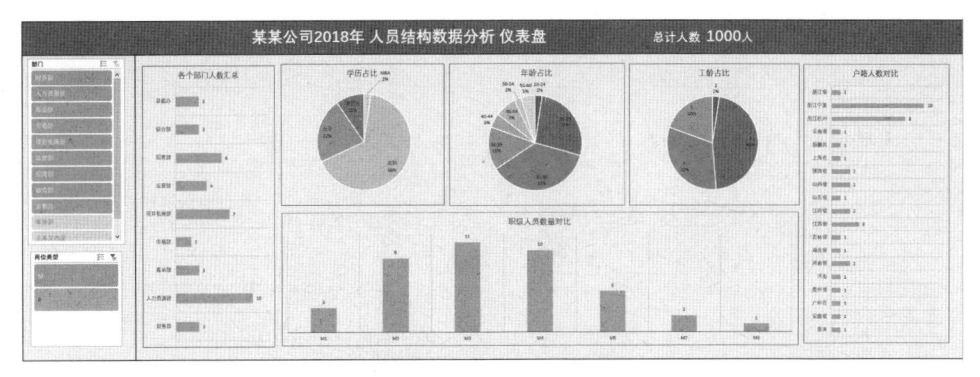

图 12-21　某某公司 2018 年人员结构数据分析仪表盘

在人员结构的数据分析上，我们先从公司层面进行宏观的数据分析。

一、年龄占比数据分析

年龄段	年龄人数分布	年龄占比
23-27岁	39	37.14%
28-32岁	35	33.33%
33-37岁	15	14.29%
38-42岁	9	8.57%
43-47岁	3	2.86%
48-52岁	2	1.90%
53-57岁	2	1.90%
总计	105	100.00%

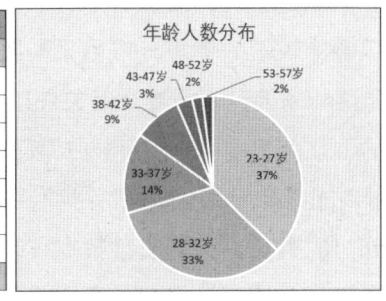

图 12-22　年龄人数分析

公司 2018 年总计员工 107 人，平均年龄在 31 岁，相对于互联网行业，这个年龄有点偏大，互联网行业平均年龄 26 岁。在工龄的分布上 23~27 岁占据了 37%，28~32 岁占据了 33%，33~37 岁占据了 14%，由于公司是非传统的互联网企业，有线下的销售和供应链，所以年龄在 31 岁以上的都是支持部门，如人力资源部、项目拓展、运营等部门，因为这些部门需要员工有丰富的工作经验，所以在年龄的频率分布和平均上还是比较合理的。

在年龄的数据分析上，我们发现公司的平均年龄 31 岁比行业里的互联网公司大，这时候我们就要去验证这个数据是否合理，然后我们对 31 岁这个年龄做了分析，发现这家公司不是传统的互联网公司，它是线上结合线下的电商企业，有很多线下的部门，所以相对来说年龄会偏大，所以这个数据是一个合理的正常数据，那我们就不需要做数据的解决方案。

二、工龄占比数据分析

工龄	工龄人数分布	工龄占比
1年	40	20.51%
2年	84	43.08%
3年	63	32.31%
4年	8	4.10%
总计	195	100.00%

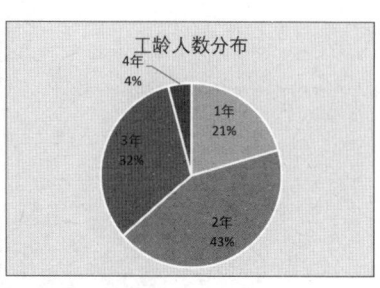

图 12-23　工龄人数分布

在公司的工龄分布上，公司人员平均工龄是 4 年，2 年的占 43%，3 年的占 32%，4 年的占 4%，公司人员处于稳定状态，工龄比较长的相对来说是后勤支持部门，如综合、人力资源、财务、总裁办等，这些部门属于相对比较稳定的部门。工龄比较短的销售、市场采购属于人员流动相对大的部门，在后期的招聘和人员离职率控制上，要重点关注这些部门。

在公司的占比分析上工龄 2 年的人员占比最多，我们发现这家公司成立了 5 年时间，所以相对比较稳定，然后我们要去做数据的聚焦细分，就是 4 年的工龄是哪些部门的人员，我们通过数据仪表盘发现都是后勤部门，工龄比较短的都是线下的市场、招商等部门，我们就要根据这个分析结果，去分析为什么招商、市场的工龄都这么短，人员流失的原因是什么，并给出解决方案。

三、学历分布占比

学历	学历人数	人数占比
本科	71	67.62%
大专	25	23.81%
研究生	4	3.81%
中专	2	1.90%
初中	2	1.90%
MBA	1	0.95%
总计	105	100.00%

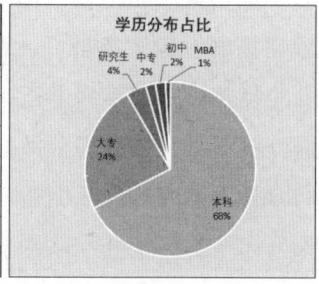

图 12-24　学历分布占比

公司本科人员占比 68%，大专 24%，研究生 4%，MBA 1%，公司整体的员工学历都比较偏上，这个和公司的行业性质和招聘要求有关系，大专的 24% 主要分布在地推和销售团队上，对于电商的人员学历构成上，公司在本科以上的人员占比比同行业要高。

四、公司管理层人数分布

在人员结构的数据分析上，我们除了做部门、岗位的数据分析以外，还要根据层级专门来做一个层级的分析。特别是管理层的人员结构，在仪表盘上需要做一个岗位类别的数据切片器，当我们选择管理层的时候，就会出现管理层的人员结构数据。

在管理层的人员结构数据分析中，除了要看各个部门、各个岗位的管理层人员数量以外，还要看储备管理层的人员数量，以及管理层和普通员工的人员配比数。

公司管理层人员占比	
M1	3
M2	9
M3	12
M4	10
M5	5
M6	2
M7	1

公司管理层人数
- M7: 1
- M6: 2
- M5: 5
- M4: 10
- M3: 12
- M2: 9
- M1: 3

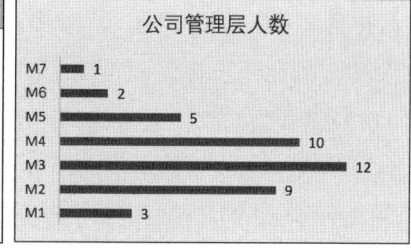

图 12-25　公司管理层人数分析

在公司的管理层和员工人数上，管理层人数 40 人，员工 68 人，比率是 1.25，从数据上来看这个数据不是很合理，管理层人数占比太大，但是由于公司的职级架构特殊性，并不是所有 M 级别的人都要有团队，还有一些 M 级别的特别是 M3 的主管级别的，下面的团队人数比较少，都分布在地推团队，并且有 40% 的 M 级别是单独的岗位，所以抛开这些因素在管理占比的数据趋向于合理性，但是在后期我们需要重新进行架构的调整。

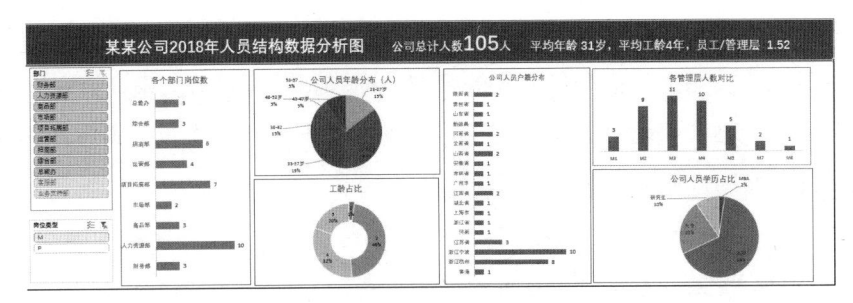

图 12-26　公司管理层整体数据分析

对切片器做数据的筛选，选择 M，并在各个部门之间切换，各部门管理层的人员分析：

各个部门的管理层、人力资源部、项目拓展、招商管理层人数占了 50% 的，人力资源部由于对岗位的要求比较高，所以给的职级都是主管的职级，项目拓展由于是各地的地推小团队，所以相对会有比较多的主管的职位，对于管理层的岗位需要建立系统化的岗位职级体系，对职级进行管理。

在年龄分布上，管理层的年龄 80% 是在 32~42 岁，并且管理层的工龄都在 3~4 年，并且集中在 M2~M4，所以相对来说管理层都比较稳定，初中级的管理层占了 70% 的比例，相对而言高级的管理者较少，所以在人员发展上需要关注公司高级管理者的招聘，或者是对中层的管理者进行人才培养。

管理者杭州宁波占据了 50% 的比例，杭州占比 20%，由于公司总部在宁波，所以要考虑杭州的管理层离职的情况，对于杭州户籍的管理者需要提早做好接班人计划。

五、非管理层员工的人员结构分析

在切片器上选择 P 类型，切片器的数据是非管理层员工的人员结构数据。

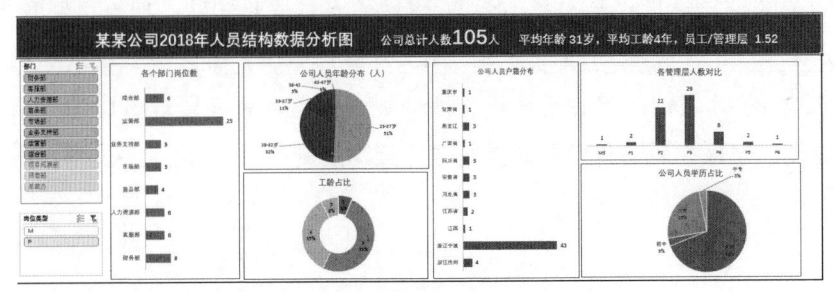

图 12-27　非管理层员工人员结构分析

对于 P 级别的员工，主要集中在运营部，前期以系统平台为重点，所以运营部门招了很多 P 级别的员工，P 级别员工 23~27 岁占据了 50% 的比例，基本集中在运营部门，所以该部门在部门活动、部门管理上就应该更加的灵活开放。

在工龄占比上 3~4 年占据了 88%，所以相对来说这个级别的人员比较稳定，主要是因为该级别的员工以宁波户籍的比较多，在职级构成上 P2~P3 人员占据了 50%，基本都有一定的工作经验，并且本科占据了 70%，在 P 职级的员工招聘上，该系列员工更加关注工作的稳定性，所以该类型职级的福利待遇是他们所关注的。

第五节　章节复盘

- 数据分析报告需要完成数据描述—数据诊断—数据解决方案。
- 数据描述是对数据的客观描述，通过数据的描述来发现数据的差异点。
- 数据诊断是针对数据的差异点，分析其数据差异的关键原因。
- 根据关键原因的分析，我们给予可落地的解决方案，同时需要对解决方案进行一定周期的跟踪评估和对标。

第十三章
人力资源各模块数据分析报告参考

第一节 年度薪酬分析报告

年度薪酬数据分析报告是对一年的薪酬数据做汇总分析,从以下几个维度进行数据分析报告的分析:

- 年度的薪酬汇总;
- 薪酬结构的数据分析;
- 各部门的薪酬数据分析。

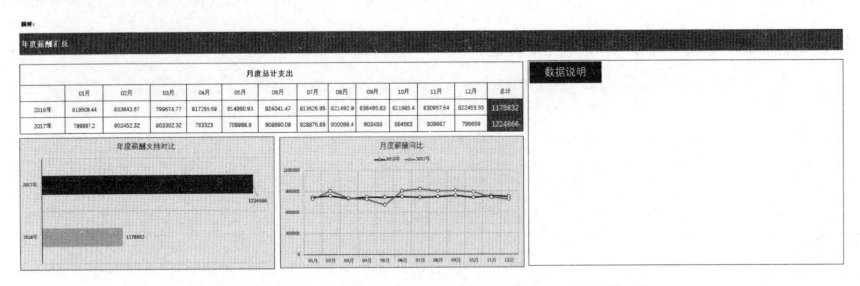

图 13-1 某公司 2018 年年度薪酬分析报告

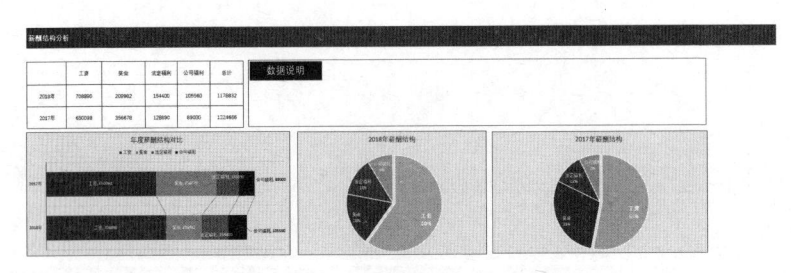

图 13-2 公司薪酬数据分析图表

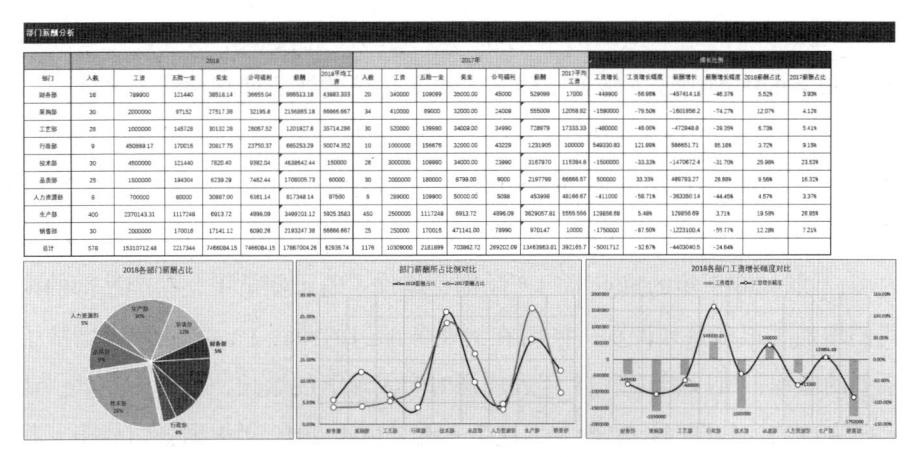

图 13-3 各部门薪酬数据分析图表

第二节 季度培训数据分析报告

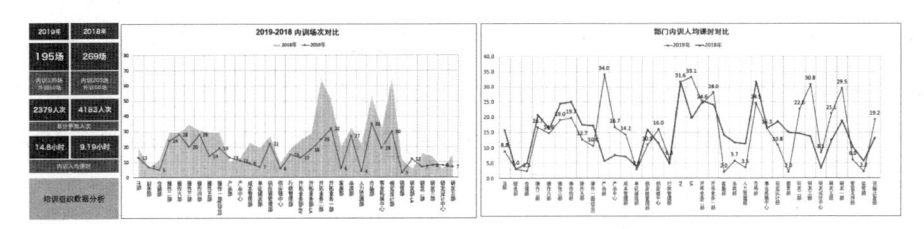

图 13-4 某集团 2019 年度培训数据分析

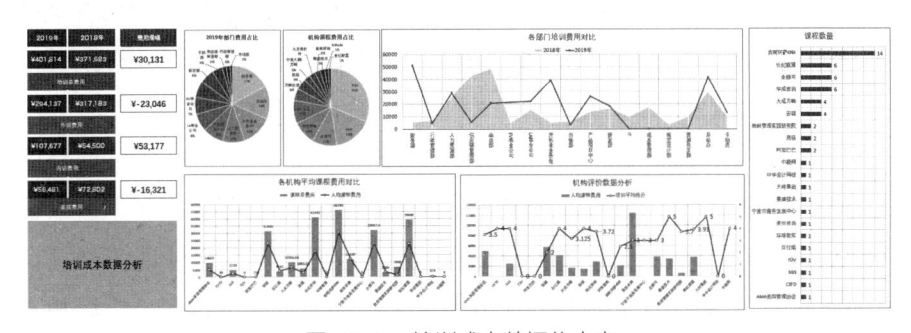

图 13-5 培训成本数据仪表盘

1. 培训组织说明

"2019 年培训场次为 195 场,比 2018 年少了 74 场,其中 2019 年外训 60 场,比 2018 年少了 6 场。2019 年的参训人次 2379 人,比 2018 年少了 1804 人,综上所述，2019 年的培训组织的场地和人数比 2018 年降低了很多，主要原因是 2019 年很多的内训由线下转到了线上，很多传统的线下课程由线上来完成，所以 2019 的数据比 2018 有所降低。在人均课时上，我们统计的是线下的课程，2019 年的人均课时比 2018 年的人均课时多了将近 5 个小时，主要是从 2018 年开始，我们进行了年度的内训计划的规划，这个部门都按照年度计划来完成部门内训，同时 2019 年的重点部门产品部，增加了若干新员工，在产品部的内训上我们增加了很多系列课程，同时在给业务部门的课程上，我们今年增加了产品系列的课程，所以相对 2018 年人均课时有了显著的增长，其中产品部、业务部、研发部的人均课时增幅最大，这个主要是由于 2019 年根据公司战略，我们重点发展产品和研发部门，在很多的内训资源上往这几个部门倾斜。2020 年，我们将继续规划这几个部门的年度内训计划，在传统的线下内训、分享会的基础上，增加线上的系列课程。"

2. 培训成本数据说明

"在培训成本上，2019 年的培训成本比 2018 年多了 30131 元，主要原因是 2019 年增加了一场产品的内训课程'产品需求分析'，课程参加对象为产品部和业务部的人员，该课程费用 60000 元，课程的评价分数为 4.5 分。在 2020 年的引进课程上，我们可以考虑还和这个机构进行合作，这个机构在进行研发、产品的培训上还是有优势的。

在 2019 年的差旅费上比 2018 年少了 16321 元，主要是 2019 年的外训课有 40% 是在宁波本地参加，在 2020 年，我们在选择课程的时候，优先选择机构在宁波的课程，控制优化差旅成本。在 2020 年的外训课程选择上，对部门课程我们选择线上课程，购买机构的线上课程，并把外训的课程转化为内训的微课程。

各个部门的外训课程费用对比财务、业务、产品、总经办的外训费用增幅比较大，主要是财务在 2019 年采购了某家机构的外训课程套餐，所以整体费用增加。业务、产品因为今年进入的新人比较多，有几个外训课程是新人必上的课程，'产品经理成长'是所有业务和产品经理必上课程，所以相对这几个部门外训费用增加，在 2020 年我们计划把这个课程引入来进行部门的内训，控制这部分的培训成本，总经办在 2019 年关注公司核心层的战略层面的意识提升，所以安排了 VP、CEO 等参加一些高端的课程，在 2020 年我们将继续安排高层的课程。同时加大在线课程的比例，通过课程转化、研讨等形式提升课程的有效率。

在外训机构的费用分析上，费用高的基本都是我们有年度套餐的机构，按照我们 2019 年的计划，进行年度的课程，相对来说购买套餐有优惠的价格，而且都是一直合作的机构，在课程的选择上，我们会根据课程的评分来作为 2020 年外训机构选择的参考，2020 年根据公司战略，我们的外训课程偏向于研发和产品系列，在通用的某机构上明年会降低套餐费用，在成华、SGG 上会增加外训课程，升级外训的套餐。根据评分来看成华和 SGG 的评分都在 4 分上下，所以在质量和口碑上还是有保证的，诺绩和 KNN 的课程我们 2020 年以在线课程采购为主，介入企业大学的在线学习平台进行学习。"

第三节 人力成本与人效数据分析报告

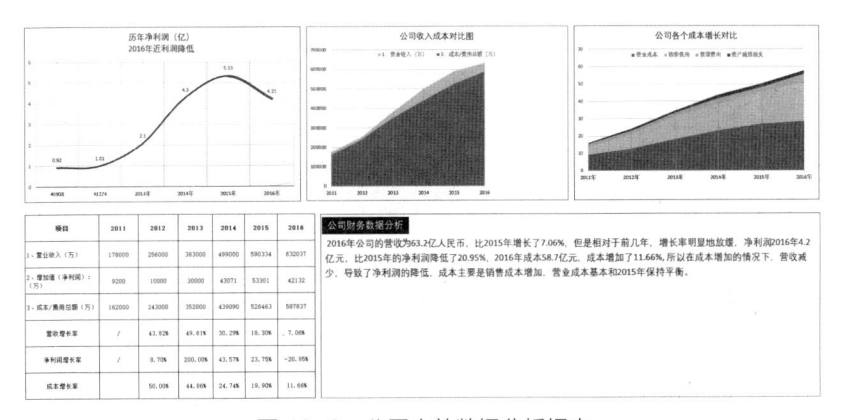

图 13-6 公司人效数据分析报表

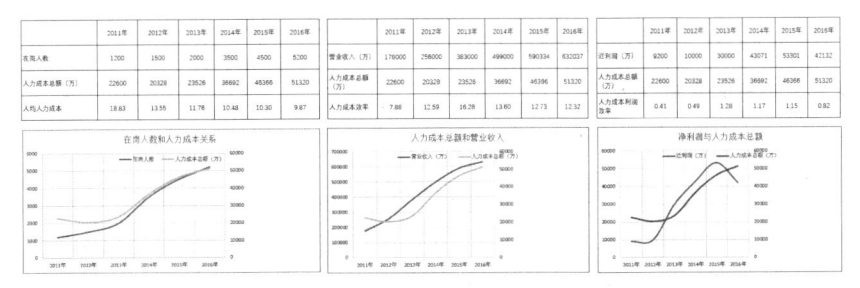

图 13-7 人效关键指标数据图表

图 13-8　人效数据分析报告

图 13-9　人力成本占比分析报告

1. 公司财务数据分析

2016 年公司的营收为 63.2 亿人民币，比 2015 年增长了 7.06%，但是相对于前几年，增长率明显放缓，2016 年的净利润为 4.2 亿元，比 2015 年的净利润降低了 20.95%，2016 年成本为 58.7 亿元，成本增加了 11.66%，所以在成本增加的情况下，营收减少，导致了净利润的降低，成本主要是销售成本增加，营业成本基本和 2015 年保持平衡。

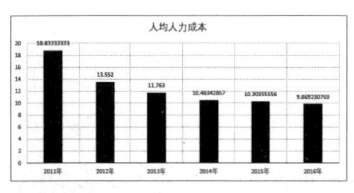

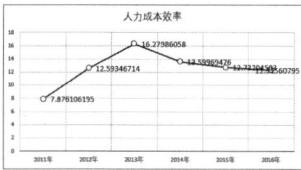

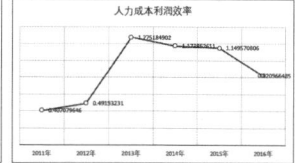

2. 人力成本效率分析

在人力成本效率上，2016 年的人力成本效率基本和 2015 年持平为 12.32 万元/人，作为这一年的人力成本输出 12.32 万元的营收，但是我们分析人力成本利润效率时，发现 2016 年人力成本的金额是增加的，但是净利润是减少的，在财务的数据分析里我们发现净利润的减少是销售成本的增加导致了净利润的减少，所以 2016 年人力成本的总额还处于合理的水平，因为公司的营收和人力成本的比值和前几年对比相差不大，在 2017 年营收预计稳定的情况下，人力成本总

额 = 公司营收预测的 /12.32。

在人力成本和人数的关系上，我们发现 2016 年的人力成本增幅是 10.6，人数的增幅是 15.6，也就是说成本的增幅小于人数的增幅，并且我们对比 2014 年的数据，基本上人力成本增幅都控制在 10% 左右，人员的增加并没有导致人力成本的大幅增加，这个得益于零售端科学的绩效考核制度。所以在 2017 年，我们还是需要继续扩招人员，支持一线的零售店面，同时控制人力成本和营收的固定系数值，以更加高效地管理推动业务发展。

3. 人力成本占比分析

2016 年人力成本占公司总成本的占比为 8.73%，基本上和 2014 年、2015 年的人力成本占比持平，所以我们在规划 2017 年的人力成本总额的时候，也可以根据占比的数据来验证总额数据是否准确，在 2017 年营业成本的总额上 ×8.7%，预测出人力成本数据。

2016 年公司的全员劳动生产率为 121.55%，相比 2015 年降低了 7.3%，主要原因是公司的营收降低，人员增长导致了全员劳动生产率的降低，但是在行业里，公司的全员劳动生产率比行业平均高 ××%，公司在整个行业中还是有比较强的竞争力的。

第四节　招聘数据分析月度报表

部门	职位	简历数	人力资源部初选合格简历数	有效简历率	电话邀约到场人数	电话邀约率	初试通过人数	初试通过率	复试通过人数	采用人数	复试采用合格率	到岗人数	到岗率	招聘计划完成率	应聘比	试用期通过人数	试用期通过人数占比	月需求人数	未到岗原因
办公室	董事长助理	78	50	64.10%	40	80.00%	20	**50.00%**	**7**	2	10%	1	50%	33%	26.00	1	100.00%	3	
工程管理中心	工程经理	60	40	66.67%	30	75.00%	18	**60.00%**	**9**	2	11%	2	100%	67%	20.00	1	50.00%	3	
项目管理部	合同项目经理	56	33	58.93%	25	75.76%	5	**20.00%**	**4**	2	40%	2	100%	67%	18.67	1	50.00%	3	
营销中心	售后服务	89	48	53.93%	30	62.50%	6	**20.00%**	**5**	3	50%	3	100%	60%	17.80	2	66.67%	5	
市场部	产品经理	75	46	61.33%	30	65.22%	5	**16.67%**	**2**	1	20%	0	0%	0%	37.50			2	
生产中心	生产现场技术工程师	50	6	12.00%	5	83.33%	0	**0.00%**	**0**	0	0%	0	0%	0%	25.00			2	
计财部	计财部经理	50	30	60.00%	20	66.67%	2	**10.00%**	**1**	1	50%	1	100%	33%	16.67	1	100.00%	3	
计财部	办事处财务人员	80	50	62.50%	40	80.00%	5	**12.50%**	**3**	1	20%	0	0%	0%	40.00			2	
总务部	文秘	55	35	63.64%	20	57.14%	5	**25.00%**	**3**	1	20%	0	0%	0%	27.50			2	
研发中心	研发工程师	90	60	66.67%	20	33.33%	4	**20.00%**	**2**	2	50%	2	100%	50%	22.50	1	50.00%	4	
网络系统部	网络工程师	70	50	71.43%	25	50.00%	5	**20.00%**	**3**	2	40%	4	200%	67%	11.67	4	100.00%	6	
网络系统部	售前支持工程师	50	30	60.00%	25	83.33%	10	**40.00%**	**4**	2	20%	1	50%	50%	25.00			2	
网络仪表部	仪表工程师	50	35	70.00%	20	57.14%	4	**20.00%**	**2**	2	50%	3	150%	60%	10.00	2	66.67%	5	
小计		**853**	**513**	60.14%	**330**	64.33%	**89**	**26.97%**	**45**	21	24%	19	90%	45%	20.31	13	88.42%	42	

图 13-10　季度招聘数据分析报表

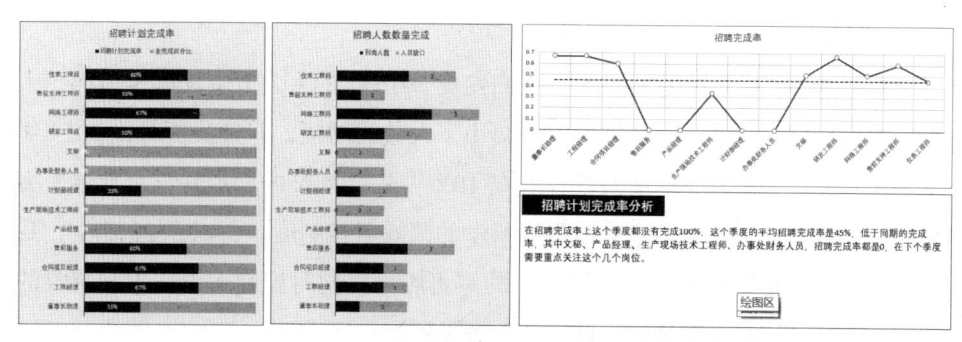

图 13-11　各岗位招聘计划完成率分析报告

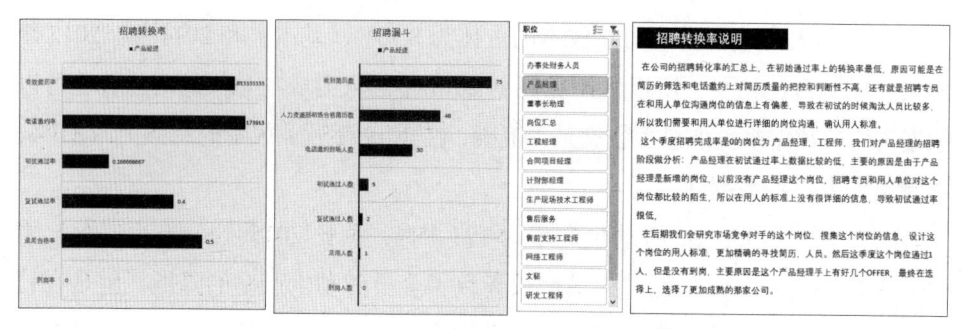

图 13-12　岗位招聘各阶段数据转换率分析报告

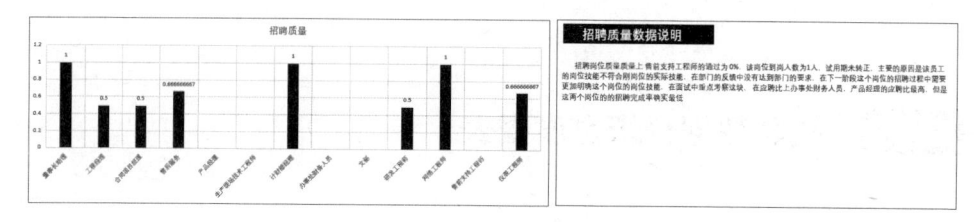

图 13-13　招聘质量数据分析

1. 招聘转换率数据分析

在公司的招聘转化率的汇总上，在初始通过率上的转换率最低，原因可能是在简历的筛选和电话邀约上对简历质量的把控和判断性不高，还有就是招聘专员在和用人单位沟通岗位的信息上有偏差，导致在初试的时候淘汰人员比较多，所以我们需要和用人单位进行详细的岗位沟通，确认用人标准。

这个季度招聘完成率是 0 的岗位为产品经理、工程师，我们对产品经理的招聘阶段做分析：产品经理在初试通过率上数据比较低，主要原因是由于产品经理是新增的岗位，以前没有产品经理这个岗位，招聘专员和用人单位对这个岗位都比较陌生，所以在用人的标准上没有很详细的信息，导致初试通过率很低。

在后期我们会研究市场竞争对手的这个岗位，搜集这个岗位的信息，设计这个岗位的用人标准，更加精确地寻找简历及人员。然后这季度这个岗位通过1人，但是没有到岗，主要原因是这个产品经理手上有好几个OFFER，最终在选择上，选择了更加成熟的那家公司。

2. 招聘质量数据分析

招聘岗位质量上售前支持工程师的通过率为0%，该岗位到岗人数为1人，试用期未转正，主要原因是该员工的岗位技能不符合岗位的实际技能，在部门的反馈中没有达到部门的要求，在下一阶段这个岗位的招聘过程中需要更加明确这个岗位的岗位技能，在面试中重点考察这块。在应聘比上，办事处财务人员、产品经理的应聘比最高，但是这两个岗位的招聘完成率却是最低。

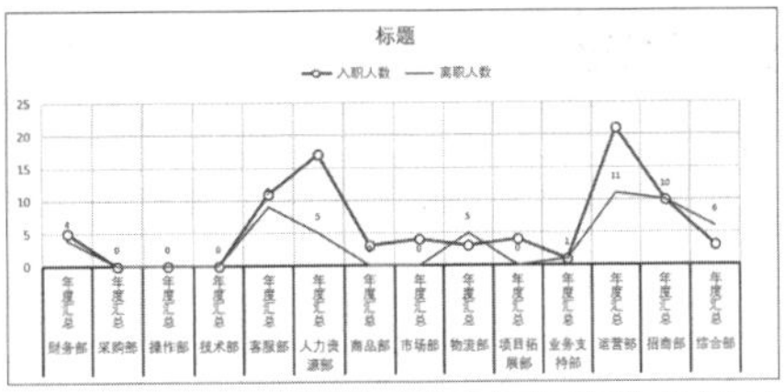

第五节　人员流动数据分析

图 13-14　年度人员流动数据分析

图 13-15　公司人员离职数据分析报告

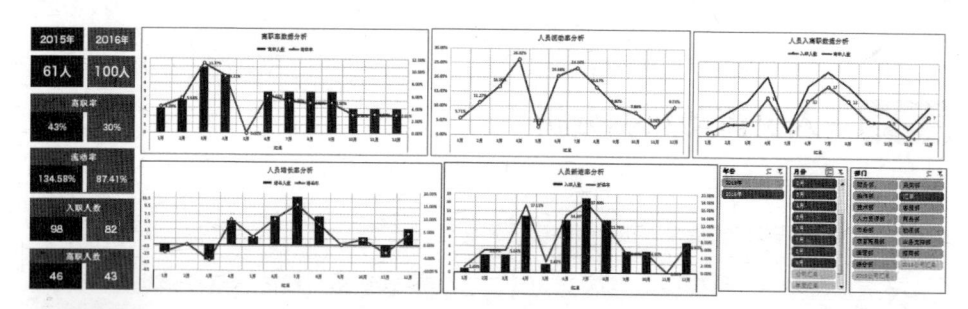

图 13-16　某某集团 2016 年人员流动数据分析

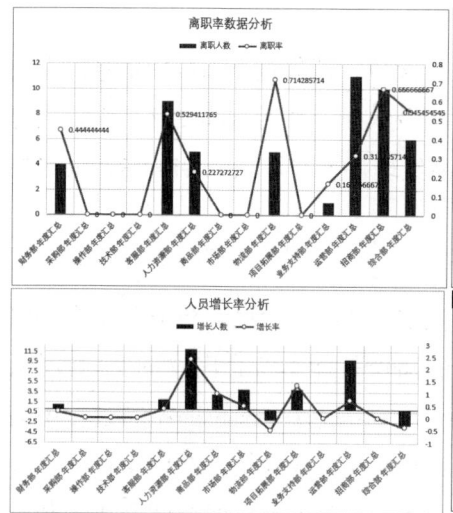

1. 公司人员流动

2016 年公司的员工人数比 2015 年增加了 31 人，增长率为 44.93%，离职率下降了 12.92%，人员流动率下降了 47.17%，主要原因是 2016 年公司的运营模式逐渐清晰，并且对岗位有了清晰的定位，相对 2015 年来说人员比较稳定。

根据人员入离职数据分析表格来看，人员主要增加在人力资源、运营、招商和客服部门，这个和公司 2016 年的战略有关，2016 年公司的重点放在线上的平台搭建和运营，所以需要对运营和客服团队进行人员的扩展，同时为了更好地为线下做铺垫，需要招商人员进行人员的招商，因为 2017 年要进行全国的扩张，各个区域需要人力资源团队，所以人力资源部门人员增长比较迅速，在 2017 年人员将会继续增长，根据公司发展，2017 年公司将在业务部、招商部进行人员的增长，所以在 2017 年需要做好这几个部门的人员储备和招聘工作。

2. 公司人员离职

2016 年总共离职 43 人，离职率为 30%，比 2015 年降低了 12.9%，在电商行业 30% 的离职率属于在正常的离职范围内，相对于离职率比较高的部门是物流部、招商部和客服部，物流部因为人数基数比较小，所以数据比较偏大，客服部主要人员采用的是外包，并且客服是三班倒，所以人员流动比较大，结合行业里电商客服的人员流动数据，我们 52.94% 的人员流动可在接受范围内，招商部门的人员流动主要是因为传统的招商不适应互联网电商的招商，导致招商人员前 3 个月离职比较多，所以在进行招商人员招聘的时候，我们在面试的时候要把我们的招商模式讲清楚，要将重点放在角色转换、模式转换上，帮助招商人员适应互联网电商的人员转型，在 2017 年将招商部门的离职率降低到 50% 以下。

3. 公司人员增长

在公司的人员增长上，人力资源部和运营部增长人数最多，这主要是由公司的战略和部门定位决定的，招商部和物流部都处于人员负增长的状态，这个对于我们 2017 年线下的扩张有很大的影响，我们线下所有的业务都需要前期招商的铺垫，现在出现招商人员的短缺，所有招商部门的人员招聘应该是 2017 年招聘时重点关注的一个岗位，物流部的人员负增长在近期影响不会很大，但是在明年线下业务起来后，就需要更多的物流团队来进行供应商的管控，所以需要在 2017 年进行人才的储备。其他部门的人员增长基本上可以满足现在日常的工作饱和度。

4. 月度人员流动分析

在月度的人员流动数据上，3~4 月属于人员流动比较大的月份，这个主要是受到过年因素的影响，经过 5 月的过渡期后，7 月也是一个人员流动比较大的月份，7 月入职人数最多，主要是因为 6~7 月有比较多的招聘会，也是学校毕业的时间，所以 7 月会是一个入职的高峰期，所以在 6~8 月，要做好人员招聘和入职流程以及入职培训的前期准备工作。同时在明年的招聘上，我们要重点放在 6~8 月。在离职率上，下半年的离职率趋于平缓，所以只要做好日常的离职交接工作即可。

后 记

2015年开始开发"人力资源数据分析"的课程，然后在企业做内训，在各个城市开数据分析公开课，帮助企业的HR提升人力资源的数据分析技能。到2020年线上、线下体系化的数据分析学习解决方案，一路走来有很多人要感谢：

感谢人力资源数据分析研习社全国社群的小伙伴们，你们在群里对于人力资源数据分析各个模块、各个主题的讨论分享，给了我很多的学习启发；

感谢参加"人力资源数据分析训练营"线上的小伙伴们，你们对于数据分析的建议及提出的问题，是我不断前行的动力。

感谢参加过"人力资源数据分析师：认证课程"公开课的小伙伴们，和你们的线下交流互动，让我不断地优化、打磨人力资源数据分析的学习课程。

特别感谢在2020年疫情期间一起合作的线上机构的小伙伴们，通过线上学习平台让全国更多的HR可以更加方便快捷地学习到数据分析的课程。

更要感谢出版社老师的一路鞭策，我才可以完成这本书。

最后希望各位HR能真正地形成人力资源数据分析的思维，在工作中用数据说话，用数据驱动业务，实现真正的资源数据化转型。

图书在版编目(CIP)数据

人力资源数据分析师：HR量化管理与数据分析业务实操必备手册/王佩军著.—北京：中国法制出版社，2021.9

（企业人力资源管理与法律顾问实务指引丛书）

ISBN 978-7-5216-2047-4

Ⅰ.①人… Ⅱ.①王… Ⅲ.①企业管理－人力资源管理－手册 Ⅳ.① F272.92-62

中国版本图书馆 CIP 数据核字（2021）第 138240 号

责任编辑：郭会娟（gina0214@126.com）　　　　　　　　　封面设计：李　宁

人力资源数据分析师：HR量化管理与数据分析业务实操必备手册
RENLI ZIYUAN SHUJU FENXISHI: HR LIANGHUA GUANLI YU SHUJU FENXI YEWU SHICAO BIBEI SHOUCE
著者/王佩军
经销/新华书店
印刷/三河市紫恒印装有限公司
开本/710毫米×1000毫米　16开　　　　　　　　　　印张/17.5　字数/258千
版次/2021年9月第1版　　　　　　　　　　　　　　2021年9月第1次印刷

中国法制出版社出版
书号 ISBN 978-7-5216-2047-4　　　　　　　　　　　　　　定价：68.00元

北京市西城区西便门西里甲16号西便门办公区　邮政编码 100053　　传真：010-63141852
网址：http://www.zgfzs.com　　　　　　　　　　　　　　编辑部电话：010-63141821
市场营销部电话：010-63141612　　　　　　　　　　　　印务部电话：010-63141606

（如有印装质量问题，请与本社印务部联系。）